人邮体育

人 体 运 动 功 能 评 定 及 恢 复

U0685947

基于姿势控制原理的
基本动作评估与改善训练

[日] 武田功◎主编　[日] 弓冈光德　广濑浩昭◎编

牟海晶◎译　张可盈◎审校

人民邮电出版社

北 京

图书在版编目（CIP）数据

基于姿势控制原理的基本动作评估与改善训练 /
（日）武田功主编；（日）弓冈光德，（日）广濑浩昭编；
牟海晶译. — 北京：人民邮电出版社，2023.12
（人体运动功能评定及恢复改善训练丛书）
ISBN 978-7-115-57837-2

Ⅰ. ①基… Ⅱ. ①武… ②弓… ③广… ④牟… Ⅲ.
①运动生物力学—分析方法 Ⅳ. ①G804.6

中国版本图书馆CIP数据核字（2022）第042880号

版权声明

免责声明

本书内容旨在为大众提供有用的信息。所有材料（包括文本、图形和图像）仅供参考，不能用于对特定疾病或症状的医疗诊断、建议或治疗。所有读者在针对任何一般性或特定的健康问题开始某项锻炼之前，均应向专业的医疗保健机构或医生进行咨询。作者和出版商都已尽可能确保本书技术上的准确性以及合理性，且并不特别推崇任何治疗方法、方案、建议或本书中的其他信息，并特别声明，不会承担由于使用本出版物中的材料而遭受的任何损伤所直接或间接产生的与个人或团体相关的一切责任、损失或风险。

内 容 提 要

基本动作是人体进行日常生活和体育运动的基础组成单元，对生活质量和运动功能至关重要。本书首先介绍了运动生物力学的基础知识，接着讲解了姿势调节的机制与策略，最后采用真人示范、分步骤图解的形式，对仰卧位、侧卧位、俯卧位等体位下的翻身、坐起、坐立、起立、站立和步行动作的关节运动方式、评估方法与引导治疗方法进行了展示。物理治疗师、运动康复师、队医，以及运动康复相关专业师生均可从本书中受益。

◆ 主　　编　[日]武田功
　　编　　　[日]弓冈光德　广濑浩昭
　　译　　　牟海晶
　　责任编辑　刘　蕊
　　责任印制　周昇亮
◆ 人民邮电出版社出版发行　　北京市丰台区成寿寺路 11 号
　　邮编　100164　　电子邮件　315@ptpress.com.cn
　　网址　https://www.ptpress.com.cn
　　北京九天鸿程印刷有限责任公司印刷
◆ 开本：700×1000　1/16
　　印张：13.5　　　　　　　　　　2023 年 12 月第 1 版
　　字数：302 千字　　　　　　　　2023 年 12 月北京第 1 次印刷
　　　　著作权合同登记号　图字：01-2020-0864 号

定价：128.00 元

读者服务热线：(010)81055296　印装质量热线：(010)81055316
反盗版热线：(010)81055315
广告经营许可证：京东市监广登字 20170147 号

主编序

　　作为康复医疗领域的从业者（理疗师），在使用精密仪器处理、分析各种数据或从事医疗工作时，如果没有掌握运动医学中基本的关于人体运动的知识，就无法有效解决遇到的问题。作者致力于研究老年人身体运动的有关问题，通过三维动作分析装置和肌电仪等设备对运动进行分析，并运用于临床医学治疗中。虽然在进行医学研究时收集了运动数据，但临床治疗对于数据的处理和理解也必不可少。一方面，在临床治疗中，敏锐的观察力对于理解从基本动作到应用动作的人类身体构成机制非常重要。如果不具备这种能力，就无法评估和制定治疗方案。另一方面，临床治疗与医学研究的区别在于，临床治疗是在时间和资金有限的情况下对患者进行评估和治疗，这就要求治疗前的评估要迅速、准确且便捷。

　　基于以上几点原因，本书阐述了在临床治疗中对基本动作的评估与治疗方法。全书由10章构成，其中第1~3章是总论，旨在深入讲解"生物力学""姿势与姿势调节的基本概念"和"实践中的基本动作治疗"的相关内容，第4~10章解读了从仰卧到站立、步行等基本动作的基础知识和治疗理论。同时，为了帮助读者理解和学习，本书提供了在线视频。读者可以通过视频来学习实际应用中的基本动作的评估和治疗方法。因此，本书可以为打算学习并想成为临床医师的读者提供参考。

　　欢迎读者提出建议。最后，感谢为本书的出版出谋划策的各位编辑，以及以阿部笃仁为代表的Medical View公司的全体员工。

武田功

2015年3月

贡献者

主　编

武田功　宝冢医疗大学 校长

编　者

弓冈光德　宝冢医疗大学 保健医学院 理疗专业 教授/副校长
广濑浩昭　宝冢医疗大学 保健医学院 理疗专业 副教授

作者（写作内容在正文中的顺序）

金泽佑治　宝冢医疗大学 保健医学院 理疗专业 讲师
奥村裕　宝冢医疗大学 保健医学院 理疗专业 助教
前田昭宏　青云会医院 康复训练科 院长
弓冈真美　弥生丘鹿毛医院 康复训练科
广濑浩昭　宝冢医疗大学 保健医学院 理疗专业 副教授
弓冈光德　宝冢医疗大学 保健医学院 理疗专业 教授/副校长
铃东伸洋　Kuora 康复训练医院 康复训练科 主任

编者助理

中村梨绘　八幡中央医院 康复训练科
小岭优希　Kuora 康复训练医院 康复训练科
森永恭子　青云会医院 康复训练科

目　录

扫描右方二维码添加企业微信。

1. 首次添加企业微信，即刻领取免费电子资源。

2. 加入体育爱好者交流群。

3. 不定期获取更多图书、课程、讲座等知识服务产品信息，以
　　及参与直播互动、在线答疑和与专业导师直接对话的机会。

生物力学

第 **1** 章 生物力学

基本姿势

在运动时，基本姿势是很重要的。如**图 1.1a** 所示，站立时面向前方，双臂自然下垂于身体两侧，掌心向内，同时双脚自然分开，这就是基本站立姿势。在此基本站立姿势的基础上，前臂旋后至掌心向前，这种姿势被称为解剖学站立姿势[1]（**图 1.1b**）。

图1.1 基本站立姿势和解剖学站立姿势

图 1.1b 所示的解剖学站立姿势是在基本站立姿势（**图 1.1a**）的基础上，前臂旋后至掌心向前

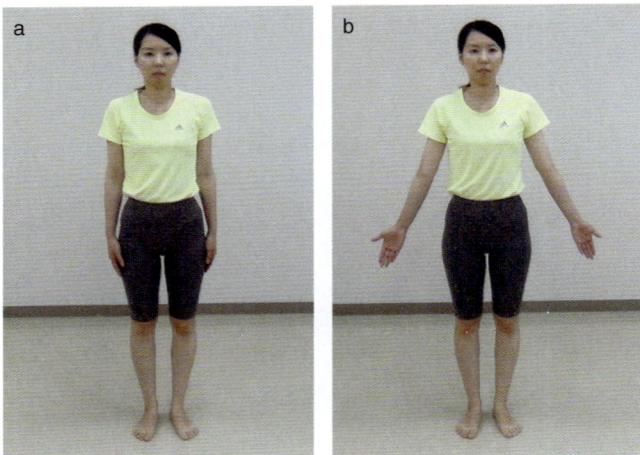

运动面和运动轴

表1.1 与各个运动面及运动轴相关的关节运动

运动面	运动轴	关节运动
矢状面	额状轴	• 屈曲 • 伸展 • 前屈 • 后屈 • 背屈 • 跖屈 • 掌屈
额状面	矢状轴	• 外展 • 内收 • 侧屈
水平面	垂直轴	• 外旋 • 内旋 • 旋后 • 旋前 • 旋转

身体运动即关节运动，通过运动面与运动轴之间的关系表现出来。运动面包括矢状面（**图 1.2a**）、额状面（**图 1.2b**）和水平面（**图 1.2c**），与之对应的运动轴分别是额状轴、矢状轴和垂直轴。

与各个运动面及运动轴相关的关节运动如**表 1.1**所示。

图1.2 矢状面、额状面、水平面上的关节运动
关节运动可以通过3种运动面和运动轴之间的关系表现出来

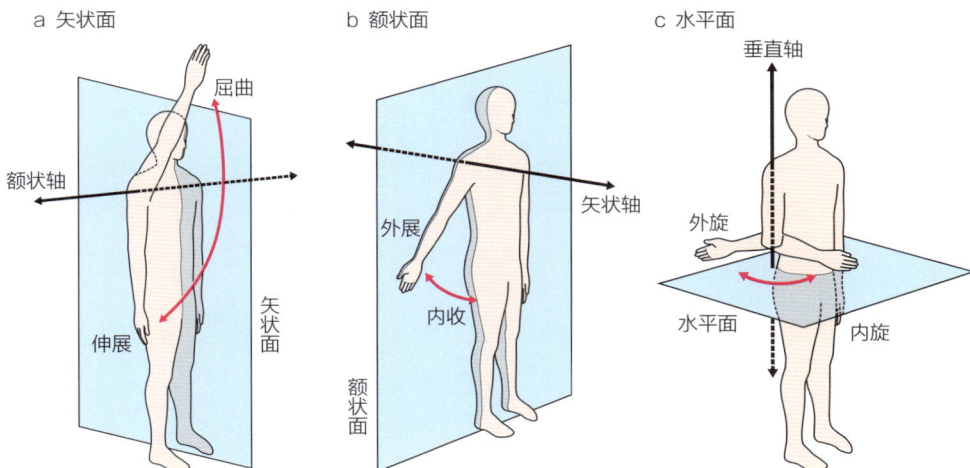

a 矢状面

b 额状面

c 水平面

运动的种类

■ 平行运动和旋转运动

身体运动可以分为平行运动（**图1.3a**）和旋转运动（**图1.3b**）。

平行运动是指身体在某一平面内沿一条直线移动。旋转运动是指肢体围绕一个轴做圆周运动。例如，在做投球动作的时候，手臂以肩关节为轴做旋转运动。

实际上，身体运动通过平行运动与旋转运动的结合完成。走路的时候，身体产生前移的平行运动，但这个运动依赖于髋关节、膝关节以及踝关节的旋转运动[2]。

图1.3 平行运动和旋转运动
身体在某一平面内沿一条直线移动叫作平行运动，肢体围绕一个轴做圆周运动叫作旋转运动

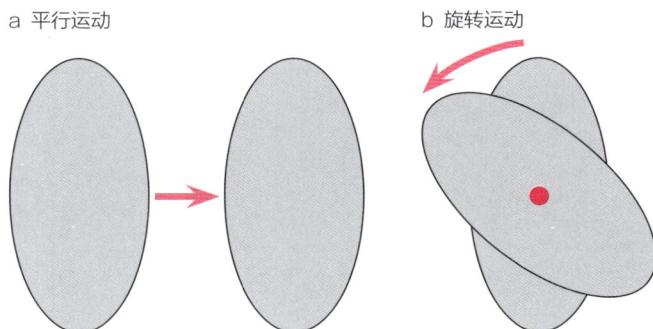

a 平行运动

b 旋转运动

矢量

■ 矢量的定义及表达方式

矢量是具有大小和方向两个特征的物理量。肌肉产生的力和地面反作用力等作用于身体内外的力都可以用矢量来表示。

力的矢量用箭头来表示（图1.4a）。箭头的长度表示力的大小，箭头所指的方向即为力的方向。箭头的终点，即为受力点；箭头的起始点，即为发力点。同时，矢量可以平行移动[1, 3]（图1.4b）。

图1.4 矢量的特征
箭头的长度表示力的大小，箭头所指的方向即为力的方向，而且矢量可以上下、左右平行移动

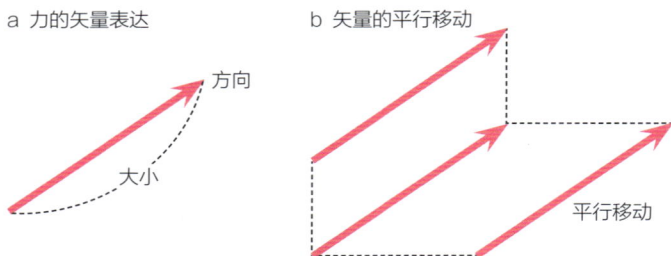

a 力的矢量表达
方向
大小

b 矢量的平行移动
平行移动

■ 矢量合成

有多个力的矢量作用于人体时，人体上就出现了力的矢量合成。矢量合成方法包括矢量连接法和求平行四边形对角线法。

矢量连接法是指当力的矢量方向一致时，将它们依次连接在一起即是合成力（图1.5a）。求平行四边形对角线法是指将从同一点出发的2个不同方向的作用力画成平行四边形，这个平行四边形的对角线就是合成力[1, 3]（图1.5b）。

图1.5 2种矢量合成方法
矢量合成方法包括矢量连接法和求平行四边形对角线法

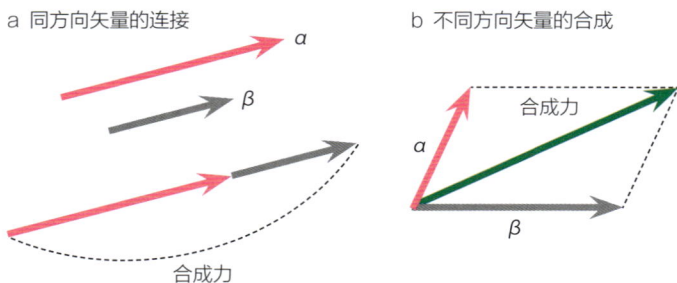

a 同方向矢量的连接
α
β
合成力

b 不同方向矢量的合成
合成力
α
β

日常生活中的矢量合成例子

关于这两种矢量合成方法，我们可以通过一些日常生活中的例子来说明。多个力方向一致时，我们可以使用矢量连接法进行合成。这样的矢量合成发生在拔河比赛的来回拉扯时（一根绳子上有多个作用力），此时同一个团队的各位成员所发出的力的矢量被合成（**图1.6a**）。

求平行四边形对角线法可以用于合成2个不同方向的力。例如，1辆车被另外2辆车牵引时，2辆车的牵引力的方向如**图1.6b**所示，沿平行四边形的对角线方向伸展。因此，即使2辆车向不同的方向前进，被牵引的车也会向正前方移动[4]。

图1.6 **2种矢量合成方法的具体例子**

当有效合成多个力时，合成力将大于原来的力

a 同一方向上的矢量合成

b 不同方向上的矢量合成

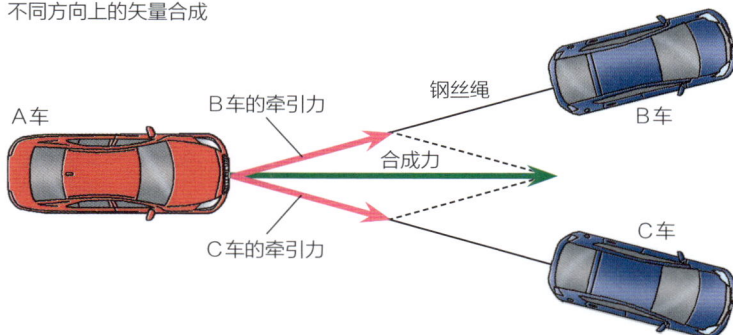

■ **辅助时矢量合成的应用**

当抬起坐着人的轮椅时，辅助人员需要了解基本的矢量合成概念。

当两个辅助人员的拉力的矢量非左右对称时，其合成力不与地面垂直，会导致轮椅倾斜（图1.7a）。当矢量的方向左右对称但力与水平面平行时，水平方向上的拉力相互抵消，会导致无法抬起轮椅（图1.7b）。

当辅助人员的拉力左右对称且为平行四边形的两条边时，其合成力与地面垂直，轮椅被竖直抬起（图1.7c）。具体方法为：辅助人员站在轮椅的轮胎两侧，双手握住扶手，两人同时后倾身体，则轮椅被竖直抬起。像这样，通过身体的移动而产生力，即使手腕和背部没有用力，辅助工作也可以完成。

图1.7 抬坐着人的轮椅时所用的辅助方法

a

b

c

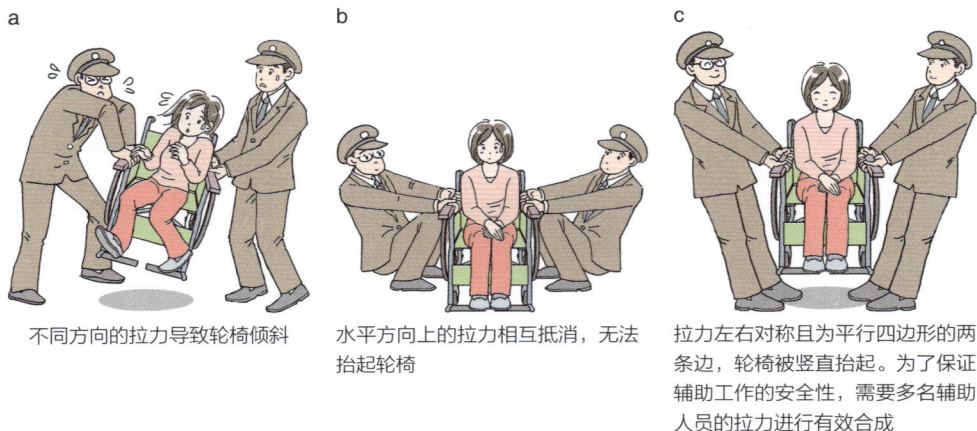

不同方向的拉力导致轮椅倾斜

水平方向上的拉力相互抵消，无法抬起轮椅

拉力左右对称且为平行四边形的两条边，轮椅被竖直抬起。为了保证辅助工作的安全性，需要多名辅助人员的拉力进行有效合成

■ **临床中的矢量合成与分解**

下面从合成与分解身体受到的外力或身体产生的内力的矢量的角度来理解矢量合成与分解。

例如，当处于脚不着地的坐立位时将重物绑在脚上，对膝关节而言，小腿、脚、鞋子，以及重物的重力合在一起会形成垂直向下的作用力，使构成膝关节的股骨和小腿骨的关节面分离（图1.8a）。同理，当手臂下垂且手上拿着重物时，手臂和重物的重力合在一起形成垂直向下的作用力，使构成肩关节的肱骨与肩胛骨的关节面分离。

当做开链运动而使膝关节伸展时，股四头肌上产生的力可以分解成两个力，一个是使膝关节肌肉伸展的旋转力，另一个是作用于股骨的压缩力。这样，肌肉产生的力不仅可以使关节旋转，还可以使运动轴保持稳定[1, 4]（图1.8b）。

图1.8 身体中矢量的合成与分解

通过矢量合成与分解的概念来认识身体运动可以理解关节可能受到的损伤及肌肉的作用

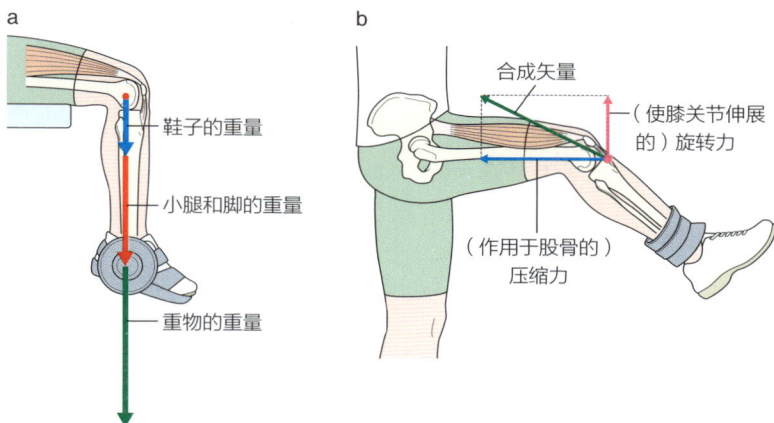

a
- 鞋子的重量
- 小腿和脚的重量
- 重物的重量

b
- 合成矢量
- （使膝关节伸展的）旋转力
- （作用于股骨的）压缩力

与身体构造相关的矢量合成

即使在骨骼肌中，矢量的合成也是根据肌纤维的走向完成的。

三角肌是肩关节向外翻转时的主动肌。三角肌的前侧纤维和后侧纤维从不同方向止于三角肌粗隆。前侧纤维和后侧纤维均衡收缩时，其合成力使肩关节向外翻转（图1.9a）。

此外，腓肠肌（图1.9b）和斜方肌（图1.9c）等肌纤维从多个不同方向向止点收缩移行。同一骨骼肌中，朝不同方向移行的肌纤维的收缩会促成矢量合成并最终产生很大的力。向不同肌纤维方向移行的骨骼肌与只向一个方向移行的骨骼肌相比，前者产生的力更大，在力学中这是很高效的结构[4]。

图1.9 骨骼肌中的矢量合成

三角肌（a）、腓肠肌（b）、斜方肌（c）的肌纤维走向。在一块骨骼肌内，存在很多肌纤维走向。从力学上看，这种结构有利于发力

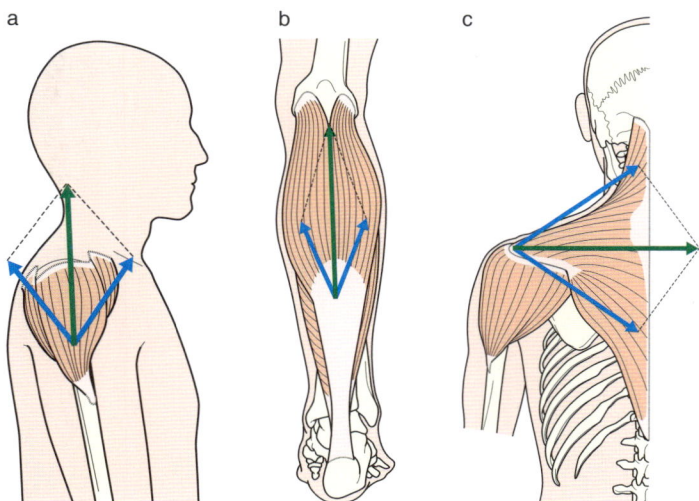

a   b   c

运动三大定律

■ 运动第一定律（惯性定律）

静止的物体和匀速运动的物体，在不受外力作用或者受到可以相互抵消的外力作用时，静止的物体依旧保持静止状态，而运动的物体保持之前的速度做匀速直线运动。这就是运动第一定律（惯性定律）。

简单来说，惯性定律就是不施加力时，静止的物体依旧保持静止状态，运动的物体继续保持原速度做匀速直线运动。例如，理论上球在地面上运动时，只要不施加力，球将继续滚动。但实际上因为球和地面之间的摩擦力会阻碍球的运动，最终球会停下来。冰壶在摩擦力很小的冰面上不容易停止运动，可以持续滑行一段时间，这个现象用惯性定律就很容易解释（图1.10）。

再如我们身边的例子，一辆以一定速度行驶的公交车突然刹车时，乘客即使双脚分开站立，上半身也会向车辆前进的方向倾斜。或者，当停止的车辆启动时，与地面直接接触的乘客的脚会随车辆一起朝前进方向运动，但因为上半身还停留在原来的位置，所以人很容易向前进方向的反方向倾倒（图1.11）。这些都是与惯性定律相关的生活现象[3]。

图1.10 运动第一定律的例子

a

冰壶在冰面上滑行，因为摩擦力很小，所以冰壶可以持续滑行一段时间

b

球在地面上滚动，由于球与地面存在摩擦力，最终球会停止运动

图1.11 切身感受运动第一定律：乘坐公交车

行驶中的公交车突然刹车（a）和停止的公交车突然启动（b）时，我们可以切身感受到运动第一定律

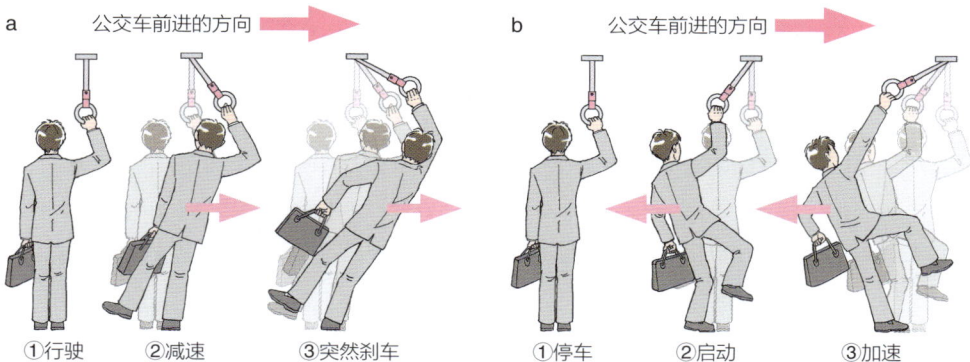

a　　　公交车前进的方向　　　　　　　　　b　　　　公交车前进的方向

①行驶　　②减速　　③突然刹车　　　①停车　　②启动　　③加速

● 步行周期中的运动第一定律

步行周期也可以用运动第一定律来解释。

摆动前期，由于脚尖离开地面之前的瞬间小腿向前倾斜，膝关节急速屈曲。摆动初期，为了保持脚尖与地面的间隔，踝关节背屈的同时脚趾伸展，膝关节从屈曲变为伸展。摆动中期，膝关节被迫迅速伸展；此时，小腿前移是因为基于运动第一定律，即使大腿不动，小腿也会运动。摆动末期，腘绳肌运动以控制下肢的摆动，股四头肌为站立期做准备而开始发力（图1.12）。

像这样，在摆动期随着膝关节伸展而摆动的下肢，并不是因为受到股四头肌的控制摆动，而是因为惯性而摆动[5]。

图1.12 观察步行周期中的运动第一定律

由于惯性定律，下肢在摆动中期向前摆动

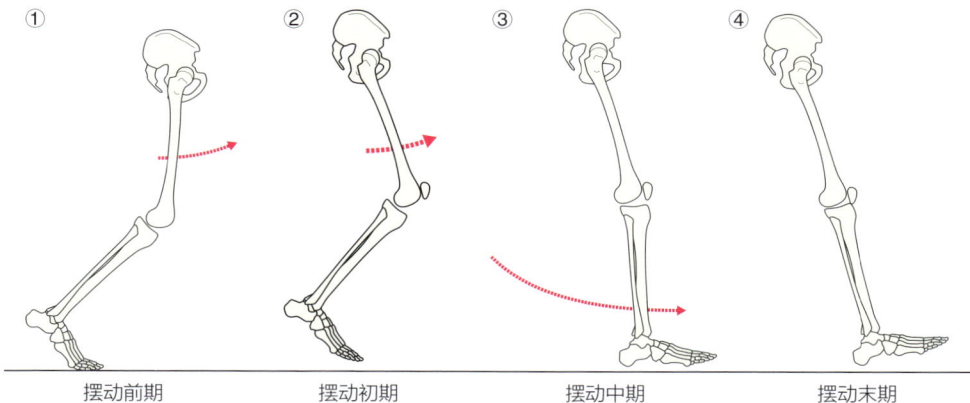

①　　　　　　②　　　　　　③　　　　　　④

摆动前期　　　　摆动初期　　　　摆动中期　　　　摆动末期

运动第二定律（运动公式）

　　质量和重量这两个概念很容易混淆，但其实它们是完全不同的。

　　质量无论在什么时候都是固定的，而重量会根据测量场所的不同而发生变化。例如，同样一件物体在月球上的重量是在地球上的重量的1/6。简而言之，重量就是物体所受重力的大小。

　　而质量反映了物体移动的难易程度。质量越大的物体，越难移动。移动质量大的物体时，我们需要对其施加的力比对移动质量小的物体时施加的力更大。将网球和篮球分别投出相同距离，投篮球时需要的力更大（图1.13a）。与骑车去买东西时相比，买了很多东西再骑车回家时更费力（图1.13b）。实际上，如果某物体的质量是原来的2倍，想要保持原来的加速度运动，则需要施加2倍于原来的力。而且施加的力越大，加速度就越大。这个数量关系可以用运动公式表示为"力＝质量×加速度（$F=ma$）"[4]。

图1.13 物体移动和身体活动中的运动第二定律

投掷不同大小的球（a），骑自行车买东西前后（b）。若想使质量较大的物体的加速度增加，则需要对其施加更大的力

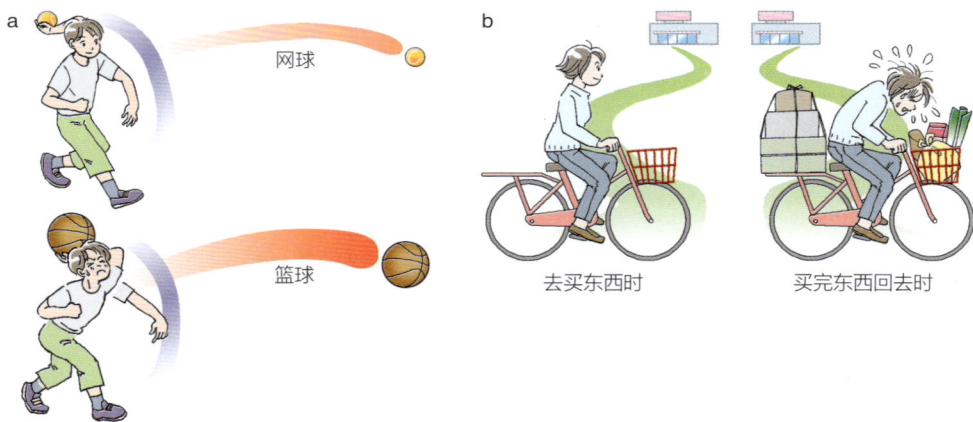

网球

篮球

去买东西时　　买完东西回去时

● **轮椅辅助中的运动第二定律**

　　相关试验可以让我们更好地理解运动公式，下面以辅助轮椅移动为例进行讲解。

　　当同一个辅助人员用同样大小的力推轮椅时，轮椅乘坐者是体重较轻的孩子时的加速度（图1.14b）比乘坐者是体重较重的成年人时的加速度（图1.14a）更大。所以在进行轮椅辅助时，轮椅乘坐者的体重是需要考虑的重要因素[3]。

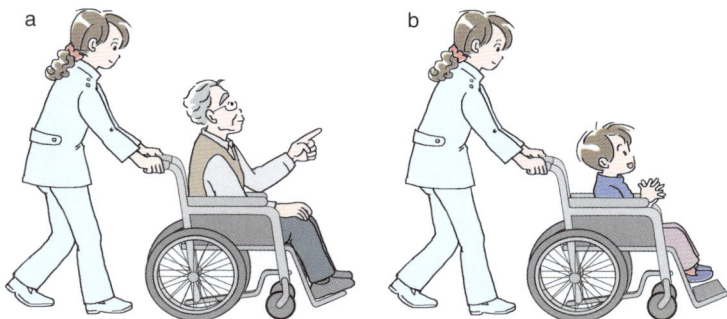

图1.14 轮椅辅助中的运动第二定律

体重较轻的人乘坐时（b），如果突然加速则要注意保障其安全

a

b

■运动第三定律（作用力与反作用力定律）

当物体A对物体B施加作用力时，物体A会受到来自物体B的方向相反、大小相同的作用力，这叫作反作用力。

例如，在游泳比赛时，运动员通过蹬泳池的墙壁而转向相反的方向。也就是说，当脚的力作用在墙壁上时，墙壁会产生相反的作用力，即对运动员施加推力，运动员就可以向相反的方向快速前进（**图1.15**）。用运动第三定律解释就是，因为反作用力是与墙壁受到的力大小相同、方向相反的力，所以运动员只有使劲蹬墙壁，才能受到较大的推力[3,4]。

图1.15 从游泳转向中观察到的运动第三定律

所有作用力都有与之大小相同、方向相反的反作用力

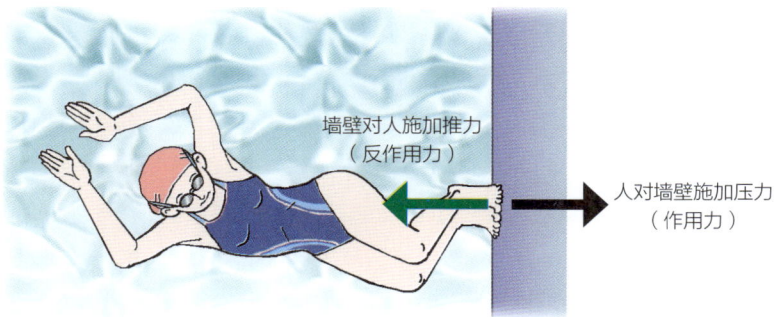

墙壁对人施加推力
（反作用力）

人对墙壁施加压力
（作用力）

●站立和步行中的运动第三定律

站立和步行时，人受到与身体对地面的作用力方向相反的反作用力，这个反作用力叫作地面反作用力。

地面反作用力的作用点与重心一致（**图1.16a**）。在矢状面上地面反作用力通过膝关节后方时，此反作用力会使膝关节屈曲。因此，如果没有膝关节伸展肌群的收缩，膝关节就会屈曲。反之，地面反作用力通过膝关节前方时，此反作用力会使膝关节伸展（**图1.16b**）。地面反作用力虽是作用于身体的外力，但也会影响肌肉的运动[3]。

图1.16 站立和步行中的运动第三定律

体重的反作用——地面反作用力（↑）产生

a

b

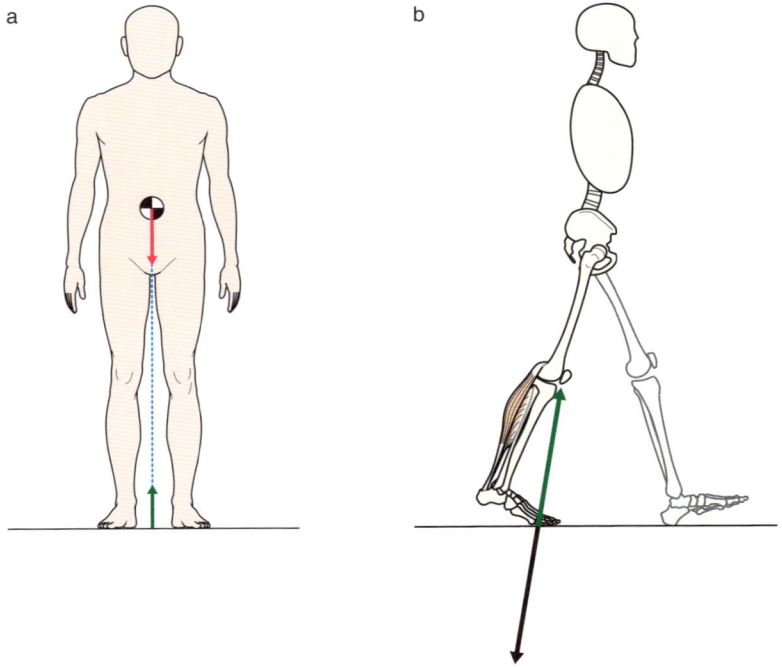

力矩

力矩的定义

力矩用来度量作用在物体上的力使物体转动的能力。

力矩是力距离运动支点或者运动轴一定距离时对物体作用所产生的转动效应的物理量，用公式可以表示为力矩（M）等于距离（d）与力（F）的乘积，即 "$M=d \times F$"。d 表示力的矢量到运动中心的距离（长度）（图1.17）。这个长度在平行运动中是杠杆力臂，而在旋转运动中则是力矩臂。

图1.17 力矩

力矩等于长度与力的乘积

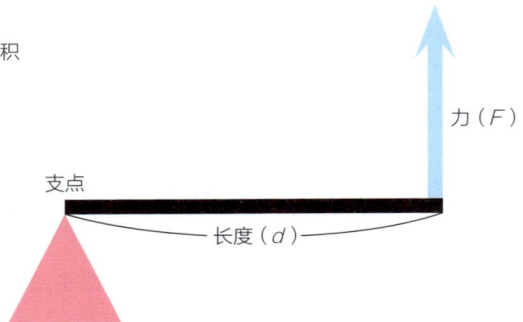

力（F）

支点

长度（d）

肢体运动中的力矩①

肢体运动时，力矩的概念可以应用于调节运动负荷和日常生活的动作指导。

例如在脚上绑上重物然后做抬腿运动。如果膝关节伸直做这个动作，髋关节到脚的距离，即力矩臂会变长，髋屈肌的负荷会变大（图1.18a）。如果膝关节屈曲，髋关节到脚的距离会变短，髋屈肌的负荷会减小[1]（图1.18b）。

图1.18 下肢的开链运动
下肢关节做开链运动时，力矩臂的长度会对肌肉负荷产生不同程度的影响

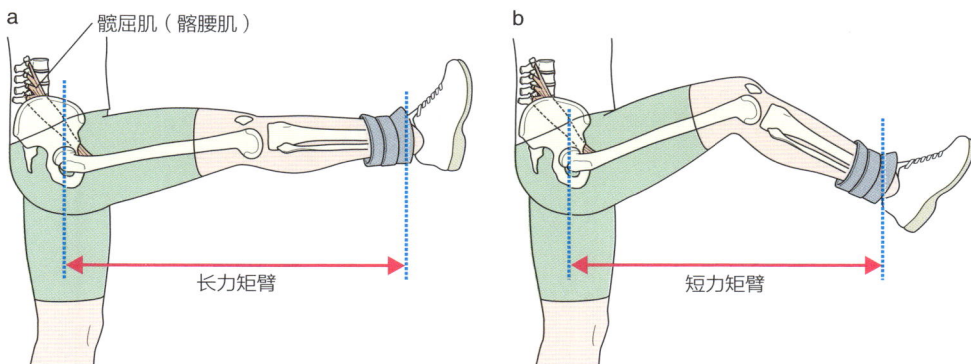

a 髋屈肌（髂腰肌）

长力矩臂

b 短力矩臂

肢体运动中的力矩②

手臂向外翻转时，随着肩关节翻转角度的增加，肩关节外展肌群所需要的力矩也会增加。

假设手臂重30N，如果手臂保持下垂，那么力矩臂的长度为0cm，力矩就是0N·m。手臂稍微外翻，如果肩关节到手臂重心的距离为20cm，那么力矩就是6N·m。手臂外翻90度时，如果肩关节到手臂重心的距离为30cm，那么力矩就变成9N·m，此时力矩最大[6]（图1.19）。

图1.19 手臂的开链运动
力矩臂的长度随关节角度而变化

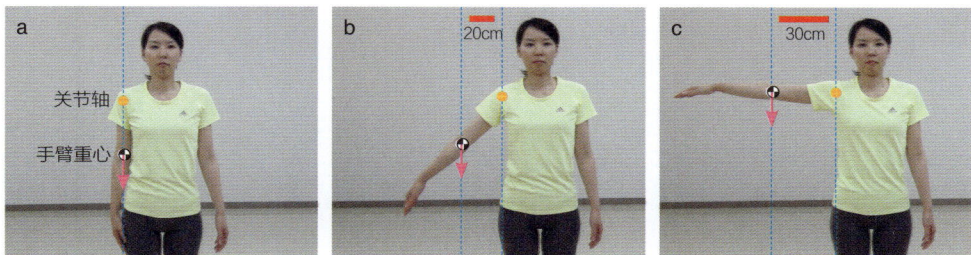

a 关节轴   手臂重心

b 20cm

c 30cm

■肢体运动中的力矩③

因为抗阻运动中力矩臂的长度会发生变化，所以即使施加相同的阻力，肌肉负荷也可能会发生变化。

做膝关节伸展的抗阻运动时，即使对膝关节伸展肌群施加相同的负荷，与离膝关节近的地方相比（图1.20a），在离踝关节近的地方（图1.20b）用较小的力便可以起到同样的练习作用[7]。

图1.20 需要考虑到力矩臂的抗阻运动

抗阻运动中，肌肉负荷的调节不仅与施加的阻力有关，还与力矩臂的长度有关

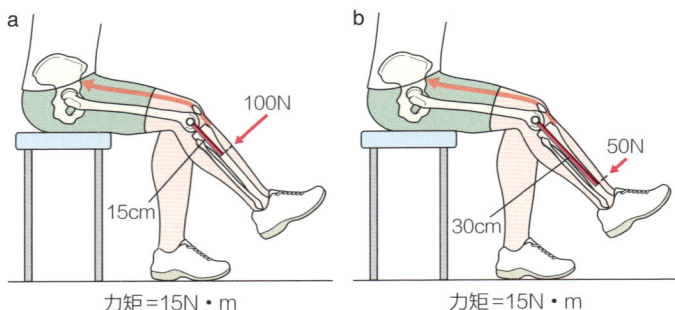

a 100N 15cm 力矩=15N·m

b 50N 30cm 力矩=15N·m

■婴幼儿步行时力矩的应用

当重心偏离支撑基底面（Base of Support，BOS）时，婴幼儿步行时的姿势就会不稳。因此，增大支撑基底面是防止婴幼儿摔倒的方法之一。实际上，双脚分开步行更加安全。除此之外，利用力矩也可以在婴幼儿步行中保证其安全。

众所周知，婴幼儿在发育过程中，刚刚开始走路时手臂会举得比较高，随着其步行能力的提高，手臂的位置会从高守卫姿势过渡到水平守卫姿势，最后变成低守卫姿势（图1.21）。这是因为婴幼儿的手臂向左右两侧张开，力矩臂会变长产生力矩从而保持平衡。

图1.21 婴幼儿步行

随着步行能力的提高，婴幼儿手臂的位置会从高守卫姿势过渡到水平守卫姿势，最后变成低守卫姿势

a b c

■日常生活动作中的力矩

腰部到重物的距离会对腰椎的支撑结构和背部肌群的负荷产生影响。

例如，膝关节伸直、身体向前屈抬物体，因为力矩臂（腰部到重物的距离）变长，所以腰部的负荷过重（图1.22a）。

图1.22b和图1.22c中的力矩臂比图1.22a中的力矩臂要短，所以腰部的负荷会减轻。图1.22b是通过颈部伸长来保持身体肌肉收缩平衡从而使背部肌肉处于适宜的状态。图1.22c是收下巴并有意识地向上收缩腹肌；腹肌收缩会使腹压增大，在做上抬动作时腰椎的支点也会稍微前移。这两种方式可以预防腰椎过度向前屈曲，也可以一定限度地减少对腰椎的伤害。

图1.22d的力矩臂最短，对腰部的伤害也最小，可以比较轻松地将重物抬起。但是使用这种方式时需要深蹲，所以我们要考虑其对膝关节的影响。

图1.22 多种抬重物的方式

在指导动作时需要综合考虑力矩臂（ ↔ ）、肌肉运动和关节角度之间的联系

a：力矩臂太长，对腰部的伤害较大
b：与a相比力矩臂较短，颈部伸长，背部肌肉处于适宜的状态
c：与a相比力矩臂较短，需要收下巴并有意识地向上收缩腹肌
d：力矩臂最短，对腰部的伤害也最小，但需要深蹲

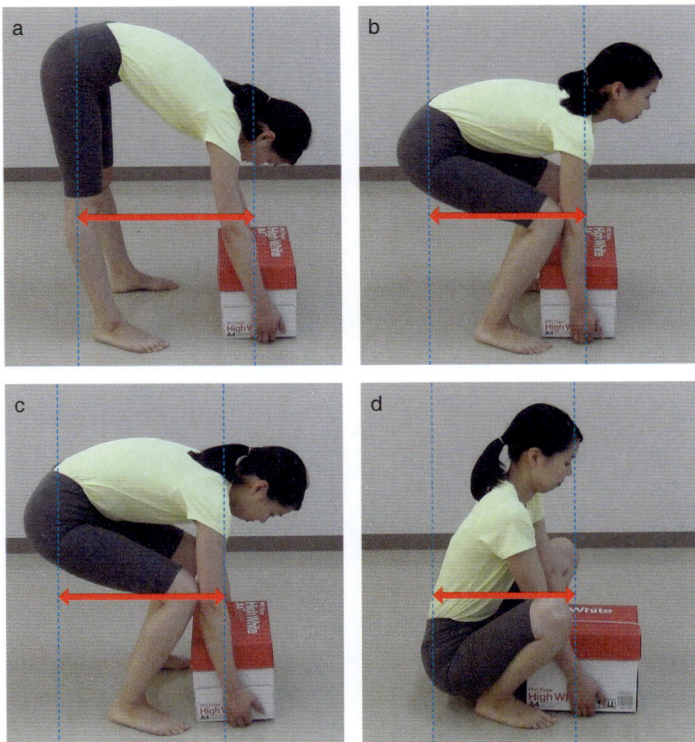

15

身体重心和支撑基底面

　　身体重心（Center of Gravity，COG）是身体各部分重量的中心。关于成年人站立时的身体重心，男性的身体重心在头顶到脚约56%的位置，女性的身体重心在头顶到脚约55%的位置，用解剖学定义解释，则是在第二骶椎稍偏前的位置上（图1.23）。通常髂前上棘的高度基本就是身体重心所在的位置。因为身体重心是身体各部分重量的中心，所以婴幼儿的身体重心的位置比成年人要更接近头部[8,9]。

图1.23 身体重心
成年人保持站立姿势时，髂前上棘的高度基本是身体重心所在的位置高度

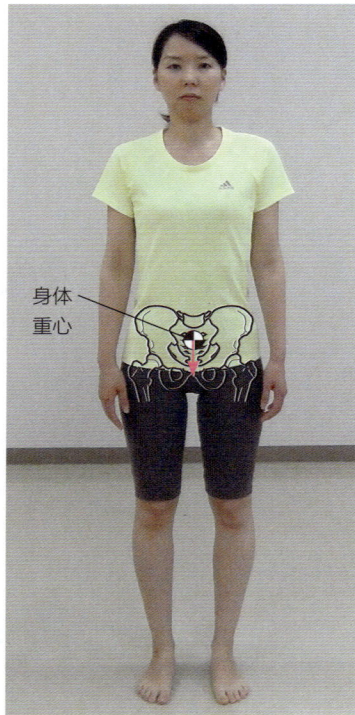

身体
重心

■身体重心的移动

身体重心的位置通常都不固定，会随着姿势的不同而变化。例如躯干前倾时，身体重心的位置会向髋关节前侧移动（图1.24a）。这是因为随着躯干的前倾，头部、上肢、躯干（Head，Arms and Trunk，HAT）的重心会大幅度前移。HAT的重心大约在第11胸椎前侧，正好位于胸骨的剑突深面。

因为脊椎损伤等原因而导致髋关节周围瘫痪的患者在轮椅上活动时，主要是将HAT的重心控制在其上肢上。HAT的重心前移时（图1.24b），起支撑作用的右臂肘关节将逐渐从屈曲变为伸展，从而使躯干前倾。反之，HAT的重心向后移时（图1.24c）右臂肘关节屈曲并使躯干上抬[1, 3]。

图1.24 身体重心的移动

身体重心的位置通常都不固定，会随着姿势的不同而变化
a：随着HAT的重心的前移，身体重心也会前移
b：脊椎受损者的HAT的重心前移
c：前移的HAT的重心在右臂肘屈肌的作用下而被重新拉回，这说明肘屈肌可以调节躯干的前后位置

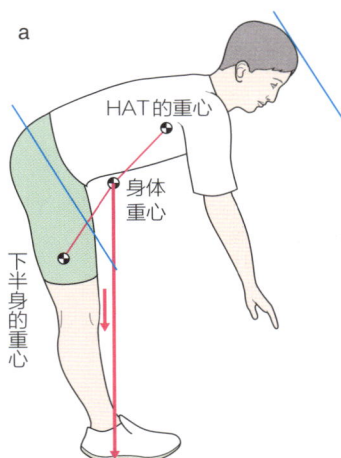

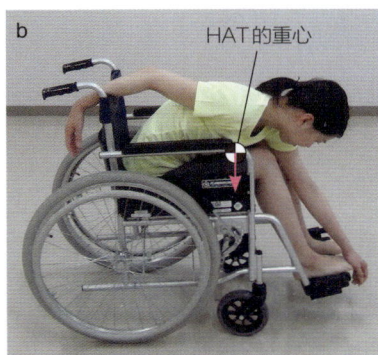

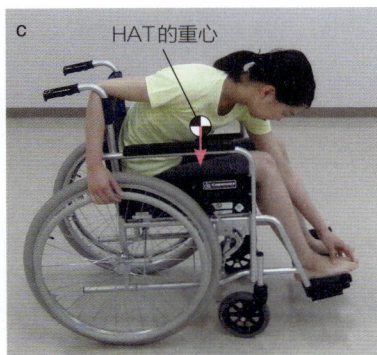

■支撑基底面及其大小

身体的支撑基底面是指包括足底在内的两脚之间的面积（图1.25，脚下蓝色的部分）。支撑基底面的面积越大，则身体重心可以移动的幅度越大，安全性越高（图1.25b）。相反，支撑基底面的面积越小，则身体重心越容易偏离支撑基底面，越不安全（图1.25c）。

换言之，对于需要较高安全性的转移和起立的辅助动作等，辅助人员只要增大支撑基底面的面积，就可以更安全地进行辅助；而对于需要快速调节身体重心的运动中的分级动作和跳跃动作等，其关键是支撑基底面的面积要相对较小[1, 3]。

图1.25 支撑基底面的大小
支撑基底面的面积大，安全性较高；支撑基底面的面积较小，则有利于实现重心的快速移动
a：面积较小的支撑基底面
b：面积较大的支撑基底面
c：面积小且不稳定的支撑基底面

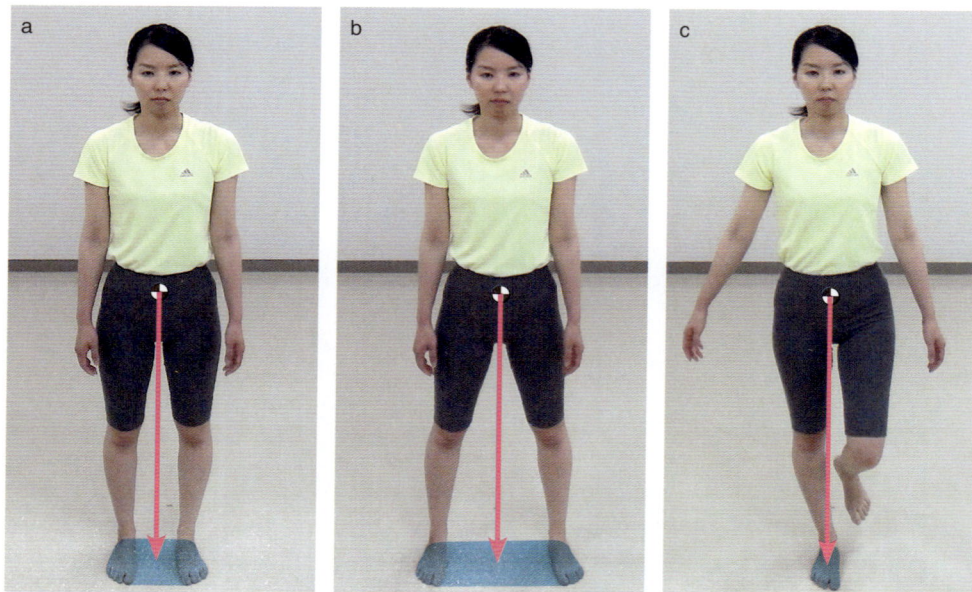

■支撑基底面的形状

为了使身体重心平稳地移动，我们必须根据身体重心移动的方向改变支撑基底面的形状。例如，身体重心左右移动时，我们必须将双脚向身体左右两侧打开以使支撑基底面进行横向拉伸（图1.26a）。此姿势是稳定的，因为当从侧面对人施加外力时，身体重心可以在支撑基底面内的外侧大幅度移动。为身体重心的前后移动做准备或准备应对前后方的外力时，我们必须将双脚分别放在身体的前方和后方以使支撑基底面进行纵向拉伸（图1.26b）。

临床上，不乏双脚左右分开站立和走路的患者。这类患者的身体重心无法顺畅地向左右移动，因此他们需要支撑基底面代偿性地横向拉伸[1, 3]。

图1.26 身体重心的移动方向和支撑基底面
根据身体重心的移动方向改变支撑基底面的形状，使身体重心更平稳地移动、受到外力时，也可以保持平衡
a：横向拉伸的支撑基底面
b：纵向拉伸的支撑基底面

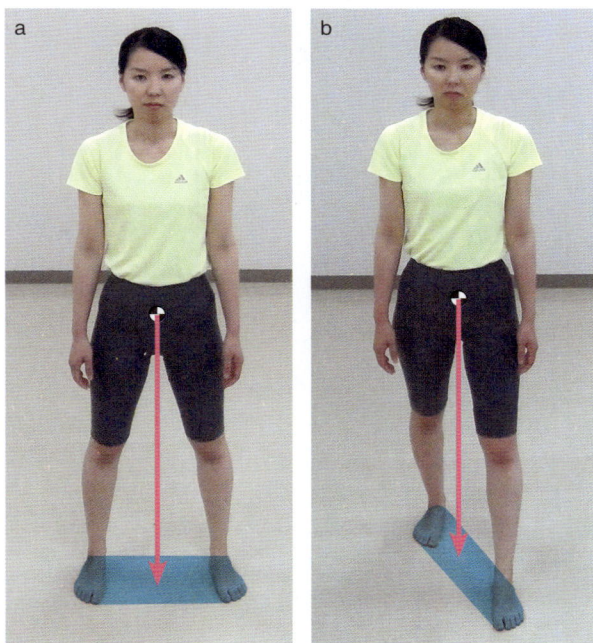

■利用拐杖增大支撑基底面

使用拐杖时，支撑基底面为拐杖与地面接触点和身体之间的面积——支撑基底面扩大了，因此稳定性增加了。支撑基底面的面积随着拐杖与地面接触点的不同而变化。拐杖放在身体正对的侧面或者离身体较近的地方时，支撑基底面的面积相对较小（图1.27）。

进行站立和步行能力评估时，其关键是观察拐杖的接触点的位置[1,3]。

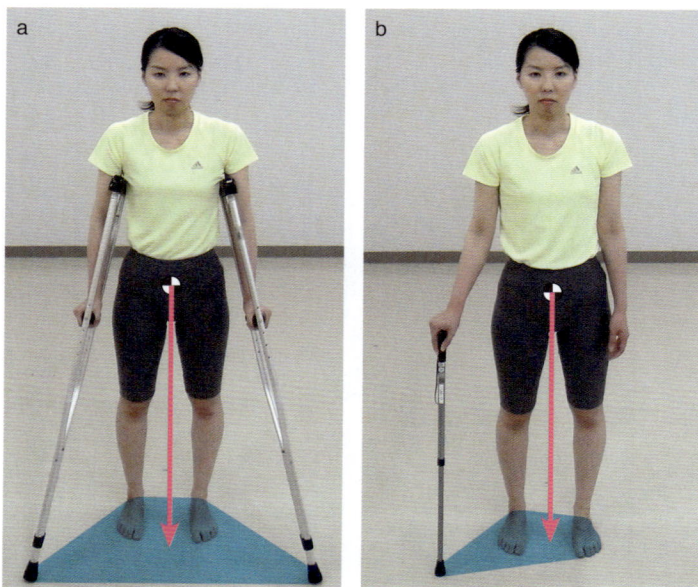

图1.27 利用拐杖增大支撑基底面

使用拐杖时的支撑基底面指两脚之间的面积以及支撑物和支撑物间的面积。使用拐杖的目的在于通过扩大支撑基底面提高稳定性和安全性
举例说明
a：使用两根拐杖站立时的支撑基底面
b：使用一根T形拐杖站立时的支撑基底面

■肢体运动中支撑基底面与身体重心的关系

如果身体重心落在支撑基底面内，则人可以保持平衡；如果身体重心偏离支撑基底面，则人无法保持平衡。那么如果身体重心在偏离支撑基底面后重新回到支撑基底面呢？人可能会恢复平衡，但在某些情况下支撑基底面是没有办法移动的，最终人还是会摔倒。我们来做一个测试，我们背靠墙壁向前鞠躬。正常鞠躬时，随着身体的前倾，我们的身体重心会前移，因为臀部后移可使身体重心停留在支撑基底面内，所以可以完成向前鞠躬的动作。但是，由于墙壁的阻碍，我们的臀部无法大幅度后移，当身体重心向前大幅度移动时会偏离支撑基底面，从而导致我们无法保持平衡而摔倒[10]（图1.28）。

图1.28 支撑基底面和身体重心的关系

身体重心如果落在支撑基底面内，则人可以保持平衡；身体重心如果偏离支撑基底面，则人会失去平衡

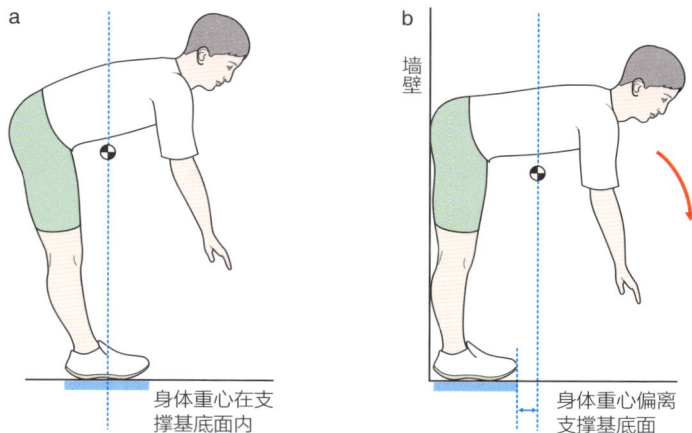

a

b

墙壁

身体重心在支撑基底面内

身体重心偏离支撑基底面

■ 躺卧时的支撑基底面

临床上，我们还需要考虑躺卧时的支撑基底面。例如，身体舒展着侧卧时会缺乏平衡（图1.29a），但当身体蜷缩着侧卧时支撑基底面的面积会扩大，稳定性会增加（图1.29b）。身体舒展开侧卧时，支撑基底面的面积较小导致身体重心容易移动，因而人容易翻身。

图1.29 躺卧时的支撑基底面

保持侧卧位或者从侧卧位变换到其他姿势时，应考虑支撑基底面的大小
a：身体舒展着侧卧
b：身体蜷缩着侧卧

a

b

■ 四肢爬行时的支撑基底面

　　四肢爬行时的支撑基底面的面积非常大。当举起一侧手脚时，支撑基底面的面积变小，此时需要人有良好的平衡力（图1.30）。做闭链运动时，支撑基底面的大小和形状会发生变化，会对身体造成各种各样的负荷。

图1.30 四肢爬行时的支撑基底面

四肢爬行时支撑基底面的变化会影响以躯干为中心的肌肉收缩

a：四肢爬行姿势的支撑基底面

b：左臂抬起时的支撑基底面

c：左臂和右腿抬起时的支撑基底面

杠杆

施加力的位置叫力点，支撑受力物体的位置叫作用点，支撑力点和作用点的位置叫支点。由于这3个点位置的不同，所以存在3类杠杆。

■ 第一类杠杆

第一类杠杆是力点-支点-作用点杠杆（图1.31）。支点在力点和作用点之间，具有平衡力的特点[3,6]。

图1.31 第一类杠杆

力点-支点-作用点杠杆，具有平衡力的特点

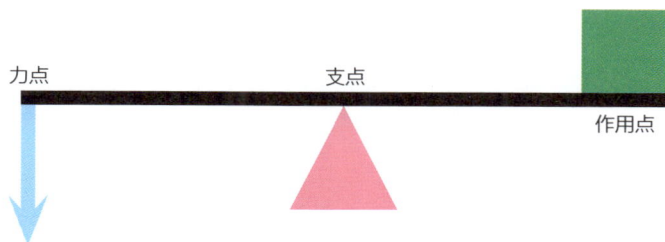

力点　支点　作用点

● 第一类杠杆举例

第一类杠杆有较好的稳定性，例如跷跷板、开罐器、剪刀和起钉器（图1.32）。在压跷跷板时，相同体重的人分别坐在离支点距离相同的左右两侧，跷跷板可以保持平衡。当跷跷板一侧的人A比另一侧的人B重时，与A相比B坐在跷跷板的末端时更容易保持跷跷板的平衡。这可以用力与长度的乘积，即力矩来解释[3,6]。

图1.32 第一类杠杆举例

跷跷板是典型的第一类杠杆，可以用力矩的概念来解释

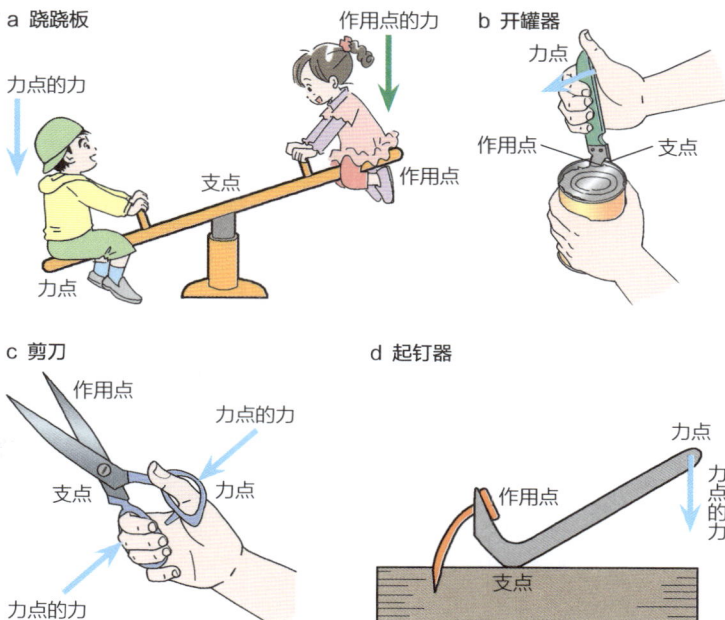

a 跷跷板
力点的力　作用点的力　支点　作用点　力点

b 开罐器
力点　作用点　支点

c 剪刀
作用点　力点的力　支点　力点　力点的力

d 起钉器
力点　力点的力　作用点　支点

● 人体构造和身体运动中的第一类杠杆

在人体中寰枕关节可以被看作第一类杠杆，以此关节为支点，头部的重量与头部伸缩肌的拉力相互平衡（图1.33a）。

肘关节保持90度屈曲时，如果以使肘关节屈曲的外力为作用点，则肘关节为支点，起抵抗作用的肱三头肌为力点（图1.33b）。

图1.33 人体构造和身体运动中的第一类杠杆

第一类杠杆有助于保持头颈部平衡

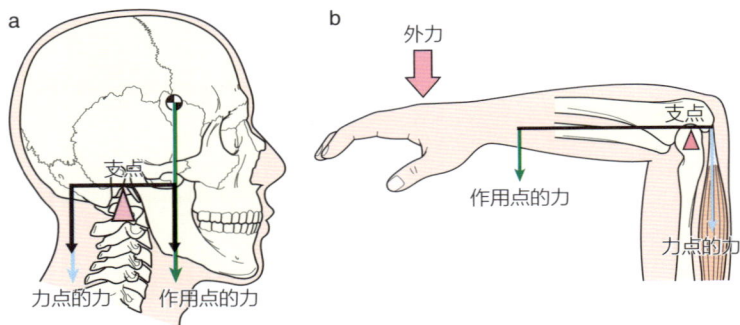

● 基本动作中的第一类杠杆

起立时，身体大幅度前倾比较容易从座位上抬离臀部（图1.34a）。这是因为以脚为支点，使头、上臂和上部躯干的重量可以与下部躯干和从臀部到大腿的重量相平衡并使臀部被抬起来。此时，当膝关节屈曲90度以上时更容易抬离臀部。这是因为膝关节屈曲使双脚更接近身体重心，身体重心在双脚的支撑基底面之间更容易移动。

辅助人员在将坐在轮椅上的患者向后移动时，也可以运用第一类杠杆（图1.34b）。辅助人员将双手从患者的腋下穿过并抓着患者的前臂，然后以患者的前臂为支点向患者的腹部挤压以使患者的身体前倾，这样患者的臀部就可以离开轮椅，此时辅助人员就能够将患者向后移动了。

图1.34 起立和辅助时第一类杠杆的运用

a: 坐在椅子上身体向前大幅度前倾，以双脚为支点，上半身的重量和下半身的重量相互平衡

b: 辅助人员将坐在轮椅上的患者向后移动

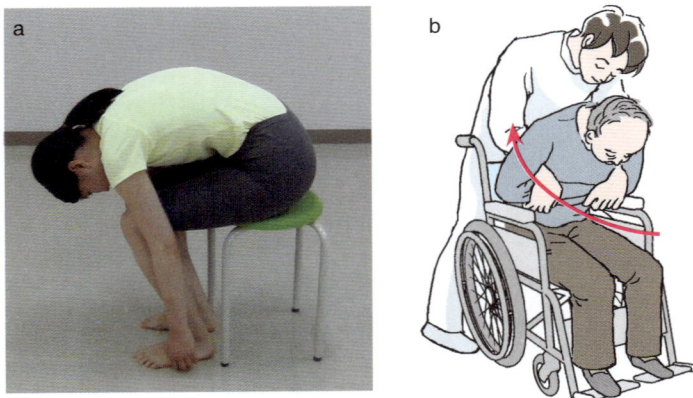

■第二类杠杆

第二类杠杆是支点–作用点–力点杠杆（图1.35）。因为与作用点和支点之间的距离相比，力点和支点之间的距离更长，所以具有省力的特点[3.6]。

图1.35 第二类杠杆
支点–作用点–力点杠杆，具有省力的特点

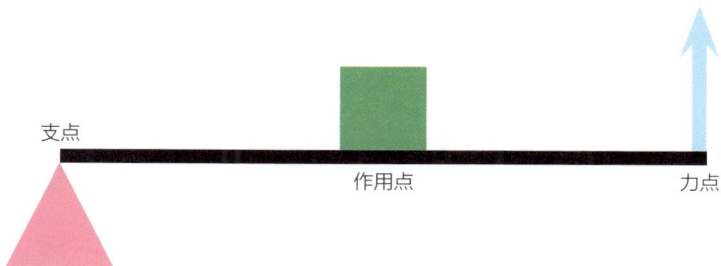

●第二类杠杆举例

第二类杠杆包括手推车、螺丝钳、核桃夹和裁剪器（图1.36）。手推车的设计为前深后浅，这是因为最重的部分（堆积的部分）离手柄最远且离车轮最近时便于运输[3.6]。

图1.36 第二类杠杆的举例
第二类杠杆在许多省力工具中运用较多

a 手推车

b 螺丝钳
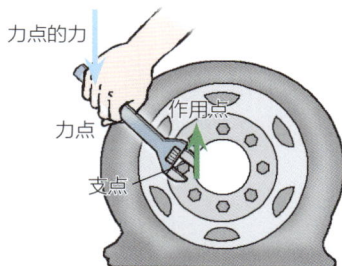

c 核桃夹
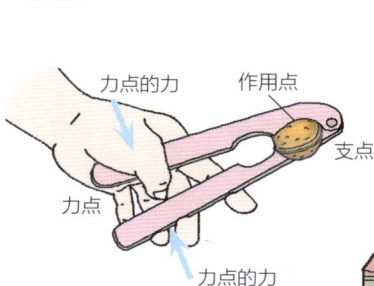

d 裁剪器
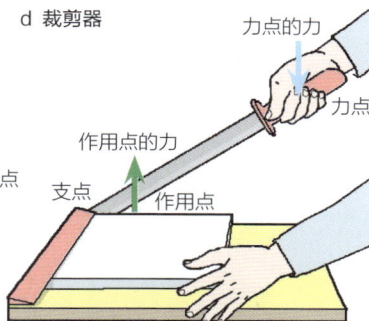

●身体运动中的第二类杠杆

踮脚时，为了满足上抬身体所需要的较大力，需要运用第二类杠杆（图1.37）。其中，跖骨为支点，与踝关节前侧相交的重心线的交点为作用点，主动肌——小腿三头肌的止点为力点。

图1.37 踮脚时的第二类杠杆
第二类杠杆可以节省很多力。利用小腿三头肌可以上抬身体

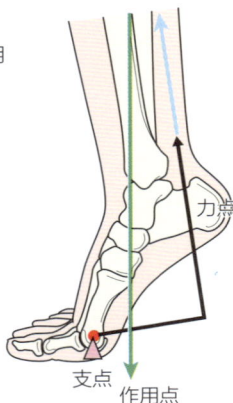

力点

支点　作用点

●基本动作中的第二类杠杆

脊椎受损的患者坐在轮椅上跷腿时，需要用手臂将一条腿放到另一条腿上。此时，患者将手臂从需要抬起的腿的下面穿过，把手腕放在另一条腿的大腿上，以手腕为支点，伸展肘关节，此时用很小的力就可以将一条腿放到另一条腿上（图1.38a）。这个方法也可以应用于引导病人从腿部开始翻身。辅助人员的手腕从患者大腿下穿过并放在患者的另一条腿上，引导或协助患者从下半身开始翻身（图1.38b）。

图1.38 引导患者跷腿和翻身时的第二类杠杆
较省力的第二类杠杆，可以应用于辅助肌肉无力的患者做基本动作，也可以在一些负荷较小的辅助工作中提供帮助
a：脊椎受损的患者跷腿
b：辅助患者从下半身开始翻身

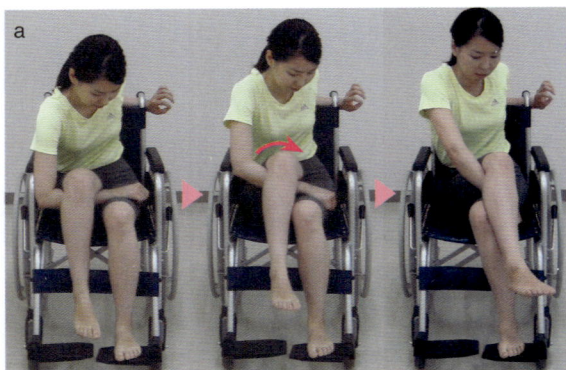

■ 第三类杠杆

　　第三类杠杆是支点－力点－作用点杠杆（**图1.39**）。和作用点与支点之间的距离相比，力点与支点之间的距离更短，因此这类杠杆不是省力杠杆，但是对于改变物体的移动距离和运动速度来说十分有利[3.6]。

图1.39 第三类杠杆

支点－力点－作用点杠杆，可以改变杠杆上远端的物体的移动距离和运动速度

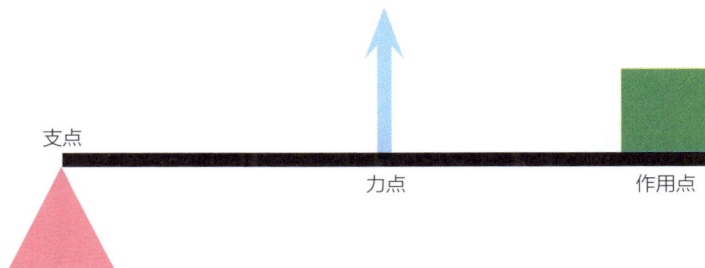

支点　　　　　　　　　　　　力点　　　　　　　　作用点

● 第三类杠杆举例

　　镊子就属于第三类杠杆，其力点离支点较近，这样的构造可以弱化作用点的力，镊子便能适用于精细作业（**图1.40a**）。船桨（**图1.40b**）和铲子（**图1.40c**）也属于第三类杠杆[3.6]。

图1.40 第三类杠杆举例

第三类杠杆不能省力，但有利于改变作用点处物体的移动距离和运动速度，因此适用于精细作业和反复性强的工作

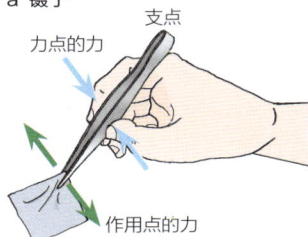

a 镊子

力点的力　　支点

作用点的力

b 船桨

支点

力点的力

作用点的力

c 铲子

支点

力点的力

作用点的力

● 身体运动中的第三类杠杆

肘关节屈曲时，作为运动轴的肘关节本身即是支点，肱二头肌的止点为力点，前臂的重心为作用点（图1.41）。

图1.41 肘关节屈曲时的第三类杠杆

肱二头肌引发的肘关节屈曲与第三类杠杆相关

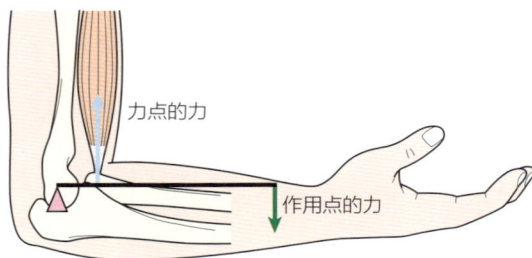

力点的力

作用点的力

● 基本动作中的第三类杠杆

脊椎受损的患者坐在轮椅上将一侧腿上抬时，髋关节为支点，前臂与大腿后侧的接触点为力点，从而巧妙地运用了第三类杠杆来抬起下肢（图1.42）。第三类杠杆不会省力，而有利于运动速度的增加。因此，肌力比较弱的患者，不适合运用这类杠杆，他们更适合运用第二类杠杆。但是，肌力良好的患者，为了快速抬起下肢运用第三类杠杆更有效[III]。

图1.42 抬腿动作时的第三类杠杆
运用第三类杠杆，以髋关节为支点，抬起下肢

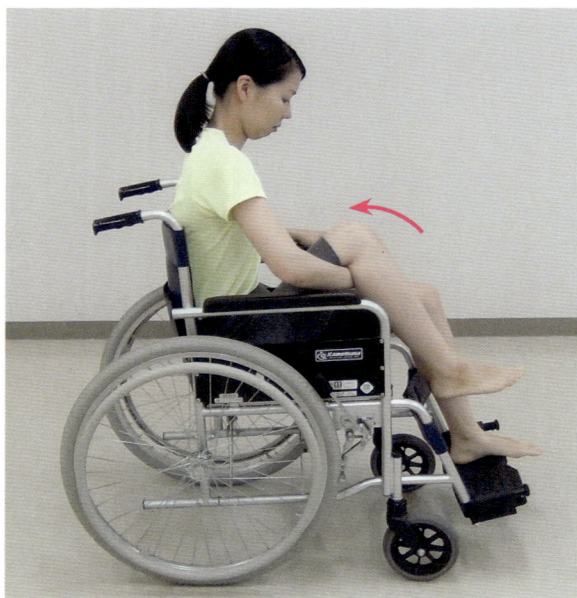

【文献】

[1] Houglum PA, ほか：力学的法則；運動力学. ブルンストローム臨床運動学 原著第6版（武田　功 監訳），5-6，32-33，35-48，53-59，医歯薬出版，2013.

[2] 中村隆一 ほか：円運動. 基礎運動学 第6版，p.26，医歯薬出版，2003.

[3] 弓岡光徳：バイオメカニクス. 臨床歩行分析ワークブック（武田　功 監，廣瀬浩昭 編），2-6，メジカルビュー社，2013.

[4] 和田純夫：ニュートン力学の基本「運動の3法則」. ニュートン力学と万有引力（和田純夫 監），42-43，48-49，54-55，ニュートンプレス，2009.

[5] 廣瀬浩昭：歩行における下肢の関節運動と機能（1）−足関節と足部，膝関節−. 臨床歩行分析ワークブック（武田　功 監，廣瀬浩昭 編），42-43，メジカルビュー社，2013.

[6] 小川鑛一：ボディメカニクスを理解するためのやさしい力学. 看護・介護を助ける姿勢と動作，107-113，119-120，東京電機大学出版局，2010.

[7] Neumann DA：生体力学の原則. 筋骨格系のキネシオロジー（嶋田智明，平田総一郎 監訳），82-83，医歯薬出版，2005.

[8] 中村隆一 ほか：姿勢. 基礎運動学 第6版，332-333，医歯薬出版，2003.

[9] 勝平純司 ほか：バイオメカニクスの基本事項. 介助にいかすバイオメカニクス，p.4，医学書院，2011.

[10] 小川鑛一：やってみようボディメカニクス. 看護・介護を助ける姿勢と動作，p.6，東京電機大学出版局，2010.

[11] 河村光俊：姿勢と運動の発達. PTマニュアル 小児の理学療法（奈良　勲 監），p.40，医歯薬出版，2002.

姿势与姿势调节的基本概念

第2章 姿势与姿势调节的基本概念

重心与支撑基底面

动作依靠肢体运动产生，而肢体运动就是使身体质量在空间中移动。因为地球存在地心引力，人每时每刻都在受重力的影响。虽然头颈部、躯干以及上下肢都具有质量，但当身体质量移动时，重力会作用于此时姿势所对应的力学质量中心。

重心

姿势调节的基本概念是调节身体质量的平衡。站立时身体质量的重心在骶骨的前侧，称为身体质量重心（Center of Mass，COM）。因为重力作用于身体质量重心，所以身体质量重心的垂直投影称为身体重心。

支撑基底面

身体的支撑部位及其之间的面积称为支撑基底面。支撑基底面在站立、运动以及坐立等动作中会发生各种变化（图2.1）。如果身体重心在支撑基底面内，则身体可以保持平衡；如果身体重心在支撑基底面外则身体无法保持平衡（摔倒）。但是，在步行中（惯性起作用时），身体重心在支撑基底面之外。

身体的稳定性取决于支撑基底面的大小、身体重心的高低、支撑基底面内重心的位置以及人的体重[1]。支撑基底面面积大、身体重心低、身体重心在支撑基底面的中心、人的体重较大时，身体的稳定性最高。

如果运动时身体重心偏离支撑基底面，则重力会导致身体倾斜，姿势不稳定。想要保持稳定的姿势，我们需要改变身体重心的位置或者改变支撑基底面的面积。姿势调节是使身体重心保持在运动中变化的支撑基底面内的调节机制，也是使因运动而偏离的身体重心重回支撑基底面内的连续性动作。

通过神经肌肉系统调节姿势

为了在日常生活中连续、稳定地做动作，患者需要根据动作情况进行各种姿势调节。为了同时做动作与进行对应的姿势调节，患者需要一套执行动作指令与姿势调节的程序，而这与人的神经肌肉系统有很大关联。

执行姿势调节程序时，患者首先在大脑皮层的运动前区（补充运动区）

图2.1 支撑基底面随姿势的变化而变化

a是站立时的支撑基底面，b是做跨步运动时的支撑基底面，c是坐立时的支撑基底面。支撑基底面随姿势的变化而变化

a 站立时

b 跨步运动时

c 坐立时

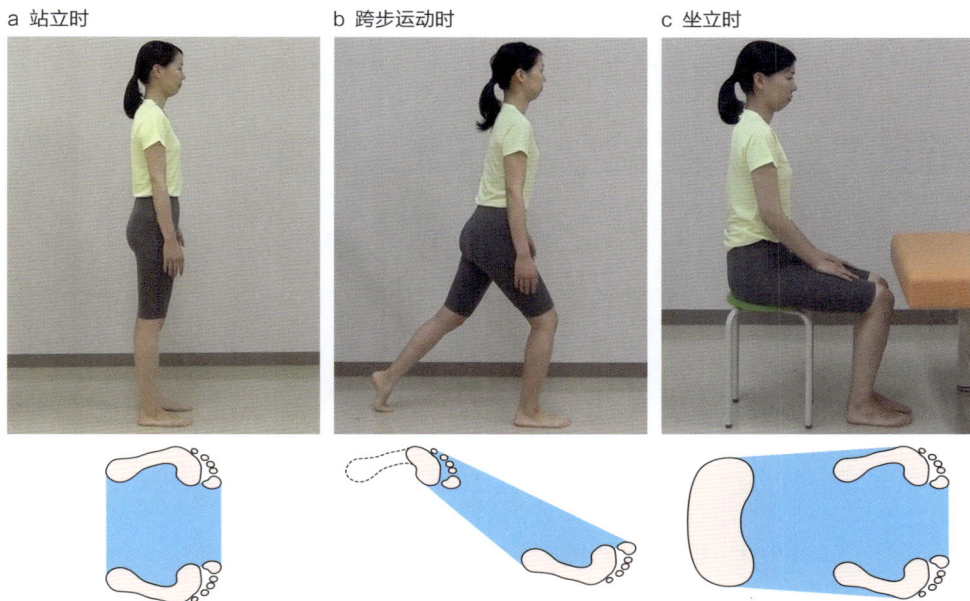

（6区）中形成任意的运动与姿势调节程序，动作作为随意运动从初级运动区（4区）通过外侧皮质脊髓束进行，姿势调节通过皮质－网状投射和网状脊髓束进行[2]。

姿势调节大致可以分为预测性姿势调节（前馈神经系统）和代偿性姿势调节（反馈神经系统）。通常，姿势调节在这两种神经系统适当调整的前提下进行。

■ **预测性姿势调节**

预测性姿势调节是指对接下来要做的动作进行提前预测，并将其调节为最佳姿势的调节机制[3]。

例如，图2.2所示为拉扯弹力橡皮绳动作，在开始拉扯之前，患者的

图2.2 预测性姿势调节

对患者发出拉弹力橡皮绳的指示后，在开始拉扯之前，患者的小腿、大腿、胸部、腰部以及上肢的肌肉会马上紧张起来

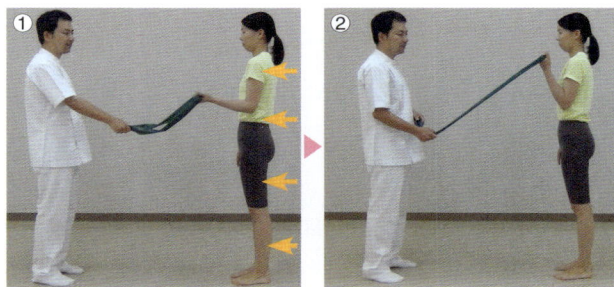

小腿、大腿、胸部、腰部以及上肢的肌肉会立刻紧张起来，提前开始动作准备阶段，然后患者的手指屈曲抓着橡皮绳，开始拉扯。即为接下来要做的动作进行预测并调节好姿势，姿势调节好后再开始做所要进行的动作。

■代偿性姿势调节

代偿性姿势调节是指当人应对无法预测的姿势变化时，用来稳定姿势的调节机制，它依靠感觉的反馈对姿势进行调整，即先进行感官察觉，再对姿势进行调节。例如，人在乘车过程中应对突发外力而进行姿势调节时，反馈神经系统就会起作用。代偿性姿势调节涉及的感觉有本体感觉（固有感觉）、前庭觉、视觉。

●本体感觉（固有感觉）

姿势调节的必要感觉器官有肌梭、高尔基腱器、关节感受器、环层小体、触觉小体、梅克尔触盘、鲁菲尼小体等。

肌梭存在于骨骼肌中，可以感知肌肉的牵伸程度。刺激通过Ia、II型纤维传递给脊髓和其他神经。高尔基腱器存在于肌腱的过渡部位，可以感知肌肉和肌腱的牵伸程度。刺激通过Ib纤维传递给脊髓和小脑。关节感受器通过关节囊和关节韧带中各种各样的感受器接收各个关节的位置感觉和运动感觉。环层小体、触觉小体、梅克尔触盘、鲁菲尼小体都是皮肤感受器，可以感知振动、压力和皮肤位置等的变化。

●前庭觉

前庭器官包括椭圆囊、球囊和3个半规管，可以感知头部的运动刺激。椭圆囊、球囊可以感知人正在做的直线加速运动，当头部倾斜时毛细胞受到刺激，可以感知头部的倾斜状态。3个半规管分别是前半规管、后半规管和水平半规管，可以感知旋转运动的角速度和头部旋转的动作。在做旋转运动时，内淋巴相对流动，可以感知头部在转动。

●视觉

眼睛也可以感知刺激。眼睛可以通过在视网膜上的成像来感知我们于周围环境所处的相对位置。视觉刺激通过视上核、外侧膝状体传递到大脑皮层的视觉区。视觉对姿势调节的影响，可以通过睁眼和闭眼时单脚站立的情况来了解。与睁眼相比，50%以上的人在闭眼单脚站立时会出现较大幅度的身体晃动[4]。

应对外力时的姿势调节

对身体施加外力时，身体的各种机能会开始起作用，可以将其视为身体为了保持平衡而做的姿势调节。下面对应对外力时的姿势调节所包括的恢复机制、平衡机制和保护伸展机制进行讲解。

■ 骨盆侧倾时的姿势调节：坐立位

坐立时骨盆带向左右倾斜，颈部和躯干会朝相反方向侧屈（图2.3）。为了保持腰背挺直，腰椎与骨盆的转动方向相反[5]。此现象称为腰椎骨盆节律，恢复机制即在此基础之上实现。

图2.3 骨盆侧倾时的姿
势调节：坐立位

骨盆带向右倾斜，颈部和躯干
向左侧屈（a）。骨盆带向左倾
斜，颈部和躯干向右侧屈（b）

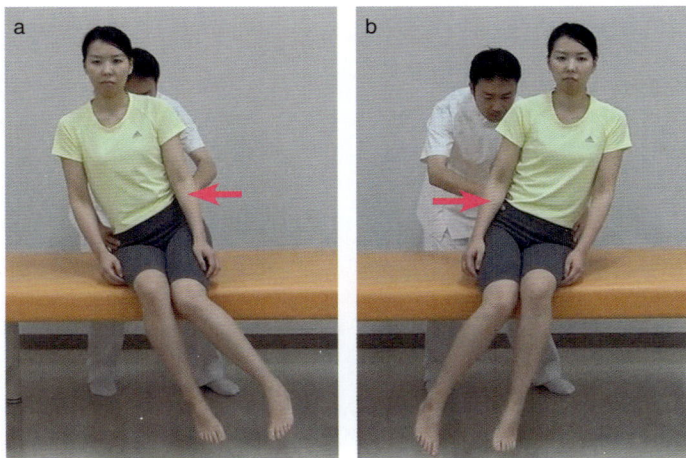

■ 身体侧倾时的姿势调节：跪立位

跪立时骨盆带左右移动，颈部和躯干会朝相反方向侧屈（图2.4）。而且，与骨盆带移动方向相反一侧的下肢和左右上肢都会外展。这是人类通过本体感觉、前庭觉以及视觉对倾斜这一状态做出的姿势调节。

图2.4 身体侧倾时的姿
势调节：跪立位

右移骨盆带而使身体倾斜时，
颈部和躯干向左侧屈，且左右
上肢和左下肢外展（a）。骨
盆带左移时，颈部和躯干的右
侧屈，且左右上肢和右下肢外
展（b）

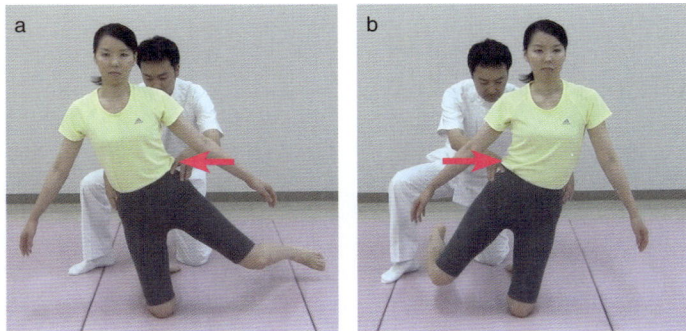

■ 侧方自我保护伸展机制：坐立位

在施加外力之前，将患者的左侧肩关节外展且外旋，保持患者的肩胛骨后倾并使其肩关节无法活动后，对患者施加向右的外力（图2.5）。为了保护头部，患者进行姿势调节时，其右手应支撑在头部移动方向的下方。当外力消失时，患者的颈部和躯干向左侧屈的恢复机制开始起作用。此时，原本属于支撑基底面的从左臀到左侧大腿后侧的部分离开治疗台，而右手、右臀和右侧大腿后侧的外侧将属于新的支撑基底面中的一部分。

图2.5 侧方自我保护伸展机制：坐立位

当对患者的左上肢施加向右的推力时，患者的颈部会向左侧屈，起保护作用的右臂肩关节会外展，右手腕关节会背屈，右手手指会伸展，并支撑在治疗台上

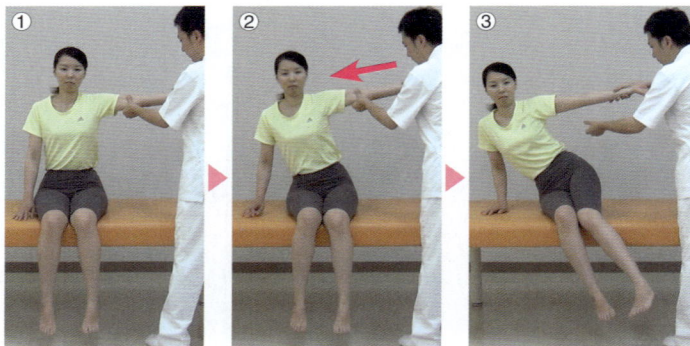

■ 后方自我保护伸展机制：坐立位

对患者的右侧肩关节施加向后的推力，患者首先通过屈曲颈部来进行姿势调节，但因为晃动增大，其头颈部和躯干向右旋转的同时，患者的右上肢会伸展开并支撑在治疗台上以起保护作用（图2.6）。患者的右上肢支撑在治疗台上形成新的支撑基底面，进行保持姿势稳定的保护性姿势调节。此时，患者的髋关节屈曲，膝关节伸展，产生与外力相反的动能，而且大腿下侧离开治疗台，支撑基底面后移。

图2.6 后方自我保护伸展机制：坐立位

对患者的右侧肩关节施加向后的推力时，患者首先通过屈曲颈部来进行姿势调节，然后头颈部和躯干右旋转的同时，右侧肩关节和右侧肘关节伸展，右手腕关节背屈，右手手指张开、外展，右上肢支撑在治疗台上，进行保护性姿势调节

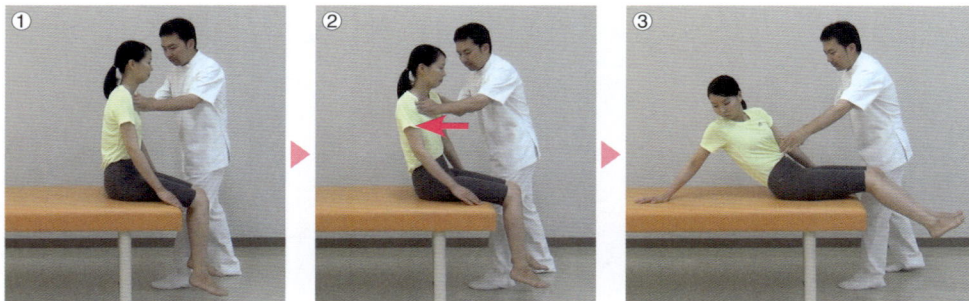

■ 前方自我保护伸展机制：站立位

对患者的肩胛带施加向前的推力时，患者首先通过跖屈踝关节进行姿势调节。但是，当晃动增大，仅靠跖屈踝关节无法进行姿势调节时，患者会屈曲肩关节而将上肢支撑在治疗台上，形成新的支撑基底面（图2.7）。

图2.7 前方自我保护伸展机制：站立位

对患者的肩胛带施加向前的推力时，患者跖屈踝关节的同时屈曲肩关节，背屈腕关节，张开手指，外展手臂，将上肢支撑在治疗台上，进行保护性姿势调节

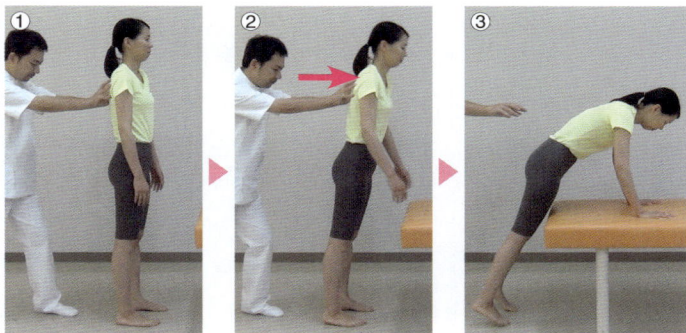

姿势调节策略

运动姿势变化和身体受到外力时，为了让姿势更加稳定，患者需要进行必要的姿势调节。姿势调节策略为改变姿势使身体重心保持在支撑基底面内，或者形成新的支撑基底面。站立时身体的姿势调节大致可以分为3类[6]。

● 从脚部和踝关节开始的姿势调节机制——踝关节策略（ankle strategy，图2.8）。

● 从髋关节开始的姿势调节机制——髋关节策略（hip strategy，图2.9）。

● 下肢做跨步运动，或者利用伸臂进行姿势调节的跨步策略或展臂策略（stepping strategy or reaching strategy，图2.10）。

踝关节策略、髋关节策略都是将身体重心保持在支撑基底面内的策略，而跨步策略是形成新的支撑基底面的策略。

根据肌肉活动模式的特点，踝关节策略的肌肉收缩模式是从远位肌肉到近位肌肉的收缩。为了应对向前的晃动，身体从腓肠肌、腘绳肌、椎旁肌开始进行肌肉收缩；而为了应对向后的晃动，身体从胫骨前肌开始收缩，直至股四头肌、腹部肌群。髋关节策略的肌肉收缩模式是从近位肌肉到远位肌肉的收缩。为了应对向前的晃动，身体从腹部肌群开始收缩，直至股四头肌；而为了应对向后的晃动，身体从椎旁肌开始收缩，直至腘绳肌。

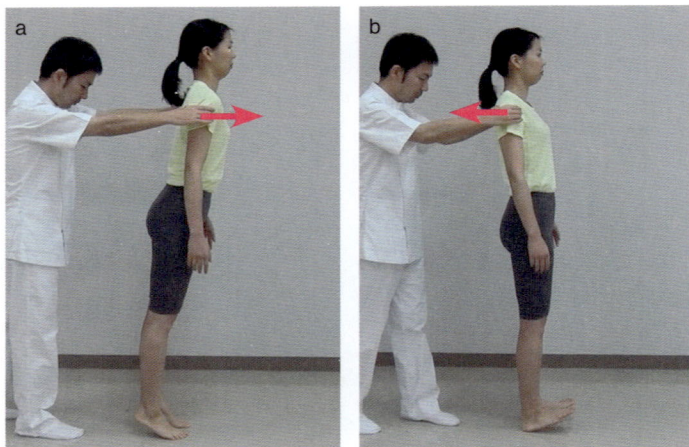

图2.8 应对肩胛带作用
力的踝关节策略

a: 应对向前的晃动时，跖屈
踝关节，使身体重心保持
在支撑基底面内

b: 应对向后的晃动时，背屈
踝关节，张开脚趾，使身
体重心保持在支撑基底面
内。踝关节策略即通过踝
关节的活动来调节姿势

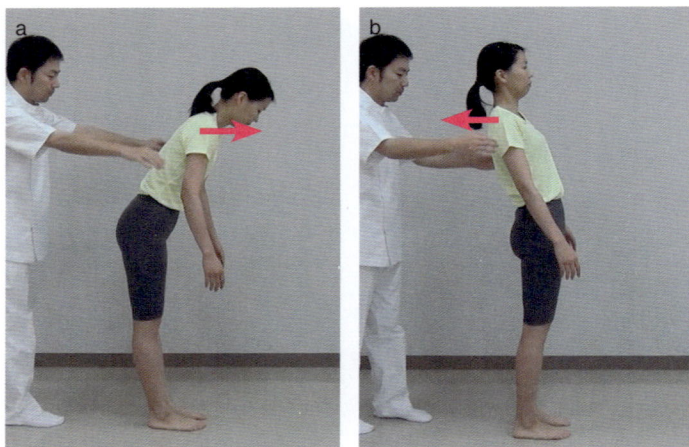

图2.9 应对肩胛带作用
力的髋关节策略

a: 应对向前的晃动时，屈曲
髋关节，使身体重心保持
在支撑基底面内

b: 应对向后的晃动时，伸展
髋关节，使身体重心保持
在支撑基底面内。髋关节
策略即通过髋关节的活动
来调节姿势

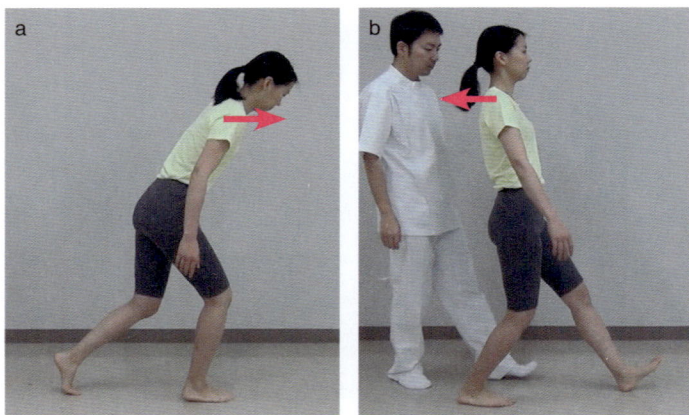

图2.10 应对肩胛带作用
力的跨步策略

a: 应对向前的晃动时，向前
做跨步运动形成新的支撑
基底面，使身体重心保持
在新的支撑基底面内

b: 应对向后的晃动时，向后
做跨步运动形成新的支撑
基底面，使身体重心保持
在新的支撑基底面内。跨
步策略即通过下肢做跨步
运动来调节姿势

当身体不平衡时，患者会通过各种各样的策略进行姿势调节。其中，支撑基底面不变且身体重心移动较小时，患者主要通过踝关节策略进行姿势调节；随着重心移动变大，患者主要通过髋关节策略和跨步策略进行姿势调节[7]（图2.11）。但在实际生活中，患者通常综合运用踝关节策略和跨步策略或全部策略以调节姿势，高效率的策略组合能帮助患者更快、更准确地调节姿势。

图2.11 根据身体重心的移动幅度调节姿势的策略

身体重心的移动幅度较小时用踝关节策略，身体重心的移动幅度较大时用髋关节策略、跨步策略

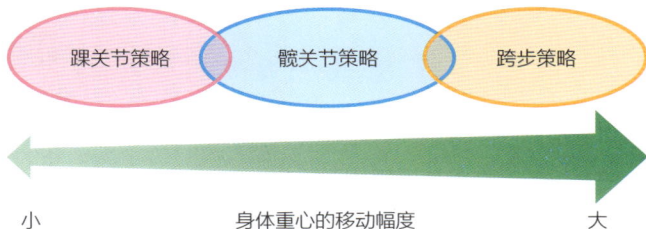

踝关节策略　髋关节策略　跨步策略

小　　　身体重心的移动幅度　　　大

踝关节策略

● 应对向前的推力的踝关节策略

向前的推力相对较小时，患者可以通过踝关节策略调整姿势。此时股四头肌起作用，踝关节跖屈，脚后跟离地，支撑基底面前移，有利于患者调整姿势以保持身体的平衡和稳定（图2.12）。

图2.12 应对向前的推力的踝关节策略

当对患者的肩胛带施加向前的推力时，患者的踝关节跖屈、脚后跟离地

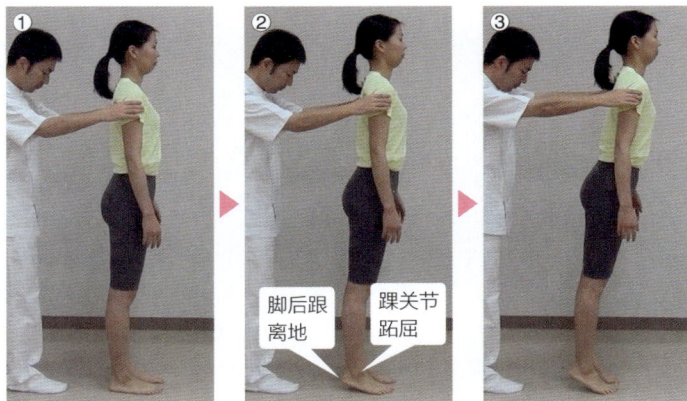

脚后跟离地　踝关节跖屈

● 应对向后的拉力的踝关节策略

　　向后的拉力相对较小时，患者可以通过踝关节策略调节姿势。此时胫骨前肌运动并使踝关节背屈，脚尖离地，支撑基底面后移，以保持身体平衡（图2.13）。

图2.13 应对向后的拉力的踝关节策略

当对患者的肩胛带施加向后的拉力时，患者的踝关节背屈，脚尖离地

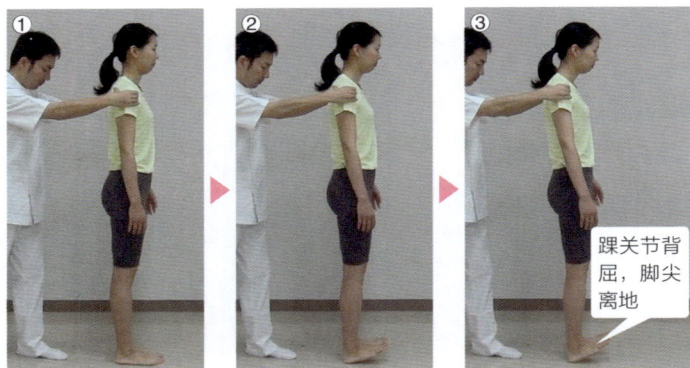

① ② ③

踝关节背屈，脚尖离地

● 应对向侧面的推力的踝关节策略

　　当左推患者的骨盆带并使患者的左髋关节内收、右髋关节外展时，患者左脚内翻，右脚外翻，支撑基底面向左脚外侧、右脚内侧移动（图2.14）。

图2.14 应对向侧面的推力的踝关节策略

当左推患者的骨盆带时，患者左脚内翻，右脚外翻，右侧髋关节外展

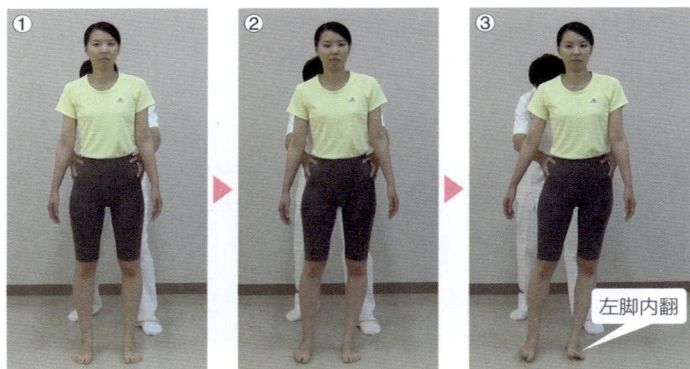

① ② ③

左脚内翻

◼ 髋关节策略

● 应对向前的推力的髋关节策略

　　对患者的肩胛带施加向前的推力时，患者身体屈曲，与此同时发生髋关节屈曲以使身体重心保持在支撑基底面内的姿势调节。髋关节策略的肌肉收缩模式是从近位肌肉到远位肌肉的收缩，即从腹部肌群开始收缩，直至股四头肌[8]。

　　临床上，在对患者的肩胛带施加外力时，我们也经常观察到同样的姿势调节现象（图2.15）。但是，在对患者的骨盆带施加外力时，我们经常观察到伸展髋关节以使身体重心保持在支撑基底面内的姿势调节。

图2.15 应对向前的推力的髋关节策略

对患者的肩胛带施加向前的推力时，患者在髋关节屈曲的同时身体屈曲

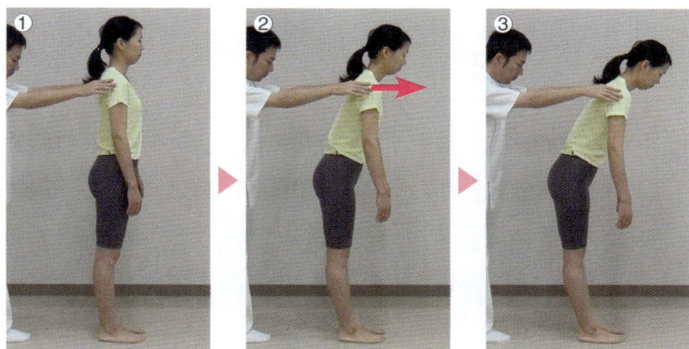

● 应对向后的拉力的髋关节策略

　　对患者的肩胛带施加向后的拉力时，患者的髋关节和躯干伸展，以使身体重心保持在支撑基底面内。此时，肌肉的收缩模式是从椎旁肌开始收缩，直至腘绳肌[8]。

　　临床上，在对患者的肩胛带施加外力时，我们也经常观察到同样的姿势调节现象（图2.16）。但是，在对患者的骨盆带施加外力时，我们经常观察到屈曲髋关节以使身体重心保持在支撑基底面内的姿势调节。

图2.16 应对向后的拉力的髋关节策略

对患者的肩胛带施加向后的拉力时，患者的髋关节伸展的同时身体也伸展

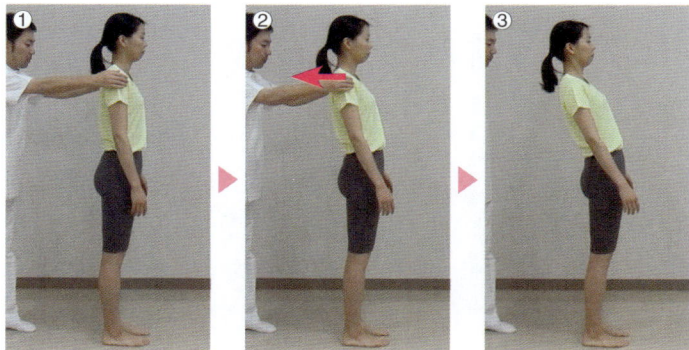

■跨步策略

● 应对向前的推力的跨步策略

对患者的肩胛带施加向前的推力时，患者首先通过跖屈踝关节的踝关节策略和屈曲髋关节的髋关节策略来调节姿势。因为使用踝关节策略和髋关节策略要考虑到脚的大小和关节的可活动范围，所以在外力较大时这两种策略无法有效应对，患者需要利用跨步策略形成新的支撑基底面来进行姿势调节（图2.17）。

图2.17 应对向前的推力的跨步策略

对患者的肩胛带施加向前的推力时，患者的踝关节跖屈且脚后跟离地，与此同时髋关节屈曲。另外，患者的身体还会前移，右下肢会向前做跨步运动

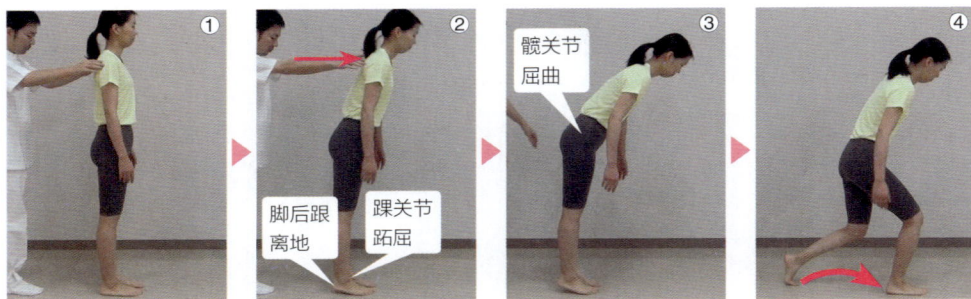

● 应对向后的拉力的跨步策略

对患者的肩胛带施加向后的拉力，在外力相对较小时，患者的踝关节背屈，髋关节伸展，主要通过踝关节策略和髋关节策略进行姿势调节。但当外力变大以致上述两种策略无法有效应对时，患者需要向后做跨步运动并形成新的支撑基底面，即利用跨步策略进行姿势调节（图2.18）。

图2.18 应对向后的拉力的跨步策略

对患者的肩胛带施加向后的拉力时，开始时患者的踝关节背屈，脚尖离地，髋关节伸展，然后右下肢向后做跨步运动

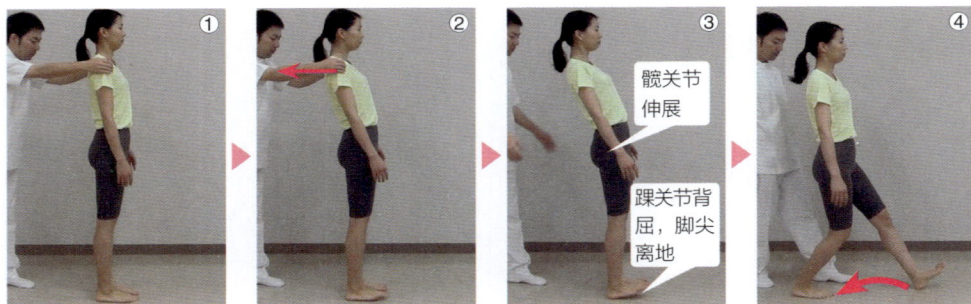

● 应对向侧面的推力的跨步策略

在外力较小时，患者可以利用踝关节策略进行姿势调节，患者的左脚内翻、右脚外翻可使支撑基底面向左脚外侧、右侧内侧移动；当外力变大时，患者的右侧髋关节内收以做跨步运动，形成新的支撑基底面（图2.19）。

图2.19 应对向侧面的推力的跨步策略

向患者的骨盆带施加向左的推力，开始时患者的左脚内翻，右脚外翻；当外力增大时，患者的右侧髋关节内收，右脚向左侧做跨步运动，与此同时两肩关节外展

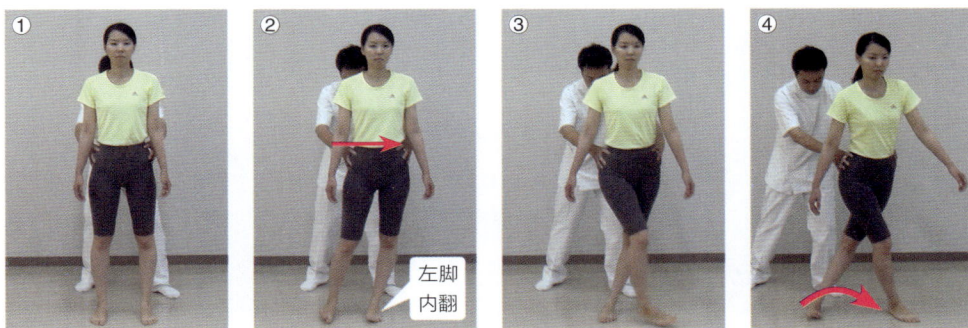

【文献】

[1] Houglum PA, et al: 力学的法則：運動力学. ブルンストローム臨床運動学 原著第6版（武田 功 統括監訳），28-82，医歯薬出版，2013.

[2] 高草木 薫：大脳基底核による運動の制御. 臨床神経 49(6)，325-334，2009.

[3] 弓岡光徳 ほか：最新のボバースアプローチの紹介 −立位から臥位への姿勢変換を中心に−. 西九州リハビリテーション研究 5，67-77，2012.

[4] 中村隆一 ほか：感覚器の構造と機能. 基礎運動学 第6版，154-167，医歯薬出版，2003.

[5] 大田尾浩：股関節の構造と機能. エッセンシャル−キネシオロジー（弓岡光徳 ほか 監訳），225-268，南江堂，2010.

[6] Houglum PA, et al: 立位と歩行. ブルンストローム臨床運動学 原著第6版（武田 功 総括監訳），486-493，医歯薬出版，2013.

[7] 政二 慶：立位姿勢の制御機構. 姿勢の脳・神経科学（大築立志 ほか 編），51-69，市村出版，2011.

[8] Shumway-Cook A, ほか：モーターコントロール 原著第4版（田中 繁，高橋 明 監訳），163-198，医歯薬出版，2013.

第 **3** 章

实践中的基本动作治疗

第 **3** 章　实践中的基本动作治疗

基本动作治疗的要点

■姿势和运动调节系统

基本动作的完成需要神经功能、感觉功能、运动功能、认知功能，以及包括唤醒在内的心理功能组成的系统来实现。

这个系统控制受重力影响的身体，通过与动作相对应的身体各部分的排列组合与定向以及保证稳定性来提高动作效率。这被称为姿势和运动调节系统，在基本动作治疗、评估中起着关键作用。

■思考影响基本动作的原因

影响基本动作的原因有很多，主要如下。

- 脑血管障碍和病变、脊髓髓节损伤和病变等引起的神经系统障碍导致的肌肉发力和感知觉障碍。
- 肌肉、骨骼、关节等运动器官的外伤、病变、疼痛以及萎缩等。
- 认知功能障碍、精神功能障碍和高级功能障碍。

出现基本动作障碍是由于各种功能出现了障碍，因此姿势和运动调节系统也出现了问题。

换言之，即使骨科疾病、中枢神经系统障碍、失用性障碍等的问题类型不同，但这些问题的出现有共同原因。分析和评估基本动作所必需的姿势和运动调节系统是治疗的关键。

■理解基本动作的构成要素

为了理解基本动作，我们首先要理解基本动作的构成要素。基本动作的构成要素如下。

- 开始姿势。
- 动作顺序。
- 动作组合。
- 动作方向性。
- 速度与时机。
- 最终姿势。

这些要素可以基本形成姿势和运动调节系统。

姿势和运动调节系统在基本动作中起到稳定和先进的控制运动的作用，同时它可以提供不同数量的构成要素，且具有多样性。依托于选择的数量与多样性，人可以快速适应各种各样的环境。

基本动作治疗以上述构成要素为对象，因此理解基本动作的构成要素有助于确保治疗的效果。

基本动作治疗的手法：直接法、间接法

■姿势治疗从接触患者开始

用手接触患者可以使治疗师从接触面获知以下状况。

- 皮肤和肌肉的柔软度、形状、温度、重量、硬度。
- 肌肉结实度和肌肉、关节、骨骼是否错位。
- 心理情况：患者是否消极、是否配合。

另外，治疗师接触患者时必须要让患者感受到以下信息。

- 感官信息（本体感觉等）。
- 稳定性。
- 放心感。
- 运动方向。
- 注意和意识。
- 治疗对象。

治疗师应观察患者的反应，思考接触的部位（肌肉、皮肤、骨骼、关节等）和接触面积，以及肌肉的走向，采用使患者产生良好反应的方法。

■引导患者的身体

治疗师主要通过以下方法引导患者的身体。

- 姿势和运动调节系统的功能性评估与治疗。
- 患者的反应和患者使用的策略的评估与治疗。
- 中枢部和末梢部的关联性的评估和治疗。
- 基本动作构成要素的评估和积极性治疗。

●身体的引导方法与注意点

治疗师要思考姿势和运动调节系统，找出患者具有的稳定的运动性反应。

- 理解基本动作的构成要素，找出最佳运动方向和时机等。
- 帮助患者进行自愿和选择性锻炼。

- 配合患者的反应。
- 改变引导部位，找出患者具有的恰当的稳定性和运动性反应。
  - 末梢部分（手、前臂、脚、小腿）。
  - 近位部（肩胛带、髋关节及其周围部分）。
  - 中枢部（胸廓、腹部、骨盆）。
- 引导不是被动的，而是为了诱发患者的能动性反应。这需要调动各种系统的功能。
- 语言的使用：告诉患者运动方向和时机、患者需要注意的地方等，在想要强调的时候使用；但过多的语言引导很容易导致出现错误的构成要素动作和动作混乱，使引导工作难以进行，影响患者的反应。

■ 非接触性引导——用语言间接治疗

- 将手从患者身上拿开，通过语言等引导患者的动作而进行治疗。
- 通过语言上的指导，患者可以快速地做出动作。

从接触性引导转换为非接触性引导的时机很难把握。如果一直采用接触性引导方法，可能很难激发患者的潜能；但过早进行非接触性引导会造成效率低下，导致患者学习错误的动作。为了恰当地向非接触性引导转换，治疗师需要具有能够察觉患者反应与对包括姿势和运动调节系统在内的构成要素的引导能力与分析评估能力。

基本动作治疗的技巧和注意点

■ 根据患者的能力改变治疗针对动作

使某些基本动作构成要素得以实现的身体机能、姿势和运动调节系统，也可能用于其他基本动作治疗。例如，在翻身时出现问题的部位，在坐起动作、站起动作、步行等其他动作中也可能有相同的问题出现。例如，步行时的功能性问题，有可能在与患者能力匹配的更加容易治疗的针对动作（如翻身动作等）中得到治疗。

■ 代偿性动作的注意点

当出现各种功能性障碍时，患者会尝试通过其他策略完成动作，这样完成的动作称为代偿性动作。

很多代偿性动作都很费力，因此它是效率低下的动作。患者重复做效率低下的动作很容易形成固定的运动学习模式，最终导致姿势和运动调节系统的功能低下。这就意味着失去了适应环境的多样性。而且，由于这种费力的代偿性动作无法诱发中风患者的连锁反应，导致其治疗变得非常困难。

如果想恢复原有的功能，治疗师要注意代偿性动作的出现，并把代偿性动作的减少和消失当作治疗的目标之一。

【文献】

[1] Houglum PA, ほか：ブルンストローム臨床運動学 原著第6版（武田　功 監訳），83-121，医歯薬出版，2013.

[2] Shumway-Cook A, ほか：モーターコントロール 原著第3版（田中　繁，高橋　明 監訳），152-298，医歯薬出版，2009.

对仰卧位、侧卧位、俯卧位的研究

第4章 对仰卧位、侧卧位、俯卧位的研究

• • • • • 仰卧位、侧卧位、俯卧位的基础知识 • • • •

广濑浩昭

前言

躺卧，既是休息时的体位，也是翻身和坐起的开始动作，具体可以分为仰卧（背卧）、侧卧、俯卧（腹卧）、半侧卧、半坐卧等。

由于躺卧是为了休息和睡觉而使用的持续时间较长的动作，所以如果此姿势不正确可能会造成压疮、关节挛缩、变形、肌肉异常紧张等继发性伤害。而且它作为移动动作的开始姿势，如果呈影响"活动"的姿势，则患者将无法"活动"。治疗师需要评估患者的躺卧姿势，对其进行治疗以防止继发性伤害。根据患者的职业关联性，治疗师可以选择采用靠垫或多功能床来调整治疗环境。同时，治疗应以患者能连贯地进行翻身和坐起等"活动"为目标。

仰卧位的概要与特点

健康的人仰卧时，如图4.1所示，脸、身体正面朝向天花板，两上肢伸展摆放在身体两侧，两下肢伸展。

通常，放松状态指颈部处于中立位，上肢两侧肩关节处于伸展0度的位置、轻度外展、轻度外旋，肘关节处于伸展0度的位置，前臂轻度旋后，腕关节处于中立位，下肢两侧髋关节处于伸展0度的位置、轻度外展、轻度外旋，膝关节处于伸展0度的位置，踝关节跖屈。

仰卧位是支撑基底面较大，身体重心较低的稳定姿势。由于支撑基底面与身体接触的部分较多，因此人们可以利用身体各部位的识别改善功能。当人们适应了床等支撑基底面时，身体会放松，肌肉紧张状况会得到缓解。虽然仰卧位是稳定性较高的姿势，但相反也是"活动"较困难的姿势。

图4.1 健康的人的仰卧位姿势

a: 无枕头。颈部处于中立位，两侧肩关节处于中立位，肘关节伸展0度，前臂处于中立位，腕关节处于中立位，髋关节处于中立位，膝关节伸展0度，踝关节跖屈
b: 有枕头。颈部处于中立位，两侧肩关节处于中立位，肘关节伸展0度，前臂处于中立位，腕关节处于中立位，髋关节处于中立位，膝关节伸展0度，踝关节跖屈

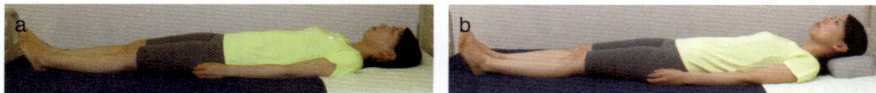

侧卧位的概要与特点

图4.2a展示了一种健康的人的侧卧位，即仰卧后以身体中线为轴翻转90度得到的姿势。两上肢伸展摆放在身体两侧，两下肢伸展，但支撑基底面较窄，姿势不稳定。以这个姿势开始，人们可以较容易向前、向后翻转。较多情况下，人们的侧卧位姿势如图4.2b所示，屈曲两侧或者一侧髋关节和膝关节，屈曲两侧肩关节和肘关节，以提高稳定性。

侧卧位与仰卧位和俯卧位相比，身体重心较高而不太稳定。但侧卧位是较容易"活动"的姿势，人较容易向前、向后翻转，能连贯地翻身和坐起。通常，身体左侧在下的侧卧位姿势叫左侧卧位，身体右侧在下的侧卧位姿势叫右侧卧位。在下面的身体为了支撑整个身体的重量，需要具有支撑性。因此，因脑血管疾病导致偏瘫的患者以瘫痪侧在下方侧卧时，尽管需要注意疼痛等问题，但也可以改善对瘫痪侧身体的认知。

半侧卧位姿势处于仰卧位和侧卧位的中间位置，也处于侧卧位和俯卧位的中间位置。这种姿势可以用于体位转换、体位排痰以及呼吸管理等。

图4.2 健康的人的侧卧位姿势

a：支撑基底面小的左侧卧位。颈部轻度左屈，左侧肩关节屈曲，右侧肩关节处于中立位，两侧肘关节伸展0度，前臂处于中立位，腕关节处于中立位，髋关节处于中立位，膝关节伸展0度，踝关节跖屈

b：支撑基底面较大的左侧卧位。颈部轻度左屈，上肢两侧肩关节屈曲，肘关节屈曲，下肢两侧髋关节屈曲，膝关节屈曲，踝关节跖屈

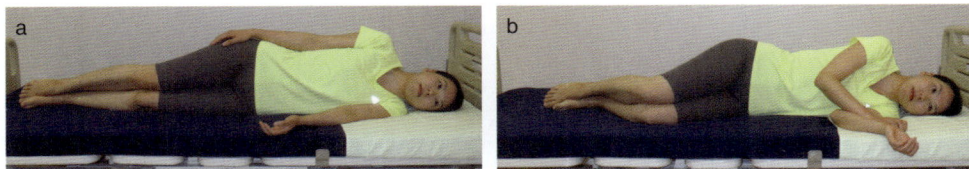

俯卧位的概要与特点

图4.3a展示了一种健康的人的俯卧位，即仰卧后以身体中线为轴翻转180度得到的姿势。腹部朝下，通常上肢伸展摆放在身体两侧，两侧下肢伸展，但头部会变得不稳定。俯卧位通常如图4.3b所示，即人的头部向右或者向左转，头部前端可以使用靠垫。

通常，两上肢摆放在身体两侧的俯卧位姿势为：头部向右或者向左转，上肢两侧肩关节伸展0度、轻度外展、轻度内旋，肘关节伸展0度，前臂轻度旋前，腕关节处于中立位，下肢两侧髋关节伸展0度、轻度外展、轻度内旋，膝关节伸展0度，踝关节跖屈。另外在图4.3a和图4.3b中，上肢两侧肩关节外展、外旋，肘关节屈曲，前臂旋前。

俯卧位是支撑基底面较大，身体重心较低的稳定姿势。由于支撑基底面与身体接触的部分较多，因此人们可以利用身体各部位的识别改善功能。与仰卧位姿势一样，当人们适应了床等支撑基底面时，身体会放松，肌肉紧张状况会得到缓解。虽然俯卧位是稳定性较高的姿势，但也是"活动"较困难的姿势。

图4.3 健康的人的俯卧位姿势

a：头部不稳定的姿势。颈部处于中立位，上肢两侧肩关节外展、外旋，肘关节屈曲，前臂旋前，腕关节处于中立位，下肢两侧髋关节伸展0度、轻度外展、轻度内旋，膝关节伸展0度，踝关节跖屈

b：头部稳定的姿势。颈部右转，上肢两侧肩关节外展、外旋，肘关节屈曲，前臂旋前，腕关节处于中立位，下肢两侧髋关节伸展0度、轻度外展、轻度内旋，膝关节伸展0度，踝关节跖屈

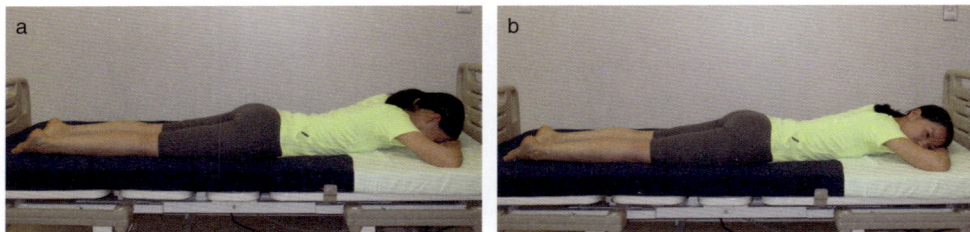

半坐卧位的概要与特点

健康的人的半坐卧位如**图4.4**所示，是仰卧后上半身上抬15度～45度的姿势。两侧上肢伸展摆放在身体两侧，两侧膝关节伸展，两侧髋关节屈曲15度～45度。

半坐卧位姿势与仰卧位姿势相比，身体重心较高，因为有支撑基底面支撑着后背，所以很稳定。

图4.4 健康的人的半坐卧位姿势

颈部处于中立位，上肢两侧肩关节处于中立位，肘关节伸展0度，前臂旋后，腕关节轻度掌屈，下肢两侧髋关节屈曲15度~45度，膝关节伸展0度，踝关节跖屈

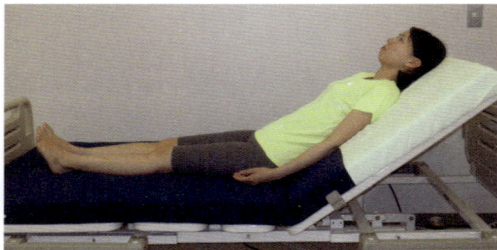

定位

■定位的概要

定位（positioning）是在紧急时期或者患者身体无法自由活动时防止褥疮和关节挛缩，或者缓解身体左右差使运动更加容易进行的手法。它通

常指调整四肢、躯干、头部左右对称，稳定身体各个部位的手法。

身体在出现障碍而无法自由活动时要承受较大的负荷，这会导致在仰卧位、侧卧位、俯卧位、半坐卧位中出现不正确的姿势。例如，因脑血管疾病而偏瘫的患者无法用瘫痪侧的下肢抵抗重力作用时，会出现瘫痪侧的髋关节过度外旋、踝关节过度跖屈的异常姿势。如果这种异常姿势持续存在，患者四肢的血液循环将会受阻，骶骨、肩胛骨、外脚踝等部位的骨上皮肤长期被压迫会导致褥疮。而且不正确的姿势会造成变形、关节挛缩等继发性伤害，也将阻碍各个动作的进行。因为瘫痪侧无法自由运动，所以非瘫痪侧的上肢、下肢会进行过度的代偿性动作。这种过度的代偿性动作会加重身体的左右差，非瘫痪侧的上肢、下肢因此将失去运动的灵活性。

■仰卧位（背卧位）的定位

患者因脑卒中而偏瘫时，其瘫痪侧的上下肢和躯干的肌肉紧张度会降低，从而使身体重量落在瘫痪侧。即与非瘫痪侧相比，瘫痪侧的肩关节过度外旋[1]，髋关节过度外旋[1]，身体出现向外张开的现象，变得不稳定（图4.5a）。

如图4.5b所示，在患者瘫痪侧的肩关节、肩胛骨以及骨盆下面垫上靠垫、毛毯或者浴巾，可以防止患者出现姿势上的左右差。这种定位可以将不对称的姿势变得左右对称。矫正瘫痪侧肢体的位置可以放松非瘫痪侧的上下肢、躯干，有助于防止瘫痪侧出现肩痛和手浮肿等状况。

图4.5 因脑卒中而偏瘫的患者呈仰卧位时的典型异常姿势（a）与定位（b）

a: 与非瘫痪侧（右）相比，瘫痪侧（左）的肩胛骨后移，肩关节外展、外旋，骨盆后移，髋关节外旋

b: 在瘫痪侧（左）的肩胛骨、上臂、前臂、骨盆、大腿、小腿下面垫上靠垫或者毛毯、浴巾，防止瘫痪侧出现肩胛骨后移，肩关节外展、外旋，骨盆后移，髋关节外旋等情况

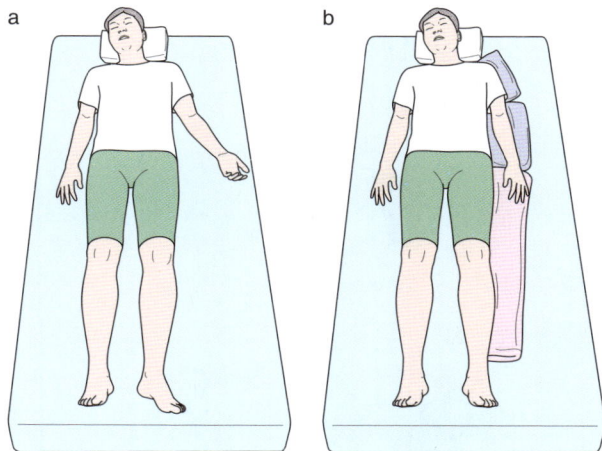

【文献】

[1] 高井浩之 ほか：脳卒中におけるポジショニング. 理学療法 29(3), 257-263, 2012.

呈仰卧位、侧卧位、俯卧位时与翻身、坐起、站立以及步行相关联的治疗手法

弓冈光德，前田昭宏

前言

这里以脑卒中偏瘫的患者为例讲解治疗方法。

躺着进行治疗的目的是通过重力与肌肉的关系，使肌肉活动具有灵活性，以连贯地翻身、坐起、站立、步行。

触手运动、臀桥运动、臀桥–触手运动

如果理解了通过重力与肌肉的关系使肌肉活动具有灵活性的触手运动、臀桥运动、臀桥–触手运动，则我们更容易掌握相应的治疗手法。

- 触手运动：在躺卧、坐立、站立等姿势中，身体远端没有支撑物且与重力方向垂直，肌肉活动最弱；当身体远端不与重力方向垂直时，会发生上半身的肌肉活动（图4.6）。
- 臀桥运动：双脚和肩关节与地面、床等接触，保持拱桥姿势，可以促进下半身的肌肉活动（图4.7）。
- 臀桥–触手运动：在同时做触手运动与臀桥运动的情况下，上半身与下半身的肌肉都可以得到活动[1]（图4.8）。

图4.6 触手运动

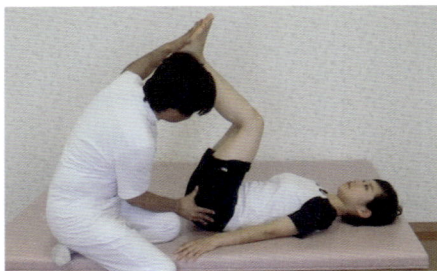

图4.7 臀桥运动

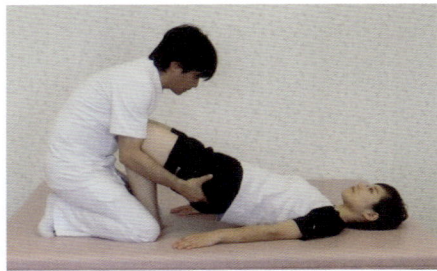

图4.8 臀桥–触手运动

呈仰卧位时的活动

■翻身和坐起的准备

处于仰卧位时，患者通过抬起头部和肩胛带，可以促进翻身以及坐起时必要的头颈部肌肉、躯干前侧肌肉的活动（图4.9和图4.10）。

图4.9 呈仰卧位时抬起头部
①轻托患者的头部两侧
②抬起头部，使其头颈部肌肉、躯干前侧肌肉活动

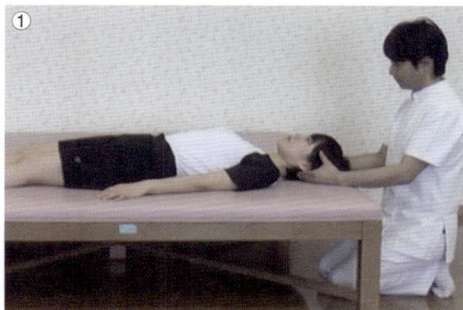

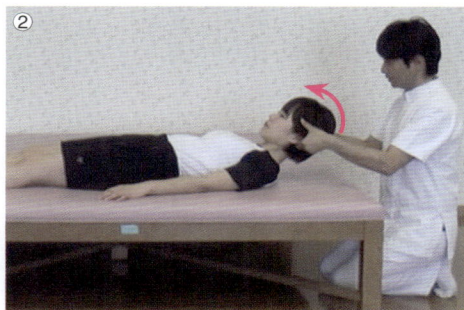

图4.10 呈仰卧位时抬起头部和肩胛带
与图4.9相同，治疗师抬起患者的头部和肩胛带，使其头颈部肌肉、躯干前侧肌肉活动

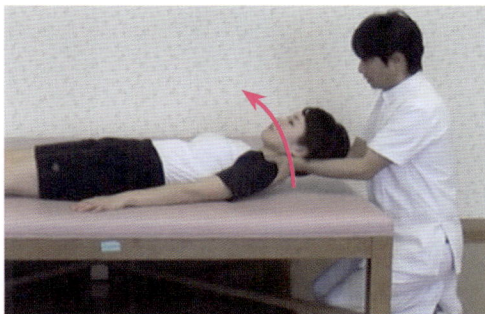

■呈仰卧位时做臀桥运动前的准备（crook lying：小腿立起仰卧位）

踝关节可活动范围的增大和脚趾的外展，能使患者呈小腿立起仰卧位，为之后的翻身、坐起、站立、步行奠定基础。

治疗师扶着患者的踝关节和脚趾（图4.11①）。首先，使踝关节跖屈的同时，使跖趾关节（Metatarsophalangeal Joint，MP）背屈，近端趾间关节、远端趾间关节伸展（图4.11②）。紧接着，舒展脚趾的骨间肌，使脚趾外展（图4.11③）。然后，活动小趾展肌，为小趾外展和踝关节背屈、外翻做准备（图4.11④）。最后，将跖趾关节背屈，在使踝关节背屈、外翻的同时，促使膝关节屈曲（图4.11⑤⑥）。

治疗师对患者的另一侧下肢也进行同样的踝关节和脚趾活动，将两侧小腿立在床上并保持（图4.12①）。然后，抬起患者的两侧下肢并向前推，使其躯干前侧肌肉活动（图4.12②）。最后，将患者的两侧下肢回位，立在床上并保持（图4.12③）。

由于踝关节和脚趾的可活动范围的增大，连续进行臀桥动作更易提高躯干前侧肌肉的灵活性。

图4.11 改善踝关节和脚趾的灵活性的手法

①扶着患者的踝关节和脚趾
②使患者的踝关节跖屈的同时，使其跖趾关节背屈，近端趾间关节、远端趾间关节伸展
③舒展脚趾的骨间肌，使脚趾外展
④活动小趾外展肌
⑤⑥将跖趾关节背屈，在使踝关节背屈、外翻的同时，促使膝关节屈曲

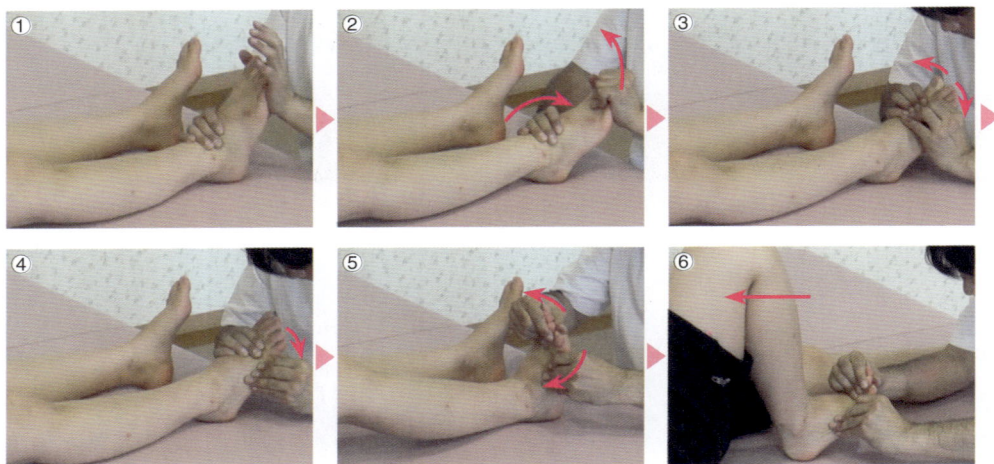

图4.12 呈仰卧位时做臀桥运动前的准备

①对患者的另一侧的踝关节和脚趾进行活动，将其两侧小腿立在床上
②抬起患者的两侧下肢并向前推，使其躯干前侧肌肉活动
③将患者的两侧下肢回位，立在床上并保持

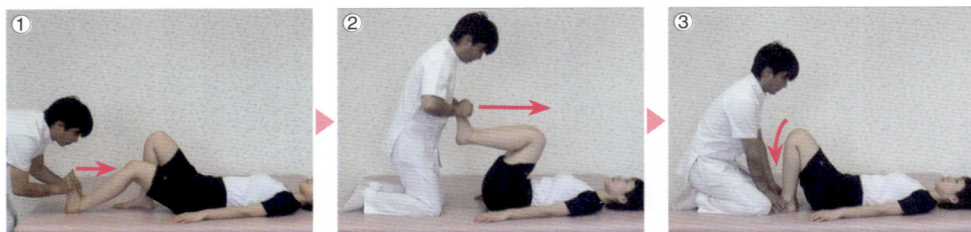

■ 臀桥1

呈仰卧位时做臀桥运动可以为站立和步行中的两侧下肢站立期做准备，也能为步行时必要的腰椎活动做准备。

按照髋关节、腰椎下侧、腰椎上侧的顺序伸展，在骨盆后倾的同时做臀桥运动（图4.13①②）。使骨盆落下时，从腰椎上侧依次落下（图4.13③）。

如果患者做从骨盆开始的臀桥运动比较容易，那么治疗师就可以从两侧大腿远端开始进行臀桥运动引导（图4.14①）。在骨盆落下时，治疗师也可以用手引导患者从腰椎上侧依次落下（图4.14②）。

图4.13 后倾骨盆时做臀桥运动
①用双手扶着患者的骨盆
②在患者的骨盆后倾的同时引导患者做臀桥运动
③在患者的骨盆落下时，引导患者腰椎上侧依次落下

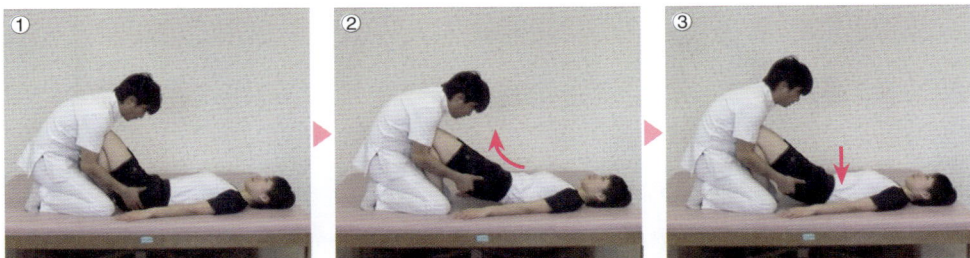

图4.14 从两侧大腿远端引导臀桥运动的方法
①患者立起小腿，治疗师将双手放在其两侧大腿远端，向大腿下方拉伸。患者将臀部抬高，做臀桥运动
②在骨盆落下时，治疗师也可以用手引导患者从腰椎上侧依次落下

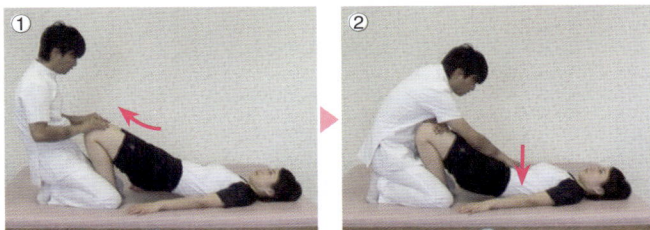

■臀桥2

如果说臀桥1是为站立和步行中的两侧下肢站立期做准备，那么用一侧下肢做臀桥运动的臀桥2则是为步行中的站立期和摆动期做准备。

首先，治疗师上抬患者的骨盆，使其骨盆正常旋转（图4.15①②）；然后，使其骨盆侧移，上抬与骨盆移动方向相反一侧的下肢，引导患者用另一侧下肢承重（图4.15③）。

图4.15 骨盆的上抬与旋转，用一侧下肢承重
①抬起患者的骨盆
②使患者的骨盆左右旋转
③使患者的骨盆侧移，上抬与骨盆移动方向相反一侧的下肢，引导患者用另一侧下肢承重

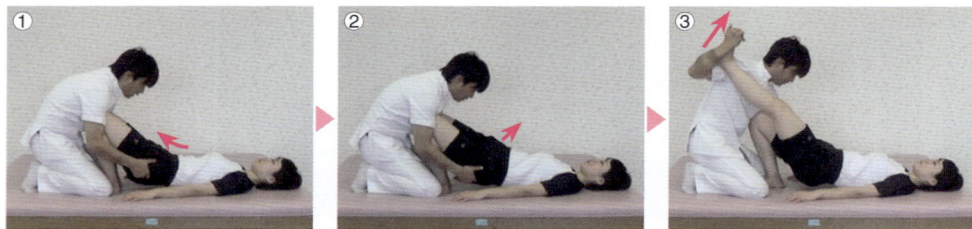

呈侧卧位时的活动

■为步行中的下肢摆动做准备

患者呈侧卧位时进行活动可以为步行过程中的下肢摆动做准备。

●呈侧卧位时上下肢外展

下肢的摆动需要躯干侧屈肌和前后侧肌肉的活动。

患者呈侧卧位时外展上肢和下肢，可以促进头颈部与躯干侧屈。此时，治疗师使患者的下肢前后活动，可以刺激其躯干前后侧肌肉（图4.16）。

图4.16 患者呈侧卧位时上下肢外展，可以促进头颈部及躯干侧屈

治疗师外展患者的上肢和下肢，使其头颈部与躯干侧屈。此时，治疗师使患者的下肢前后活动可以促进其躯干前后侧肌肉侧屈

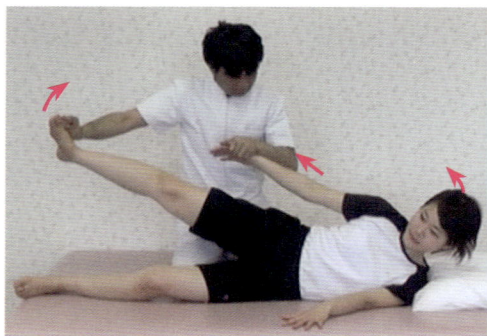

●呈侧卧位时练习从骨盆开始的下肢摆动

治疗师在活动患者的腹肌和臀大肌的同时使其骨盆后倾，从而使其下肢向前摆动（图4.17）。

图4.17 呈侧卧位时练习从骨盆开始的下肢摆动
①将手放在患者的腹部和臀部
②活动患者的腹肌和臀大肌的同时使其骨盆后倾，从而使其下肢向前摆动

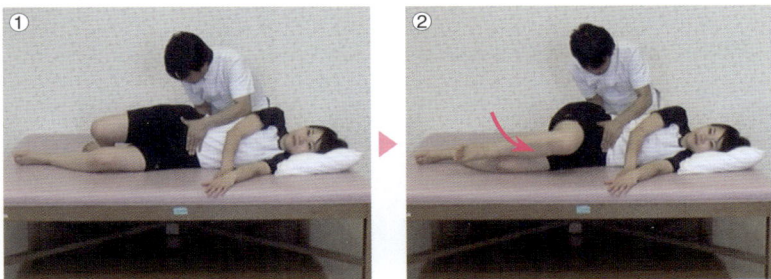

呈俯卧位时的活动

患者呈俯卧位时进行活动可以为坐起、四肢爬行、侧身坐做准备。

■ 呈俯卧－前臂支撑位时为颈部的抗重力伸展与手臂支撑做准备

在患者呈俯卧－前臂支撑位时，治疗师使其肩胛骨后倾，让患者在前臂承重的同时将头颈部抬起（图4.18①②）；然后，使患者的肩胛骨前倾、前突，刺激其躯干前侧肌肉以使上肢伸展（图4.18③）。

图4.18 呈俯卧－前臂支撑位时为颈部的抗重力伸展与手臂支撑做准备
①让患者在俯卧位时用前臂支撑，将双手放在患者两侧肩胛骨上
②使患者的肩胛骨后倾，引导其在前臂承重的同时将头颈部抬起
③使患者的肩胛骨前倾、外展、前突，刺激其躯干前侧肌肉以使其上肢伸展

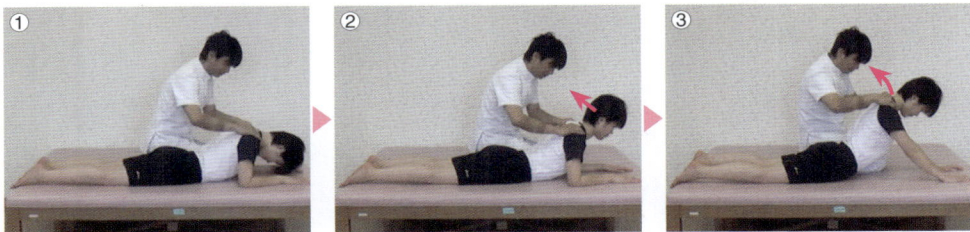

■端坐时抬起头颈部并用手臂支撑

患者难以用上肢支撑上半身而俯卧，但他们可以在端坐时进行这一活动。

治疗师将双手放在患者的肩胛骨处（图4.19①，图4.20①），使其肩胛骨后倾以促进其头颈部抬起（图4.19②，图4.20②）；然后，使患者的肩胛骨前倾、外展、前突，以伸展其上肢（图4.19③，图4.20③）。

图4.19 端坐时抬起头颈部并用手臂支撑：正视图
①将双手放在患者的肩胛骨处
②使患者的肩胛骨后倾以促进其头颈部抬起
③使患者的肩胛骨前突以伸展其上肢

图4.20 端坐时抬起头颈部并用手臂支撑：侧视图
①将双手放在患者的肩胛骨处
②使患者的肩胛骨后倾以促进其头颈部抬起
③使患者的肩胛骨前突以伸展其上肢

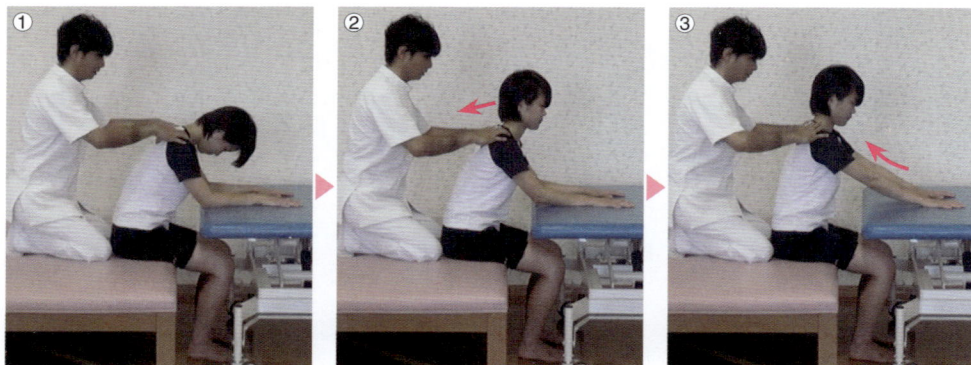

【文献】

[1] P.M.デービス 著，富田昌夫 監訳：Right in the Middle，19-22，シュプリンガー・フェアラーク東京，1991.

第 **5** 章

对翻身的研究

第5章 对翻身的研究

翻身动作的基础知识

广濑浩昭

前言

翻身动作是变换不同躺卧姿势的动作，具体指仰卧位（背卧位）、侧卧位、俯卧位（腹卧位）之间的变换动作。

翻身动作除了指睡觉时的姿势变换，也指坐起的连接动作。另外，对婴幼儿来说，它还能起到移动的作用。

动作概要

健康的人的翻身动作在从新生儿发育为成年人的过程中会发生变化，但即使是成年人，不同成年人之间甚至单个成年人都存在着多种翻身动作。例如，从头颈部和上肢开始翻身，或者从下肢和骨盆开始翻身，身体状况良好的人不用立起膝盖就可以翻身，但身体状况不好的人就需要先立起膝盖再翻身；这些都体现出了翻身动作的多样性。

一般健康的成年人的翻身动作的共同要素是肩胛带和骨盆的旋转，即体轴内旋转，不会阻碍其从头颈部和上肢、下肢和骨盆开始翻身，且翻身的动作具有使运动延伸至全身的特点（运动的延伸，图5.1）。

以36名健康的成年人为研究对象，让他们做翻身动作（从仰卧位到俯卧位：尽可能快速翻身），得出的身体各部位的运动模式分类如表5.1所示。通过表5.1所示的内容，我们可以了解上肢、头部-躯干、下肢等各个部位存在的多样性。

表5.1 做翻身动作时身体各部位的运动模式分类

身体部位	运动模式分类
上肢	低于肩高的伸臂
	高于肩高的伸臂
	接触到床后伸臂
	用手压床
头部-躯干	骨盆和肩胛带的位置关系固定
	骨盆先动
	骨盆和肩胛带的位置关系变化
	肩胛带先动
下肢	两侧下肢抬起
	一侧下肢抬起
	一侧下肢压床
	两侧下肢压床

（摘引自文献[1]）

图5.1 从头颈部和上肢开始翻身（向左翻身）

a 侧视图

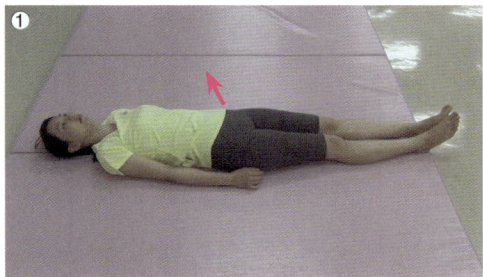

①

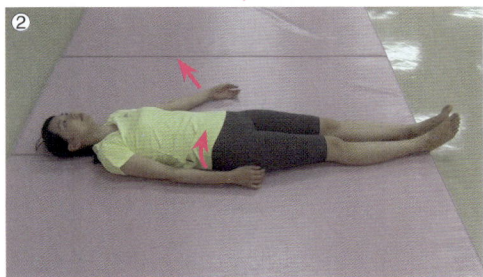

②

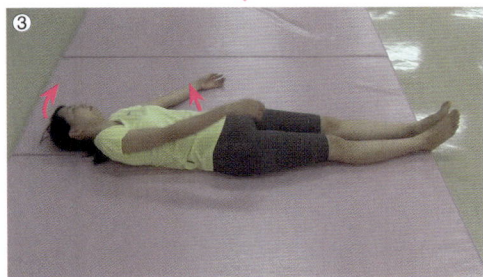

③

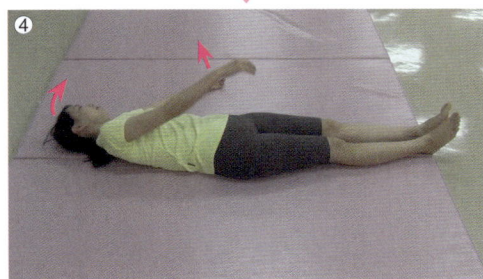

④

b 尾视图

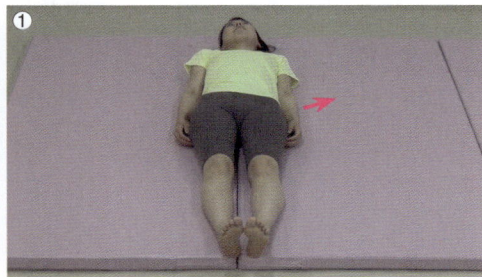

①

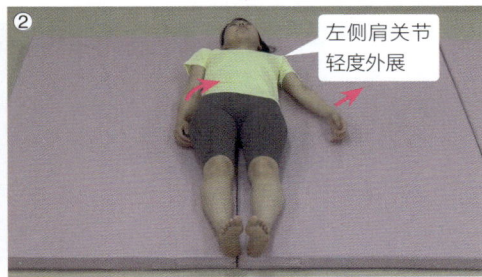

② 左侧肩关节
轻度外展

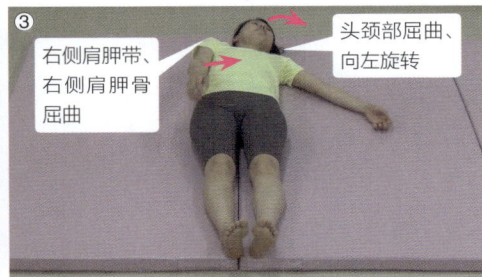

③ 右侧肩胛带、
右侧肩胛骨
屈曲

头颈部屈曲、
向左旋转

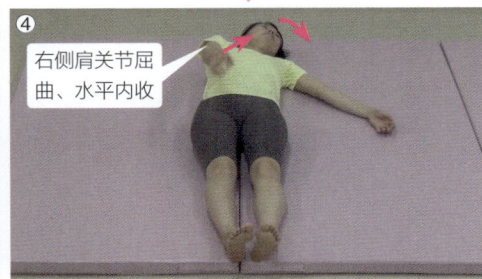

④ 右侧肩关节屈
曲、水平内收

第 5 章　对翻身的研究

65

图5.1 续

a 侧视图

b 尾视图

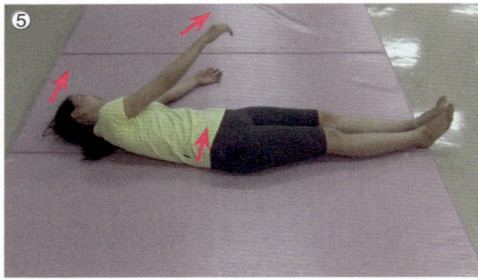

身体向左旋转

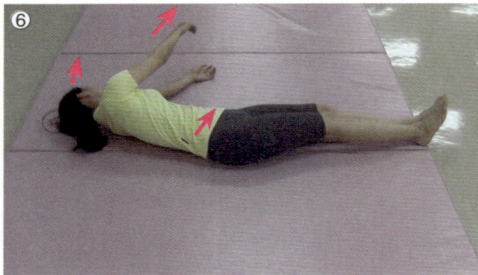

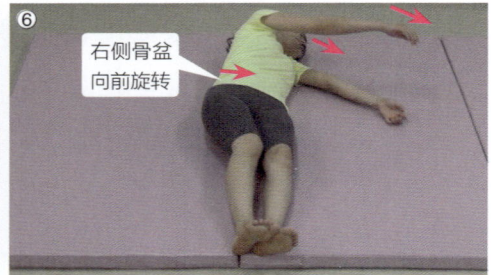

右侧骨盆
向前旋转

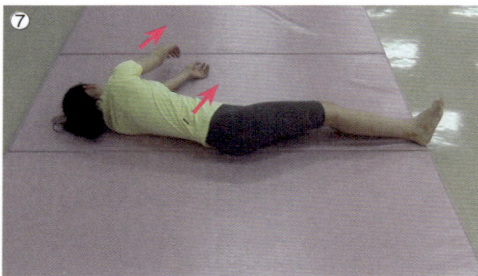

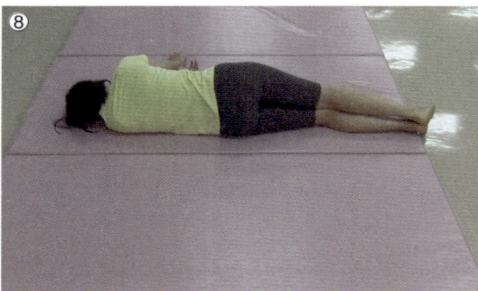

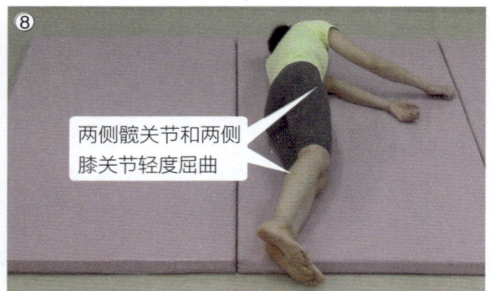

两侧髋关节和两侧
膝关节轻度屈曲

从仰卧位翻身为侧卧位的动作

从仰卧位翻身为侧卧位的动作是非常重要的连接坐起动作的动作。此翻身使支撑基底面变小，身体重心稍微上升。当移动侧的肩关节外展时，支撑基底面扩大，侧卧位的稳定性提高。

作为连接坐起动作的翻身动作，重要的并不是用下肢压床而翻身的伸展旋转模式，而是伴随头颈部稍微屈曲和向移动侧旋转运动的屈曲旋转模式。[2]

■动作观察：从头颈部和上肢开始翻身（向左翻身，图5.1和图5.2）

患者呈仰卧位时左侧肩关节轻度外展；头颈部轻度屈曲使头部稍离床面并且持续向左旋转，右侧肩胛带屈曲（前突）（肩胛骨离地），右侧上肢向左伸展（右侧肩关节屈曲、水平内收），身体向左旋转；然后，左侧髋关节外旋，右侧髋关节内旋；最后，右侧骨盆向前转动，身体进一步向左旋转。此时，两侧髋关节与膝关节轻度屈曲，最终呈侧卧位姿势。

石井慎一郎[2]把从仰卧位到右侧上肢[1]伸展的运动过程划分为第1阶段，把从右侧上肢[1]伸展到右侧肩关节与左侧肩关节对齐的运动过程划分为第2阶段，把第2阶段以后的运动过程划分为第3阶段（图5.2）。

图5.2 从头颈部和上肢开始翻身：第1~3阶段

a: 第1阶段。从仰卧位到右侧上肢伸展
b: 第2阶段。从右侧上肢伸展到右侧肩关节与左侧肩关节对齐
c: 第3阶段。从右侧肩关节与左侧肩关节对齐后至实现侧卧位姿势

a 第1阶段

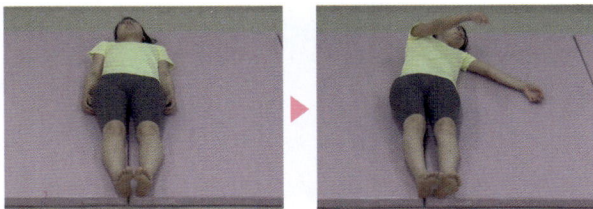

b 第2阶段

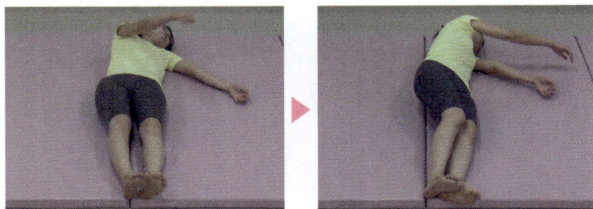

c 第3阶段

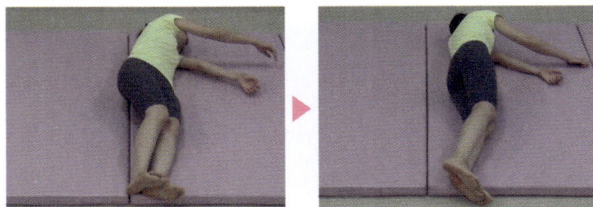

■动作观察：从下肢和骨盆开始翻身（向左翻身，图5.3）

患者呈仰卧位时左侧肩关节轻度外展；屈曲、内收右侧髋关节，同时右侧骨盆向前旋转，引发身体向左旋转；紧接着右侧肩胛带屈曲（前突）（肩胛骨离开床面），右侧上肢向左伸展（右侧肩关节屈曲、水平内收），身体进一步向左旋转。此时，头颈部向左转动，右侧（或者两侧）髋关节和膝关节轻度屈曲，呈侧卧位姿势。

图5.3 从下肢和骨盆开始翻身（向左翻身）

a 侧视图

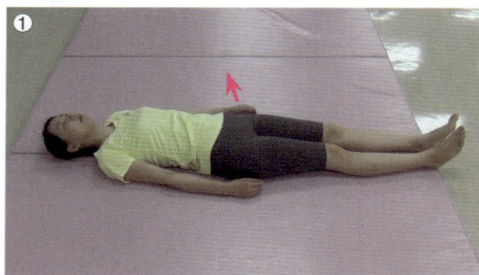

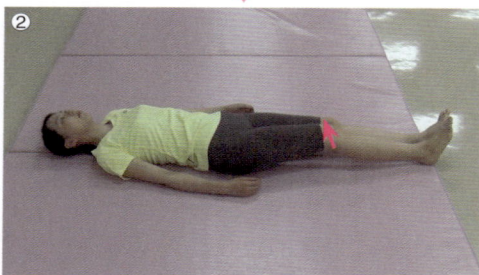

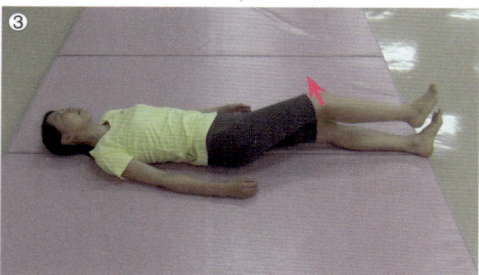

b 尾视图

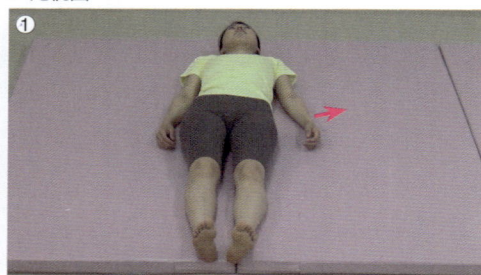

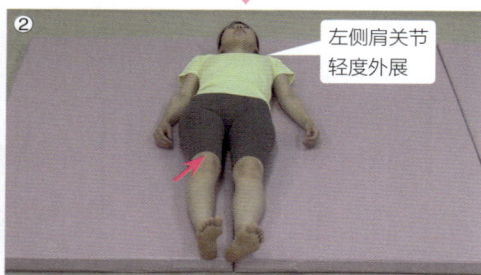
左侧肩关节轻度外展

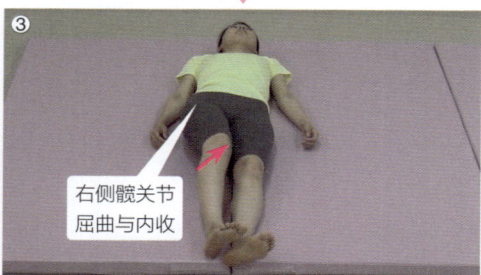
右侧髋关节屈曲与内收

图 5.3 续

a 侧视图

b 尾视图

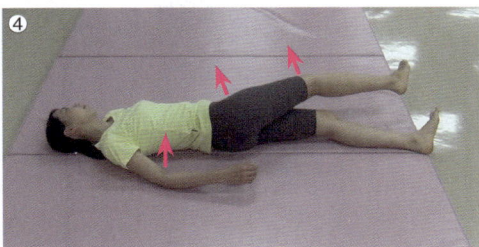

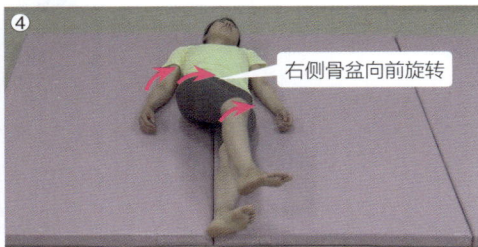

右侧骨盆向前旋转

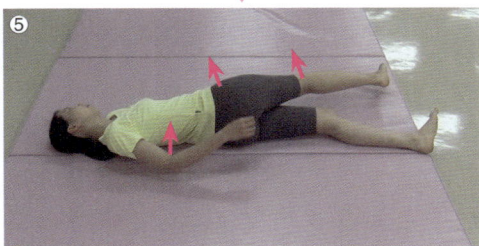

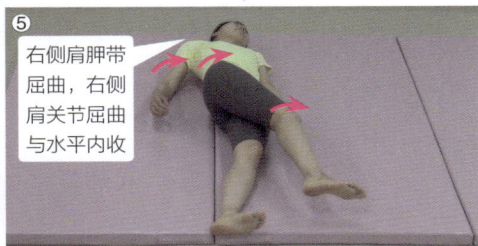

右侧肩胛带屈曲，右侧肩关节屈曲与水平内收

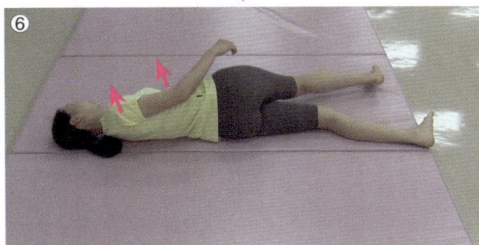

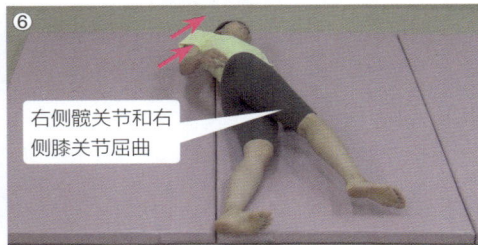

右侧髋关节和右侧膝关节屈曲

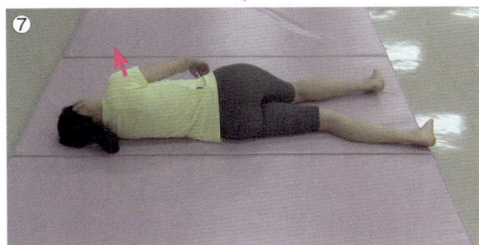

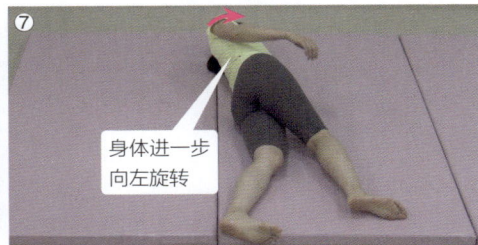

身体进一步向左旋转

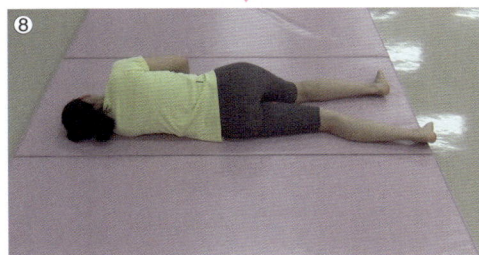

第5章 对翻身的研究

■动作观察：单膝或双膝立起翻身

因为单膝或双膝立起翻身的动作是与从下肢、骨盆开始的翻身动作一样可以使运动延续，所以单膝或双膝立起并下放的动作能轻易使骨盆旋转。

● 右膝立起的翻身（向左翻身，图5.4）

患者呈仰卧位时左侧肩关节轻度外展，右侧髋关节屈曲，通过右侧膝关节屈曲使右膝立起，右侧膝关节向左倾倒使右侧髋关节内旋、内收，右侧骨盆向前旋转，进而引发身体向左旋转。紧接着右侧肩胛带屈曲（前突）（肩胛骨离开床面），右侧上肢向左伸展（右侧肩关节屈曲、水平内收），身体进一步向左旋转。此时，头颈部向左旋转，呈侧卧位姿势。

图5.4 右膝立起翻身（向左翻身）

a 侧视图

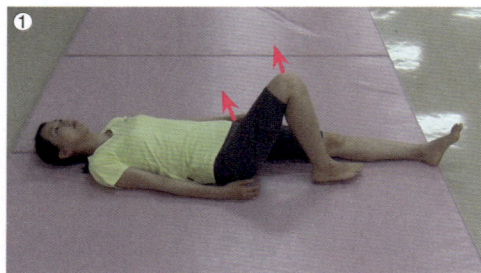

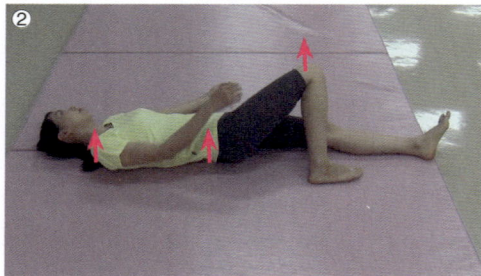

b 尾视图

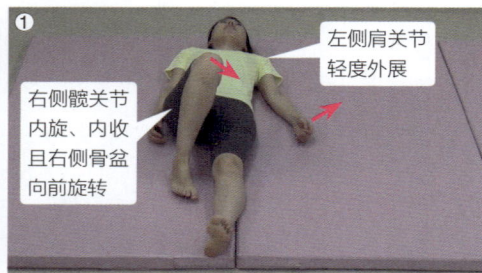

左侧肩关节轻度外展

右侧髋关节内旋、内收且右侧骨盆向前旋转

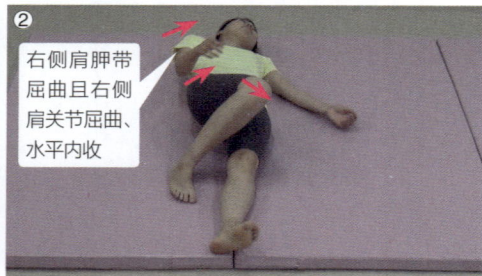

右侧肩胛带屈曲且右侧肩关节屈曲、水平内收

图 5.4 续

a 侧视图

b 尾视图

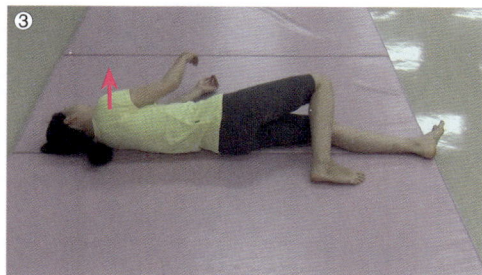

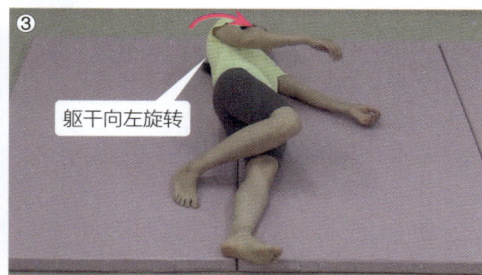

躯干向左旋转

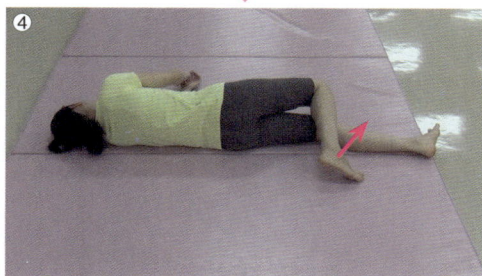

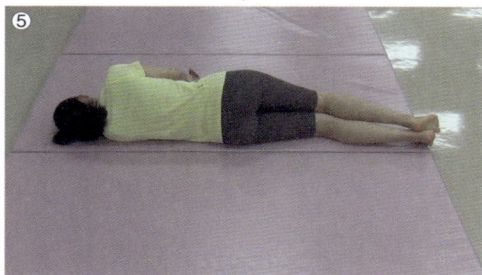

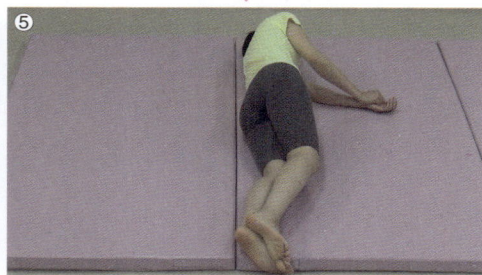

第 5 章　对翻身的研究

●左膝立起翻身（向左翻身，图5.5）

图5.5 左膝立起翻身（向左翻身）

a 侧视图

①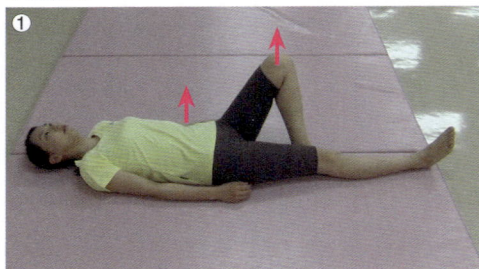

②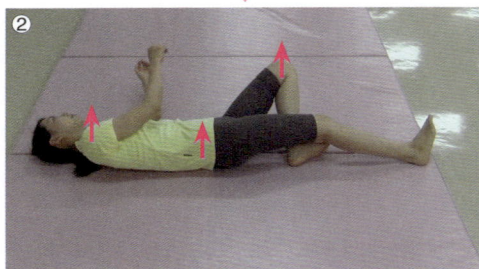

③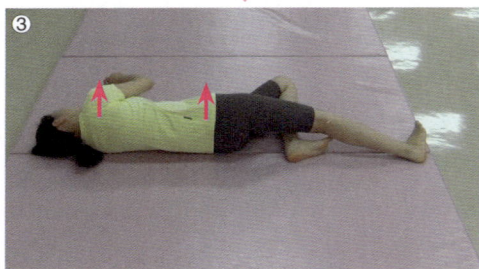

④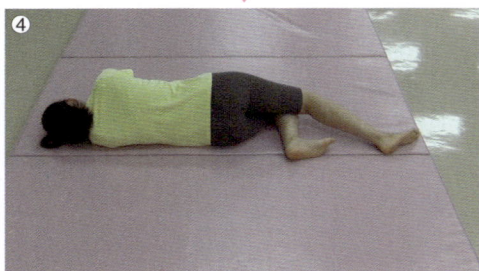

b 尾视图

①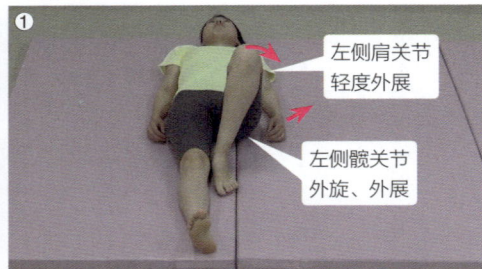

左侧肩关节
轻度外展

左侧髋关节
外旋、外展

②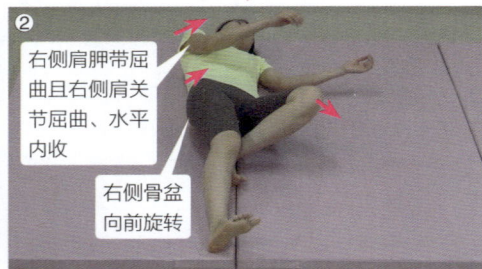

右侧肩胛带屈
曲且右侧肩关
节屈曲、水平
内收

右侧骨盆
向前旋转

③

④

●双膝立起翻身（向左翻身，图5.6）

图5.6 双膝立起翻身（向左翻身）

a 侧视图

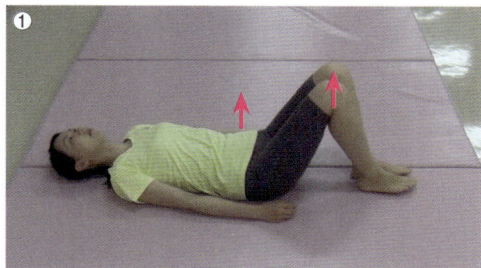

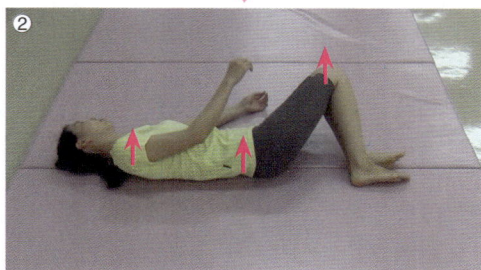

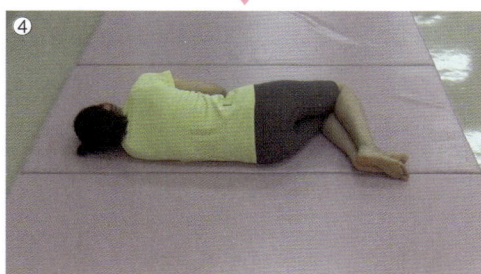

b 尾视图

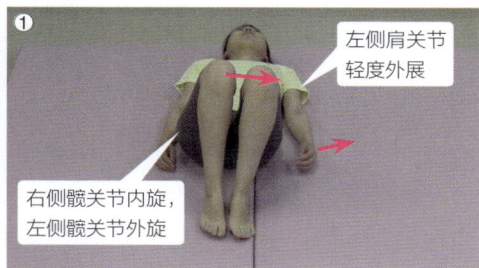

左侧肩关节
轻度外展

右侧髋关节内旋，
左侧髋关节外旋

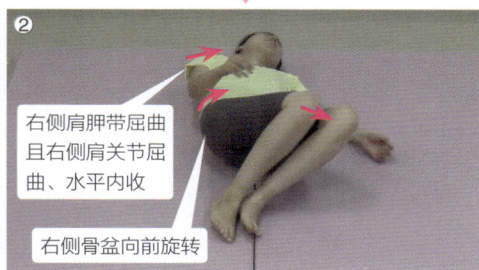

右侧肩胛带屈曲
且右侧肩关节屈
曲、水平内收

右侧骨盆向前旋转

第5章 对翻身的研究

从侧卧位翻身为俯卧位的动作（图5.7）

从侧卧位翻身为俯卧位的动作即从两侧髋关节和两侧膝关节轻度屈曲的姿势转换为各个部位伸展的姿势。因为俯卧时头颈部、躯干、两侧髋关节、两侧膝关节都是伸展的，所以当髋关节屈曲挛缩时会出现不正确的姿势。

患者从侧卧位翻身成俯卧位时，支撑基底面增大，身体重心稍微降低。如果患者关节的可活动范围正常，则患者依靠重力就可以完成这个动作。

补充说明

翻正反应（righting reaction）

翻身动作中会产生对于头部来说身体的翻正，以及对于身体一部分来说其他部分的翻正。

体轴内旋转

在翻身时，肩胛带的屈曲（前突）与骨盆向前旋转在短时间内会有偏差。此时产生的躯干扭曲运动和扭曲解除运动被称为体轴内旋转。

末梢部运动和中枢部的支撑性、固定性

头颈部屈曲运动需要上部躯干（胸部）具有支撑性和固定性。非移动侧的上下肢运动需要移动侧的上肢、躯干、下肢具有支撑性和固定性。

图5.7 从侧卧位翻身为俯卧位的动作（向左翻身）

a 侧视图

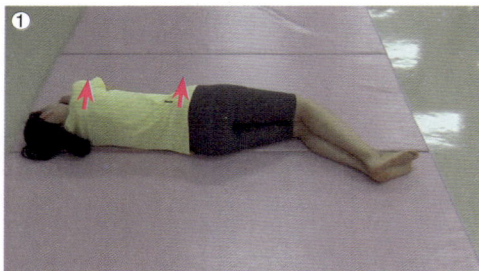

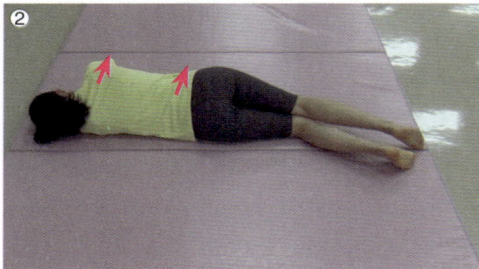

b 尾视图

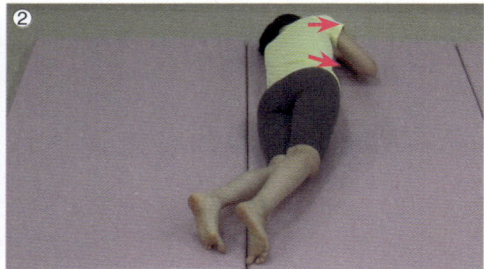

图5.7 续

a 侧视图

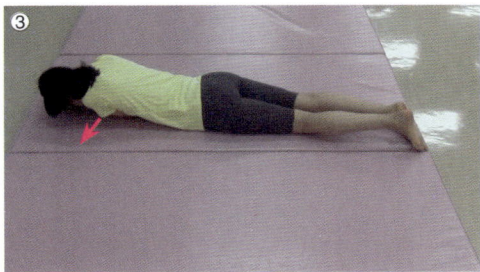

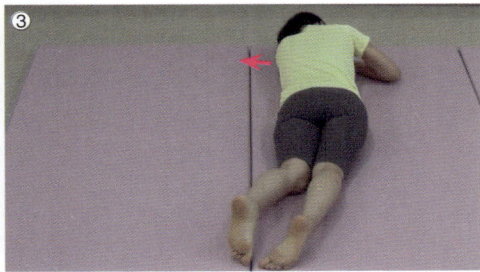

b 尾视图

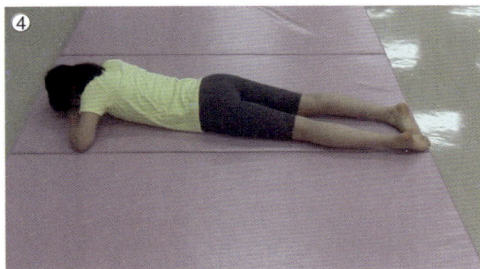

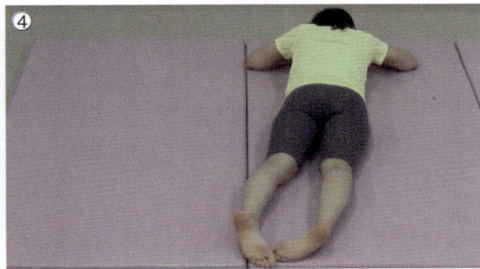

阻碍运动与促进运动的原因

阻碍运动的原因

非运动侧的髋关节外展或者外旋时，惯性动能变大会阻碍身体旋转。同样，如果非运动侧的肩胛带屈曲，肩关节屈曲、水平内收的可活动范围受限，那么翻身就会变得很困难。

如果身体旋转的可活动范围受限，那么肩胛带和骨盆间的旋转即体轴内旋转就像小圆木棒一样，只能以一个整体转动。此外，因为肌肉活动不充分，肩胛带和骨盆间没有连接，所以患者无法进行体轴内旋转，难以完成翻身动作。

促进运动的原因

如果利用单膝或者双膝立起（髋关节及膝关节屈曲）向移动侧倾倒时的力矩，那么非运动侧的骨盆很容易向前旋转。单侧或者两侧下肢压床（蹬床）也可以促使非运动侧的骨盆向前旋转。

用单侧或者两侧上肢拉住床边，压床面，因为这一动作向运动侧施加了反作用力，所以患者很容易向运动侧转身。

视线的重要性

翻身动作中，头颈部屈曲和旋转都可以通过视线的移动来促进。

枕头和床面等环境因素

对翻身动作进行评估时，评估人员必须考虑到枕头的有无、床面的软硬、床的高低与大小等环境因素的影响。若在离床边近的地方翻身，患者会存在因害怕摔落而不能完成动作的情况。

起居移动动作（基本动作）的评估

独立性评估大致分为独立、需要监视（需要看护）、需要辅助3个阶段，除此之外，也可以进行细分（表5.2）。

实用性评估可以分为安全性、稳定性和准确性（成功率）。评估人员也可以对患者的完成时间和持久性等相关内容进行评估。

表5.2 独立性评估

独立	• 完全独立 • 矫正独立
需要监视（需要看护）	• 看护、语言提示或准备
需要辅助	• 最少辅助 • 中度辅助 • 最大限度辅助 • 完全辅助
不可实施	—
未实施	—

专栏

起居移动动作的项目

起居移动动作指身体旋转动作等各种活动的基础动作，评估人员应该对其进行详细评估。各种动作在不同人之间以及单个人身上都存在着多样性和共同性。在理解的同时，我们有必要学习正常动作模式及其运动要素、异常运动模式及其原因。

起居动作包括翻身、坐起、坐立保持、起立、站立保持等，评估人员不仅要对患者的静止姿势保持进行评估，还要对其施加外力时的动态姿势保持进行评估。移动动作包括步行（平地步行、应用步行）、上下台阶、移动轮椅、蹭行、转移动作（轮椅与床之间的转移、轮椅与坐便器之间的转移）等。

动作观察与书面化要点

■ 基本事项

● 本文章是为了使无法直接观察的第三人理解而记述的。

  ● 运用基本解剖学用语和运动学用语，避免使用缩略语。例如，不将"肩关节"记作"肩jt"。

● 不用主观口语表达，统一使用客观书面表达。例如，不用"肩关节弯着"，而用"肩关节屈曲"。

● 原则上，记述亲眼所见（客观事实）的事情，在"动作观察"记录中不添加预测与解释。例如，虽然"将大部分的重量压在右下肢上""重心右移"等属于重要的观点，但不需要记述。

  ● 简单记录环境与条件、独立程度、实用性、动作样式（动作模式）。

  ● 环境与条件：例如，拄着拐杖在病房外的走廊上步行、从平板床上站起来、光脚、用右手撑着四脚拐杖在屋内的平地上步行。

  ● 独立性：独立、需要监视（需要看护）、需要辅助。

  ● 实用性：安全性、稳定性与准确性、完成时间、持久性。

  ● 扶拐步行模式：例如，三段动作步行或两段动作步行、拐杖－患病（侧）－健康（侧）为一周期、拐杖－健康（侧）－患病（侧）为一周期、前者型/同时型/后者型。

● 精炼主语（主要部分）与陈述语（陈述部分）。例如，"两侧髋关节屈曲使身体前倾"。

■ 书面化原则

● 记录环境与条件、独立性、实用性、持续的动作样式（动作模式）。

● 在笔记本上分条列举，记得住的部分用词汇做笔记；并尽可能沿着时间轴记录。此时用箭头（→）和图可以使草稿表达得更清楚。

● 提交前认真书写，整理在誊写纸上，最好能附上图。

● 按照关节的活动、现象的发生顺序记录。例如，不能记录成"举起左手，左侧肩关节屈曲"，而应该记录为"左侧肩关节屈曲，举起左手"。

■ 动作样式（动作模式）的总结方法

● 总结开始姿势和结束姿势。

● 总结动作从开始到结束的整个过程中产生的左右偏差、偏离正常动作（异常性）和特征。

● 总结各阶段的左右偏差、异常性和特征。

- 把左右偏差、异常性和特征中最重要的瞬间图画化。例如，用○表示头部，▽表示骨盆来简单地画出人物形态。
- 将左右偏差、异常性和特征与正常动作进行比较并总结。例如，"虽然两侧髋关节屈曲，但右侧髋关节屈曲幅度较小"。
- 因为动作是连续的，所以要用"首先""然后""其次""接着""此刻""此时"等连接词，保持总结的连贯性。

■ 起立动作的动作观察（以左侧瘫痪的患者为例）

以在自己家的床上，从端坐位起立的动作为例。床可电动升降，床右侧有扶手（辅助杆）。床的高度为40cm（腘窝部高度），患者坐在床边时两脚前掌可着地。

因为患者在做起立动作时的独立性为需要辅助，所以辅助人员可以从左前方对患者的腰部和左手进行辅助。在实用性方面，患者在做起立动作时的稳定性低（最终站立时患者容易失去平衡，向后方、左后方倒下）、安全性低（独自起立时患者容易摔倒），运动速度慢且完成时间较长（完成时间约3秒），持久性无法判断（可以重复2次）。

患者在开始做起立动作时是端坐位并可以独立保持。首先，患者的头部向前突出（头部伸展、颈部屈曲），右手放在大腿上，左侧肘关节屈曲，左侧腕关节掌屈，左手手指屈曲，左手放在左侧髋关节附近。两脚间距略小于肩宽，双脚前掌着地，两侧髋关节屈曲约80度、轻度外展，两侧膝关节屈曲约90度。辅助人员将床调高5cm。

首先，患者身体小幅度屈曲（两侧髋关节屈曲角度小，身体前倾角度小），右手拉住扶手，通过伸展两侧膝关节使臀部抬离床面，此时辅助人员没有观察到患者的两侧踝关节背屈。患者在臀部抬离床面后，再在两侧膝关节伸展的同时增大两侧踝关节跖屈的角度，但此时患者的两侧髋关节和躯干伸展得并不充分，患者呈站立姿势（结束姿势）。站立时，患者右手握着扶手，两侧髋关节轻度屈曲，辅助人员可以观察到患者的身体向前倾斜并前后晃动。在臀部抬离床面后，患者的左侧肩胛带后移，左侧肘关节屈曲，左侧腕关节掌屈，左手手指屈曲程度增加。

ADL（日常生活活动）

■ ADL 的概念

ADL（activities of daily living）由医生迪弗（Deaver）和理疗专家布朗（Brown）于1945年提出，纽约大学教授腊斯克（Rusk）和理疗专家劳顿（Lawton）对其进行了改善[3]。

ADL涵盖的范围由于国家、民族、文化和习惯等的不同很难被明确定义，日本康复训练医学会评价标准委员会在《在评估中日常生活活动的概念》（1976）中称："ADL是人类独立生活而进行的基本的且每个人每天都会重复的一系列身体运动的组合……"。

另外，该文章还提及在评估时需要考虑到服装、环境等相关要素。

ADL的范围

如图5.8所示，狭义的ADL[*1]是指自理动作（self care）和起居移动动作，广义的ADL在狭义的基础上增加了生活关联动作（Activities Parallel to Daily Living，APDL）[*2]和沟通。

[*1]：与BADL（basic ADL，基本ADL）相同。BADL包括排尿管理、排便管理和转移动作等。

[*2]：与IADL（instrumental ADL，应用ADL）相同。IADL包括电话的使用、金钱管理、服用药物、购物和园艺等。

图5.8 ADL的范围

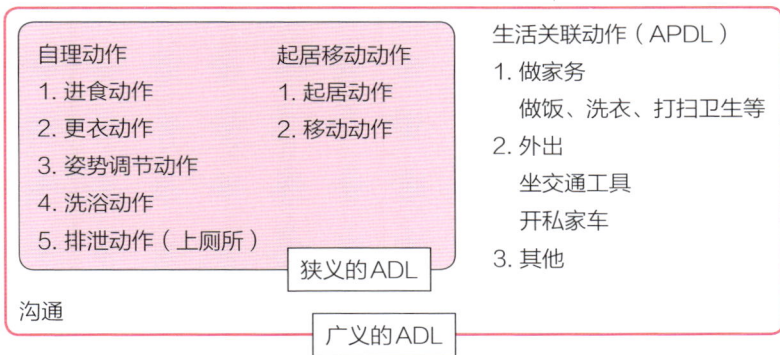

（引自文献[3]）

ADL评估法

熟悉的ADL评估方法有巴氏量表法（Barthel Index，BI）和功能独立性评估（Functional Independence Measure，FIM）。

BI的原始方法是医生马奥尼（Mahoney）和理疗专家巴特尔（Barthel）于1965年在美国发表的，由评估人员在吃饭、轮椅与床之间的转换、姿势调节、上厕所、洗澡、平地移动（步行、移动轮椅）、上下楼梯、更衣、排便管理、排尿管理等10方面对患者进行评分（0~100分）。而且，格兰杰（Granger）等人汇报了修正评估项目、得分分配、加权得分后的改进方法。

1983年，以Granger等人为首的一群人在美国开发了统一数据库系统（Uniform Data System，UDS），1987年，UDS开始应用。FIM在国际化的同时被应用于与ADL相关的比较讨论研究。FIM的评估内容如表5.3所示，评估标准分为7个阶段，FIM旨在评估实际"做"的情况，总分最低为18分，最高为126分。而且，其评估项目包括13个运动子项目（分别属于自理动作、排泄管理、转移、移动）和5个认知子项目（分别属于沟通、社会认知）。

表5.3 FIM的评估项目

自理动作	吃饭、姿势调节、洗澡、上半身更衣、下半身更衣、上厕所
排泄管理	排尿管理、排便管理
转移	床、椅子和轮椅之间，坐便器，浴缸和淋浴室
移动	步行或轮椅、楼梯升降
沟通	理解、表达
社会认知	社会交流、解决问题、记忆

【FIM的评估标准】
7：完全独立
6：矫正独立
5：监视且准备
4：最小辅助——75%以上自己进行
3：中度辅助——50%以上自己进行
2：最大辅助——25%以上自己进行
1：完全辅助——25%以下自己进行

（引自文献[3]）

专栏

ADL评估标准

ADL评估标准在不同的评估方法中存在差异。FIM包括"7：完全独立""6：矫正独立""5：监视且准备""4：最小辅助""3：中度辅助""2：最大辅助""1：完全辅助"这7个阶段。Granger等人的BI改进方法包括"独立""部分辅助""完全辅助"3个阶段。

ADL评估的实用性

ADL评估是否对患者有用？实际生活中ADL评估能否起到实质性的作用？对此评估人员应该进行具体判断。不具备实用性的动作，到最后患者将不会再进行。例如，假设两侧下肢完全瘫痪的患者在房间里可通过两个丁字拐杖步行，但走10米就要花费5分钟，那么在实际生活中该患者很可能会选择使用轮椅来移动。

判断实用性的要素如下。

①安全性：动作是否可以安全地进行。

②稳定性和准确性：动作是否可以稳定且准确地进行。

③完成时间：完成动作所需时间，动作的速度。

④持久性：有无重复动作的可能。

⑤姿势与完成度：动作方法，动作完成度。

步行中，安全性与有无摔倒的可能性相关，稳定性与准确性主要看是否存在绊倒和膝弯折的不稳定现象，完成时间看步行速度，持久性看连续步行的距离，姿势和完成度则通过走路的姿势判断。

■ ADL评估的实际应用

ADL评估的具体方法有意见调查、实施状态确认和动作观察。BI和FIM作为具有代表性的ADL评估法被广泛应用，但是这两个评估法不包含翻身、坐起、坐立保持这几个项目，所以评估人员要想办法对患者的BADL进行全面的评估。BI评估针对"能力ADL"（动作能力），FIM评估针对"现时ADL"（实际正在进行的状态）。另外，因为"能力ADL"和"现时ADL"之间有偏差，所以在正确评估两者之后，重要的是找出产生偏差的原因并将其解决。

进行ADL评估时，评估人员要注意患者是否疲劳和是否存在日内变动。如果患者疲劳，则评估结果会有偏差；若存在日内变动，评估时间段的不同也会导致评估结果偏差。此外，"现时ADL"的评估不能在康复训练室中进行，而要在实际的生活场景中进行。

在改善ADL的计划中，评估人员不仅需要进行意见调查、实施状态确认，还需要进行动作观察和分析。评估患者为什么做不到，以及何时需要何种辅助，可以有效推进治疗法的制定的实施。

第 5 章 对翻身的研究

【文献】

[1] Randy R Richter, et al.: Description of adult rolling movements and hypothesis of developmental sequences, PhysTher 69, 63-71, 1989.
[2] 石井慎一郎：動作分析臨床活用講座，30-80，メジカルビュー社. 2013.
[3] 廣瀬浩昭：ADL検査. 臨床理学療法評価法（鈴木俊明 監），284-300，エンタプライズ，2003.

翻身动作的治疗手法

弓冈光德，前田昭宏

前言

■阻碍翻身动作的原因

如后文的"物体的翻转"所示，影响翻身动作的原因是翻身方向上的支撑基底面无法增大和与翻身方向相反的方向上的支撑基底面无法减小，即身体重心无法超过支撑基底面的稳定性界限。

■翻身动作的评估方法

患者在进行从头颈部开始的翻身动作时，评估人员需要对以下几点进行评估。

- 患者呈仰卧位时头颈部能否从床上抬起？确认患者的头颈部的抗重力屈曲能力。
- 与翻身方向相反一侧的肩胛骨和骨盆能否从床上抬起？确认患者躯干的抗重力屈曲能力。
- 对患者的两侧上下肢进行评估，与翻身方向相反一侧的上下肢是否可以快速向翻身方向移动以移动身体重心？且与翻身方向相反一侧的下肢是否可以借助蹬床来移动身体重心？起支撑作用的上下肢是否可以稳定地压在床上以不妨碍翻身动作？

此外，患者呈侧卧位时，评估人员需要评估其上侧的头颈部、躯干、下肢是否能进行抗重力屈曲活动等。

■翻身动作治疗的最终目标

从仰卧位转换为侧卧位的翻身过程中为了加速完成该动作，患者需要进行基本的头颈部与躯干的抗重力屈曲活动。呈侧卧位时，患者需要进行头颈部与躯干的抗重力侧屈活动；侧卧位后为了使翻身动作减速，患者需要进行头颈部与躯干的抗重力伸展活动。

进行翻身动作治疗时，这些抗重力活动需要具有灵活性，并需要与坐起动作相连贯。此外，做步行准备时，患者需要练习翻身动作中的上下肢摆动与支撑以及上下肢伸展和对床面的支撑。

下面将以通过引导患者进行翻身动作治疗的具体操作方法为例进行讲解。

物体的翻转

　　物体的重心在支撑基底面内时，物体会稳定地停留在当前位置。物体翻转时需要在翻身方向上增大支撑基底面，并在与翻转方向相反的方向上减小支撑基底面。此时，如果物体的重心超出支撑基底面的稳定性界限，物体将会向前翻转；如果物体的重心没有超出稳定性界限，物体会向后翻转。如果物体的重心稳定在稳定性界限之上，物体就会固定在那个位置（平衡状态）（图5.9，图5.10）。

图5.9　与床或地面接触的身体部分向后倾倒可以实现支撑基底面的移动

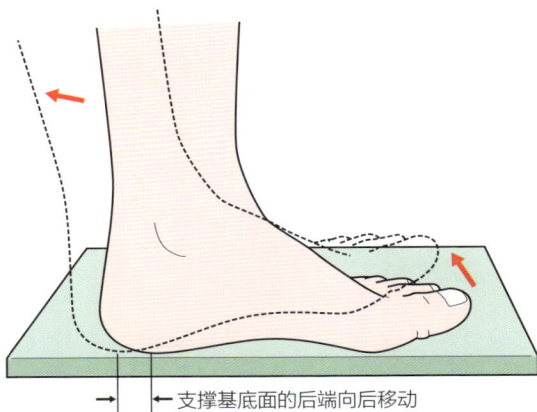

（参考文献[1]画出的图）

←→　←　支撑基底面的后端向后移动

图5.10　四棱柱的稳定性与不稳定性

图中有一条垂线AB，表示四棱柱的支撑基底面的稳定性界限

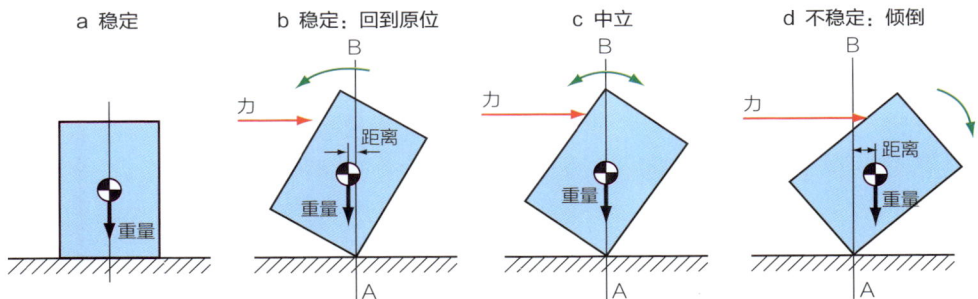

a 稳定　　b 稳定：回到原位　　c 中立　　d 不稳定：倾倒

力　　距离　　重量　　B　　A

（参考文献[2]画出的图）

■ **体形与翻身**

人体躯干呈背部凸起（圆形）、腹部凹陷的形状。根据这一形状，人们从仰卧位开始翻身比从俯卧位开始翻身要更容易。上部躯干背侧（背部）的侧面形状会随着两侧肩胛骨的位置变化而变化。如果两侧肩胛骨外展，则使背部保持圆形；如果两侧肩胛骨内收，则使背部变成凹陷。因此，在翻身动作中处于支撑侧的肩胛骨外展时，背部保持圆形，支撑基底面向翻身方向增大。非支撑侧的肩胛骨外展，可以减少上部躯干的横向直径，进而减少翻身的曲率半径，使身体重心向翻身方向移动。

将重心升高直至侧卧，激活躯干抵抗重力的屈曲肌群

翻身时垫高头部，身体重心会上移，颈部屈肌、上部躯干屈肌，以及下部躯干屈肌的活动会增加。此外，如果双手交叉搭在腹部也会使身体重心上移。同样，如果双脚放在床或者地面上，并保持髋关节与膝关节屈曲的姿势，身体重心也会上移（图5.11）。此时要注意，从力学上看，身体重心上移不仅便于翻身，抗重力屈曲肌群也会变得更加灵活。

图5.11 双膝立起仰卧：身体重心上移、容易翻身的姿势

仰卧时将头部垫高；双手交叉搭在腹部；两侧髋关节与膝关节屈曲，脚掌接触床或地面，双膝立起仰卧

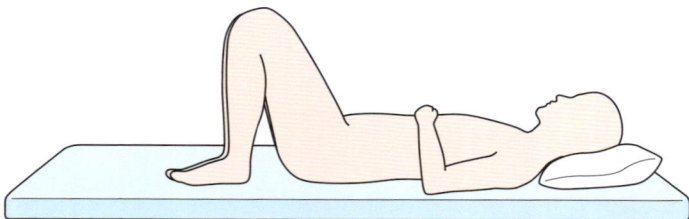

从仰卧位向其他姿势翻身的过程中支撑基底面增大

为了在翻身过程中使功能性支撑基底面向翻身方向增大，当支撑侧的肩胛骨外展时，必须在肩关节屈曲姿势下尽可能地伸展上肢。而且，患者也需要朝肩关节水平外展方向做离心收缩运动，以保持翻身过程中的姿势。同样，患者通过支撑侧的髋关节、膝关节屈曲来增大支撑基底面时，也需要朝膝关节外展方向做离心收缩运动，以保持翻身过程中的姿势（表5.4）。

若翻身时，支撑侧的髋关节和膝关节没有屈曲而是接近于伸展的状态，此时支撑基底面没有增大，患者可能会倒下变成俯卧位。为了使身体从侧卧位向俯卧位缓慢转换，患者需要将伸展下肢的现存的支撑基底面当作功能性支撑基底面以增加肌肉和身体伸展肌群的活动，以及时制止躯干向俯卧位倒下。

表5.4 从仰卧位开始翻身时功能性支撑基底面的必要条件

	支撑基底面的扩大	姿势的保持
上半身	肩胛骨外展 肩关节屈曲时上肢伸展	肩关节水平外展（离心收缩）
下半身	髋关节屈曲 膝关节屈曲	髋关节外展（离心收缩）

翻身时上下肢的活动

　　从仰卧位开始翻身时，如果支撑侧的上下肢外展则支撑基底面增大，患者向俯卧位倒下的概率减小。但是，这也阻碍了患者向俯卧位姿势的转换。如果支撑侧的上下肢不外展而是向躯干靠近时，上下肢将成为稳定性界限和身体的翻转重心（支点），患者有可能会极速翻转成俯卧位姿势。不过，如果患者可以有效发挥身体伸展肌群的制动功能，则能流畅地翻身。

　　因脑血管疾病而偏瘫的患者将瘫痪侧的上肢朝上翻身时，通过在屈曲肩关节的同时水平内收肩关节，可使瘫痪侧的肩胛骨尽可能外展、上肢移到躯干前方，以使上肢重心靠近支撑基底面。如果瘫痪侧的上肢还停留在后背，那么患者的躯干就会被其向后拉，导致翻身困难。同样，将瘫痪侧的下肢朝上翻身时，患者需要在瘫痪侧的骨盆向前翻转的同时向后倾，并且向前摆动瘫痪侧的下肢。如果瘫痪侧下肢停留在后背方向，患者的躯干就会被其向后拉，导致翻身困难。

理解翻身与坐起时的颈翻正模式与体翻正模式

■ 应用颈翻正模式，以头颈部为关键点进行控制

　　颈翻正（neck righting）是翻身与坐起时所必要的正常活动，向各个方向的颈翻正是引导肩前突（protraction）、上肢运动、伴随骨盆运动的下肢运动等的操作。在进行这种操作时，首先要明确操作目的，期望恢复的功能（如上肢的支撑、身体的旋转等）。另外，颈翻正模式实际应用在成年人患中枢性疾病时，患者需要细心地操作，也要注意结合体翻正模式。

■ 应用体翻正模式，以肩胛带或骨盆带为关键点进行控制

　　体翻正（body righting）是配合体轴内旋转，引导更容易出现的正常的自律反应的操作。这种操作分为肩胛带引导和骨盆带引导2种方法。

翻身的引导手法

■引导患者从头颈部开始翻身

下面以患者从仰卧位向左翻身为例进行讲解。治疗师把呈仰卧位的患者的头颈部从床上抬起，使其头颈部与躯干前面的肌肉活动（图5.12①）。此时治疗师将患者的头颈部缓慢朝翻身方向（左）旋转，使其右侧的胸锁乳突肌、胸大肌、腹外斜肌，左侧的腹内斜肌、腹直肌等肌肉活动，引导患者向侧卧位姿势转换（图5.12②）。此时，如果患者的头颈部向上（右）侧屈，那么治疗师可以使其非支撑侧的头颈部和躯干的侧屈肌活动（图5.12③）。

图5.12 引导患者从头颈部开始翻身
①抬起患者的头颈部
②引导患者向侧卧位姿势转换
③使患者的头颈部向上侧屈

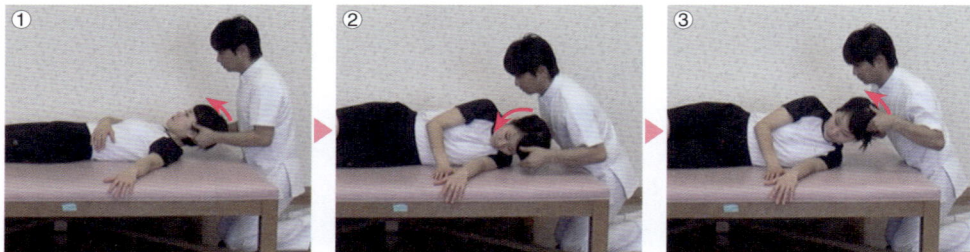

■引导患者从头颈部和肩胛带开始翻身

治疗师用左侧前臂扶着患者的头颈部，用左手小指向下按压患者支撑侧的肩胛骨，确保支撑基底面稳定；然后用右手引导患者非支撑侧的肩胛骨向前突出，引导患者向左翻身（图5.13）。

图5.13 引导患者从头颈部和肩胛带开始翻身
①用左侧前臂扶着患者的头颈部，用左手小指向下按压支撑侧的肩胛骨
②用右手引导患者非支撑侧的肩胛骨向前突出，引导患者向左翻身

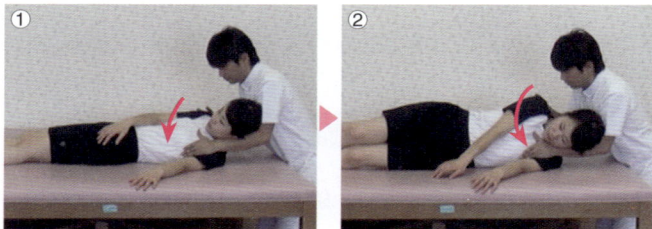

■引导患者从肩胛带和上肢开始翻身

治疗师扶着患者的与翻身方向相反侧的肩胛带和上肢，使其右侧肩胛带向前突出并活动其身体前面的肌肉，然后通过下抑患者的右侧肩胛骨使

其头颈部和身体的右侧屈肌活动，引导患者向左翻身（图5.14）。

图5.14 引导患者从肩胛带和上肢开始翻身

①扶着患者的右侧肩胛带和右侧上肢，使其右肩胛带向前突出
②引导患者向左翻身

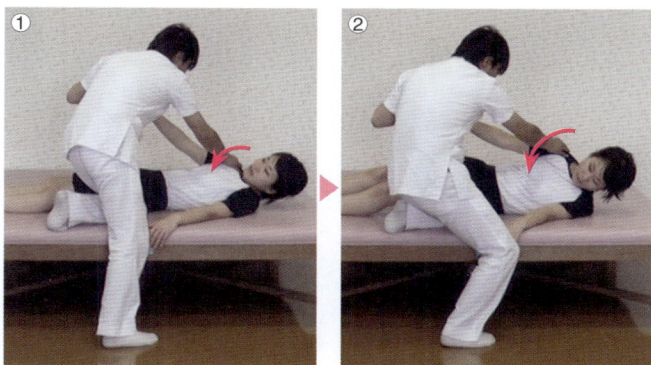

■引导患者从上肢开始翻身

治疗师将患者的左侧上肢轻压在床上，增大翻身方向上的支撑基底面；扶着患者的非支撑侧上肢，通过使身体重心向翻身方向移动来引导患者向左翻身（图5.15①②）。此时，治疗师可下抑患者的右侧肩胛带，使其头颈部向右侧屈（图5.15③）。

图5.15 引导患者从上肢开始翻身

①将患者的左侧上肢轻压在床上，增大翻身方向上的支撑基底面
②使右侧肩胛骨向前突出，引导患者向左翻身
③患者侧卧后，下抑其右侧肩胛骨，使其头部向右侧屈

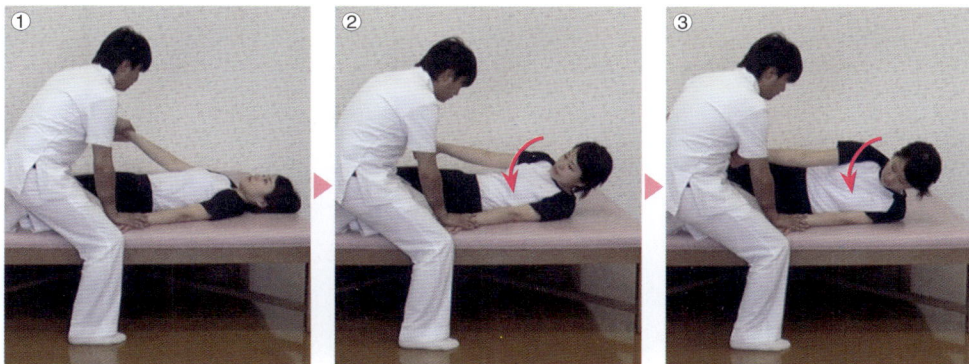

■引导患者从骨盆开始翻身

●一侧髋关节、膝关节屈曲使身体重心上移而翻身

治疗师使患者的与其翻身方向相反侧的髋关节、膝关节屈曲，立起小腿，并将其同侧上肢搭在腹部，使身体重心的位置变高。此时，治疗师通过屈曲患者的一侧下肢可以使其腹肌群活动。然后，治疗师将患者的骨盆向翻身方向翻转，引导患者完成翻身动作（图5.16）。

如果患者的两侧髋关节、膝关节屈曲并立起小腿，那么其身体重心的位置会变得更高，腹肌群活动也会更明显，翻身就更容易。

图5.16 一侧髋关节、膝关节屈曲使身体重心上移而翻身

①使患者的右侧髋关节、膝关节屈曲，立起小腿

②引导患者从骨盆开始翻身

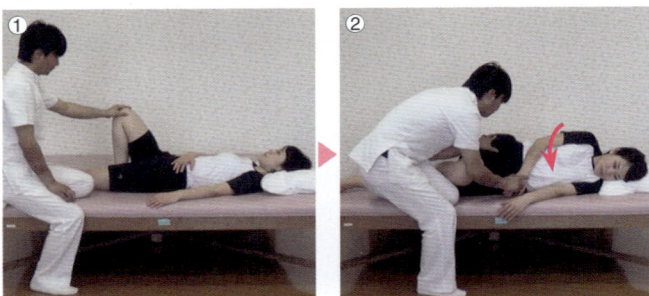

●一侧髋关节、膝关节屈曲做臀桥动作而翻身

治疗师使患者的与其翻身方向相反侧的髋关节、膝关节屈曲，立起小腿，并将其同侧上肢搭在腹部，使身体重心的位置变高。然后，治疗师使该侧下肢做臀桥动作，引导患者翻身（图5.17）。

此操作可以提高臀桥侧下肢的支撑性，可作为步行时支撑侧下肢的准备来实施。

图5.17 一侧髋关节、膝关节屈曲做臀桥动作而翻身

①使患者的右侧髋关节、膝关节屈曲，立起小腿

②使患者的该侧下肢做臀桥动作，引导患者翻身

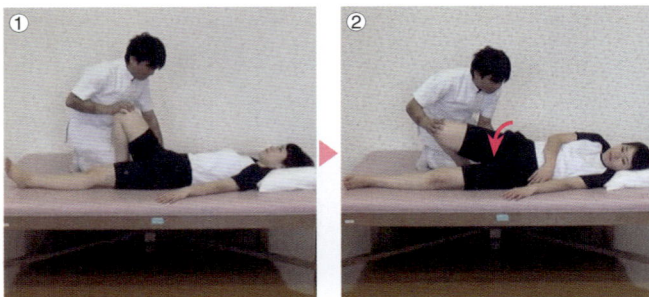

■引导患者从两侧大腿开始翻身

治疗师使患者的两侧大腿向翻身方向翻转，以引起骨盆的转动，引导患者翻身（图5.18）。

图5.18 引导患者从两侧大腿开始翻身

①扶着患者两侧大腿远处1/3的部位

②使患者的两侧大腿翻转，以引起骨盆转动，引导患者翻身

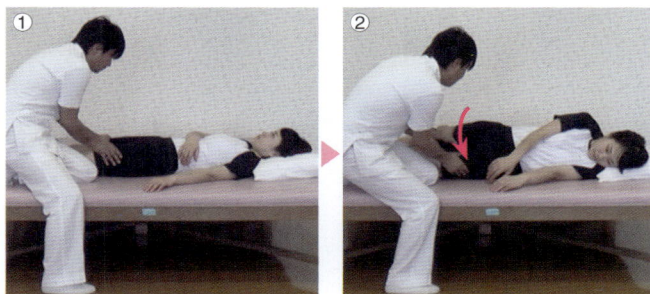

【文献】

[1] 関屋　昇：正常動作の観察と分析．標準理学療法学 専門分野 臨床動作分析（高橋正明 編），p.41，図57，医学書院，2001.

[2] 小川鑛一：看護動作を助ける基礎人間工学，p.106，図3.40，東京電機大学出版局，1999.

第 **6** 章

对坐起的研究

第 6 章 对坐起的研究

坐起动作的基础知识

广濑浩昭

前言

坐起动作是从躺卧姿势转换为坐立姿势的动作，具体是指从仰卧位（背卧位）转换为长坐位或者端坐位的姿势转换动作。

因为坐起动作对于身体有缺陷的人来说比较困难，所以治疗师一定要对动作进行分析，找出阻碍动作完成的原因，并改进对策、进行治疗。

坐起动作的概要

健康的人从床上坐起时，不同人之间甚至个人本身都存在多种模式[1]。富田昌夫等人对健康的人的坐起动作进行了分类，如表6.1所示[2]。从仰卧位转换为长坐位时，坐起动作可以分为笔直坐起（左右对称）、翻身坐起（半侧卧、侧卧后坐起）、俯卧后坐起等。

坐起动作是头部和上半身抵抗重力作用，从臀部、下肢形成的支撑基底面上抬起的动作，既属于身体重心向上且向足部（尾部）移动的范畴，也属于支撑基底面向足部（尾部）缩小的运动范畴。

表6.1 坐起动作的分类

一级分类
I. 笔直坐起（左右对称）
II. 翻身坐起（半侧卧、侧卧后坐起）
III. 俯卧后坐起

二级分类	三级分类
①拉	a. 抓着自身部位并拉（图6.1） b. 抓着外部物体并拉（图6.2）
②推	a. 用单手推（图6.3） b. 用双手推（图6.4） c. 用上肢和下肢推（图6.5）
③发力	a. 用下肢发力（图6.6） b. 用上肢和头部发力（图6.7）
④钩住下肢	a. 用一侧下肢钩住另一侧下肢（图6.8） b. 用一侧下肢或两侧下肢钩住物体（图6.9） c. 用被子等固定身体（图6.10）

（摘引自文献[2]）

健康的人笔直坐起动作中的必要的运动要素有头颈部的屈曲、躯干的屈曲、髋关节的屈曲。关节可活动范围与肌力对于各个关节来说都是很重要的，如果任意一项不满足要求，患者就需要使用拉、推、发力以及钩住下肢等其他策略（方法）。

　　翻身坐起动作中的必要因素有头颈部的屈曲与旋转、单侧上肢向对侧伸展[1]、对侧上肢从肘支撑转换为手支撑、躯干的屈曲与旋转、两侧髋关节的屈曲。翻身坐起动作中最关键的是从肘支撑转换为手支撑的过程。

图6.1 抓着自身部位并拉
双手抓着并拉大腿，笔直坐起

a 侧视图

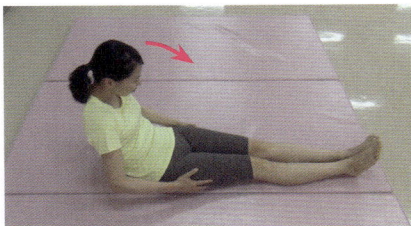

b 尾视图

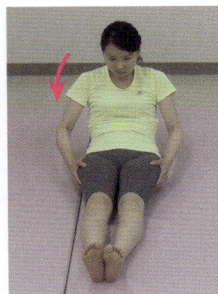

图6.2 抓着外部物体并拉
拉系在床栏上的绳子而坐起

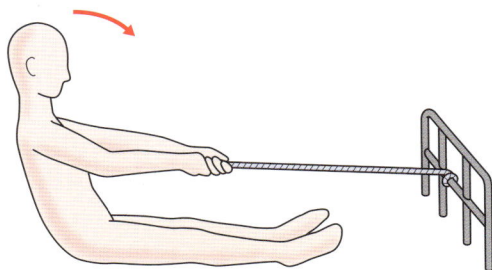

图6.3 用单手推
用单手推床或地板而坐起

a 侧视图

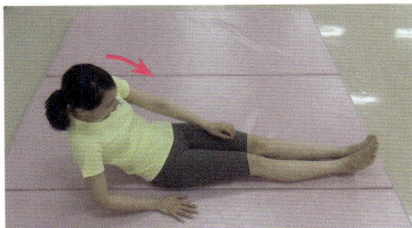

b 尾视图

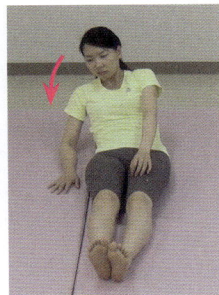

图6.4 用双手推
用双手推床或地板而坐起

a 侧视图

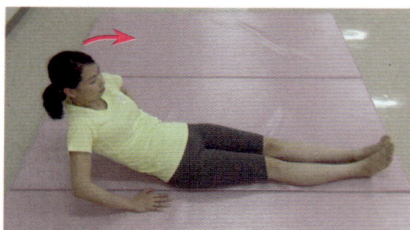

b 尾视图

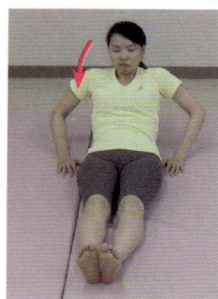

图6.5 用上肢和下肢推
用左上肢和左下肢推床或地板而
坐起

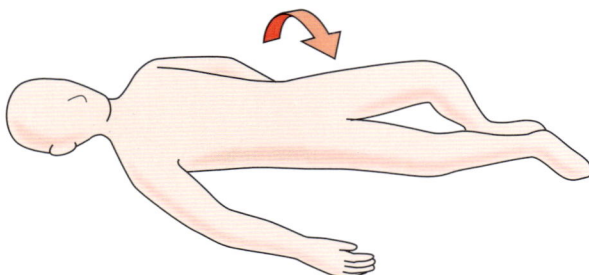

图6.6 用下肢发力
用下肢发力而坐起

a 侧视图

b 尾视图

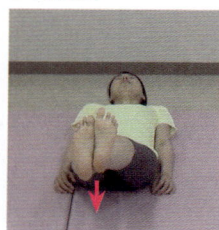

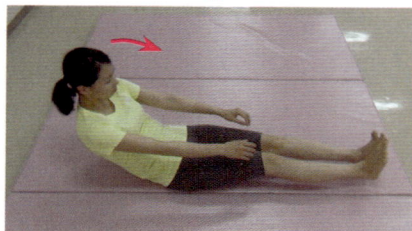

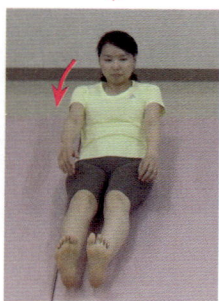

图6.7 用上肢和头部发力
用双手和头部发力而坐起

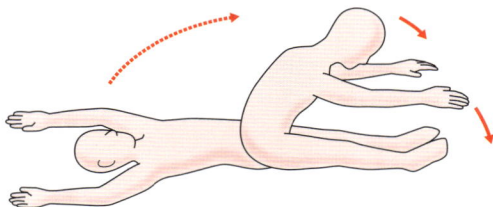

图6.8 用一侧下肢钩住另一侧下肢
用右下肢钩住左下肢而坐起

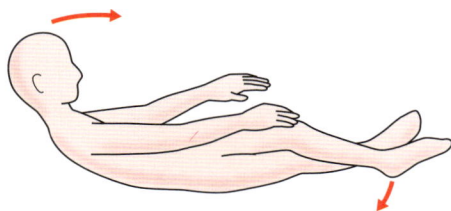

图6.9 用一侧下肢或两侧下肢钩住物体
用两侧下肢钩住床栏等物体而坐起

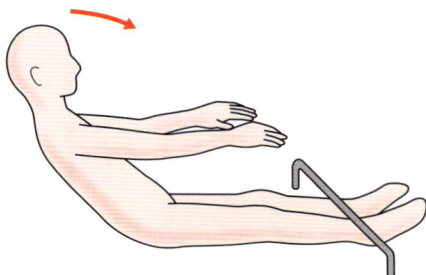

图6.10 用被子等固定身体
将被子放在两侧下肢上，固定下肢而坐起

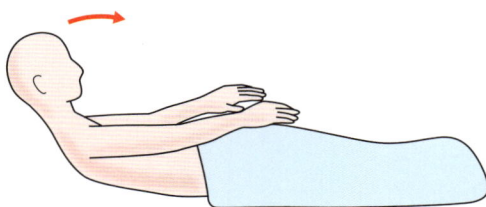

补充说明

坐起动作中身体各个部分的连接

抬起头部和上半身需要两侧下肢具有支撑性、固定性。如图6.11a 所示，脚部、小腿、大腿通过肌肉活动连接，使下肢具有支撑性、固定性。如图6.11b 所示，由于不存在肌肉活动，因此脚部、小腿、大腿无法互相连接，导致下肢的支撑性和固定性不足，坐起动作难以完成。

图6.11 坐起动作中脚部、小腿、大腿的连接

a 有肌肉活动，可以连接身体各个部分

b 没有肌肉活动，无法连接身体各个部分

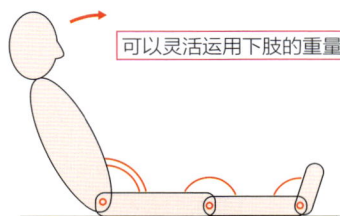

可以灵活运用下肢的重量

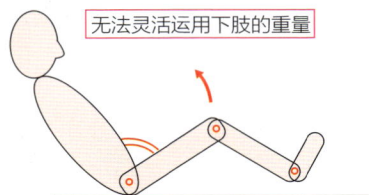

无法灵活运用下肢的重量

笔直坐起：左右对称

患者从仰卧位笔直坐起时，如果无法利用拉、推、发力、钩住下肢的策略，那么坐起动作就会变得很困难。

开始姿势为仰卧位姿势，患者的头颈部屈曲后，骨盆后倾、躯干屈曲、两侧肩胛带屈曲、两侧肩关节屈曲、两侧髋关节屈曲，头颈部和躯干处于中立位并伸展，最后呈长坐姿势，即结束姿势（图6.12）。另外，患者的头颈部屈曲后，两侧膝关节会出现轻度屈曲。

这一动作具有运动不受阻且能顺利延续至全身的特点。

图6.12 从仰卧位笔直坐起的动作
①开始姿势，即仰卧位姿势
⑦结束姿势，即长坐姿势

a 侧视图

b 尾视图

（半）侧卧后坐起：向左侧翻身

仰卧后翻身坐起的动作有半侧卧后坐起和侧卧后坐起两种模式。翻身坐起动作的前半部分与通过屈曲旋转模式翻身相似。

这里以向左翻身后坐起为例进行讲解。开始姿势为仰卧位姿势，患者轻度外展左侧肩关节后，轻度屈曲头颈部并向左旋转至头部稍微离开床面，右侧肩胛带屈曲（前突）（肩胛骨抬离床面），使右侧上肢[1]向左伸展（右侧肩关节屈曲、水平内收），躯干向左旋转、屈曲。此时，患者可用左侧手肘支撑身体重量（左肘支撑），伸展两侧膝关节。接下来，患者可右侧上肢前抬，头颈部向右旋转且躯干向右旋转、屈曲，两侧髋关节屈曲，用左手支撑身体重量（左手支撑）。患者继续将躯干向右旋转，屈曲两侧髋关节，最终呈长坐姿势，即结束姿势（图6.13）。

■ 侧卧后坐起的阶段

石井慎一郎[3]将侧卧后坐起动作分为4个阶段。第1个阶段是指从仰卧位到右侧上肢[1]伸展的过程，第2个阶段是指从右侧上肢伸展到躯干向左旋转且右肩与左肩并列的过程，第3个阶段是从指右肩与左肩并列的瞬间到单肘支撑（on elbow）的过程，第4个阶段是从单肘支撑到转换为长坐姿势的过程。另外，在躯干不旋转而转换至侧卧位的动作模式中，"右肩与左肩并列的瞬间"也可以看作"右肩左移最大幅度的瞬间"。

在从仰卧位向左翻身坐起的动作中，必要的运动要素有头颈部的屈曲与旋转、右侧（左侧）[1]上肢的伸展（肩胛带屈曲，肩关节屈曲、水平内收）、体轴内旋转、左侧（下侧）上肢具有支撑性与固定性（肘支撑转换为手支撑）、躯干的旋转与屈曲、两侧髋关节的屈曲、两侧膝关节伸展位置的固定等。

图6.13 从仰卧位翻身坐起的动作

向左翻身至半侧卧位后坐起。①~②是第1个阶段，②~③是第2个阶段，③~④是第3个阶段，④~⑦是第4个阶段

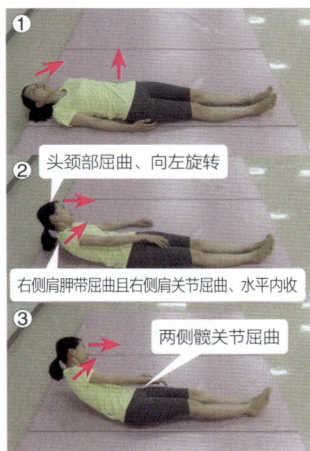

a 侧视图

② 头颈部屈曲、向左旋转

右侧肩胛带屈曲且右侧肩关节屈曲、水平内收

③ 两侧髋关节屈曲

右侧上肢伸展和躯干向左旋转、屈曲

b 尾视图

② 左侧肩关节轻度外展

③ 左肘支撑

图6.13 续

a 侧视图   b 尾视图

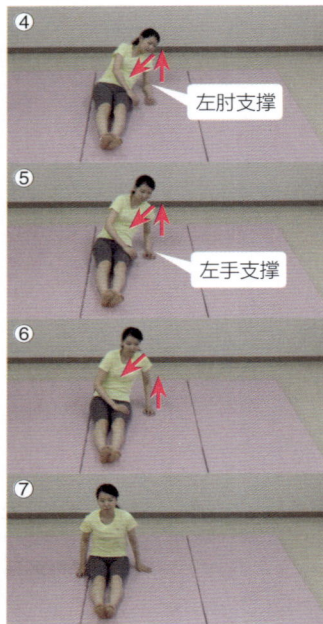

④

④ 左肘支撑

⑤

⑤ 左手支撑

⑥ 躯干向右旋转、两侧髋关节屈曲

⑥

⑦

⑦

补充说明

单肘支撑时手肘的位置与策略

    单肘支撑时，如果手肘的位置靠近身体（肩关节外展角度较小，图6.13），那么与翻身的要素相比，笔直坐起的要素更强。因此，在从仰卧位姿势转换为单肘支撑的过程中，患者需要屈曲躯干和髋关节。紧接着，在从单肘支撑转换为单手支撑的过程中，身体重心在水平面上运动的距离较短，因此这一动作相对容易进行。

    另外，在单肘支撑时如果手肘的位置远离身体（肩关节外展角度较大，图6.14），那么在从仰卧位姿势转换为单肘支撑的过程中，由于身体重心向上移动的幅度较小，所以这一动作较容易完成。但是，在从单肘支撑转换为单手支撑的过程中，由于身体重心向上且向脚部移动的距离太大，需要屈曲躯干和髋关节才能完成这一动作。

图6.14 在从侧卧位坐起的过程中，单肘支撑时手肘的位置远离身体

a 侧视图   b 尾视图

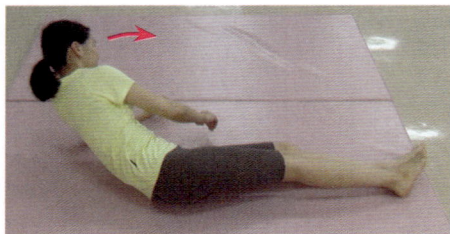
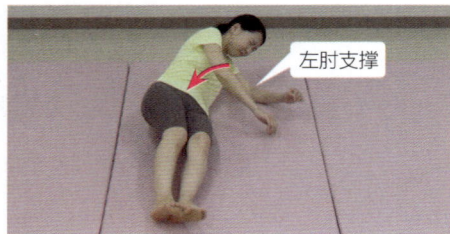

左肘支撑

从俯卧位坐起

从仰卧位翻身为侧卧位且接近于俯卧位而坐起时，利用双手坐起模式（图6.15）。用双手撑床前的动作都与从仰卧位翻身为俯卧位的模式一样。

图6.15 翻身接近于俯卧位时的坐起动作

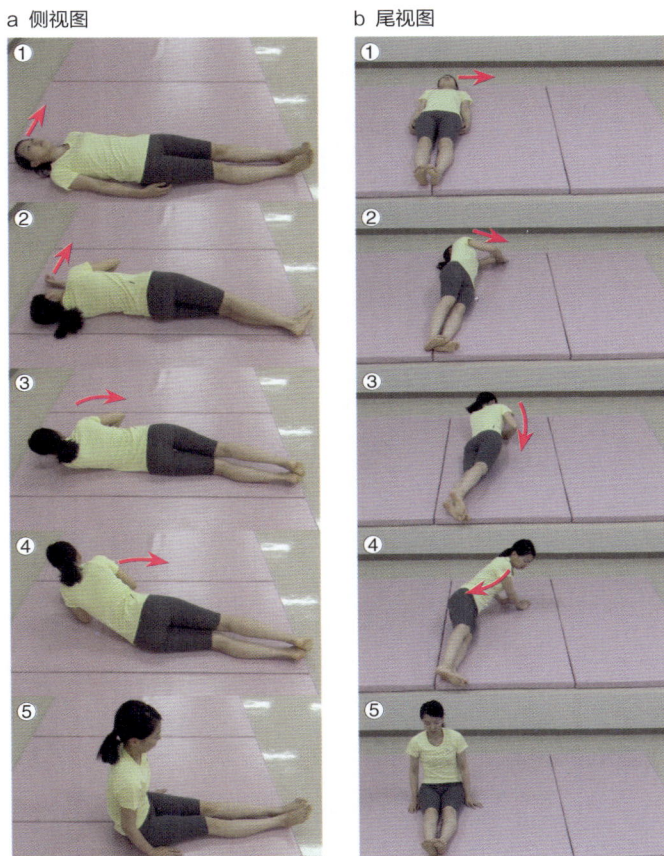

a 侧视图
b 尾视图

阻碍运动与促进运动的原因

■阻碍运动的原因

如果两侧下肢存在严重屈曲挛缩，那么两侧下肢承重的力矩会变小，无法保证两侧下肢的支撑性与固定性，从而导致坐起动作难以完成。

如果头颈部或躯干屈曲受限，那么到上半身重心的力矩臂会变长，需要头颈部、躯干的屈曲肌群提供更强大的力量。

■促进运动的原因

用两侧或者单侧上肢拉床边、推床面，用上下肢推，用一侧下肢钩住另一侧下肢等，可以使坐起动作变得很容易。

补充说明

坐起后呈长坐姿势还是端坐姿势

如果腘绳肌存在肌肉缩短的情况，那么膝关节将屈曲，导致患者在坐起后难以保持长坐姿势。如果患者强行保持长坐姿势，其骨盆会后倾。在腘绳肌存在肌肉缩短的情况的病例中，与坐起后呈长坐姿势相比，坐起后呈端坐姿势更容易。

在从床上坐起呈端坐姿势的过程中，患者将下肢从床边垂下的时间点有很多。事先或在单肘支撑时将下肢垂下，都可以使患者灵活运用小腿的重量，而且在腘绳肌放松时容易从单肘支撑转换为单手支撑。另外，接近长坐姿势时先保持该姿势再将下肢垂下等也是可行的。

仰卧后端坐的坐起动作（图6.16）与半侧卧或侧卧后再坐起的模式相似。

开始姿势为仰卧位姿势，患者轻度外展左侧肩关节后，轻度屈曲头颈部并向左旋转至头部稍微离开床面，与此同时右侧肩胛带屈曲（前突）（肩胛骨抬离床面），使右侧上肢向左伸展（右侧肩关节屈曲、水平内收），躯干向左旋转、屈曲。此时，患者要用左侧手肘支撑身体重量（左肘支撑），轻度屈曲两侧髋关节，在保持膝关节屈曲的同时，将下肢向床边移动，并把两侧小腿垂下。患者在将两侧小腿垂下的同时伸展左侧肘关节，用左手支撑身体重量（单手支撑），使头部、躯干处于中间位。在接近端坐姿势时，患者慢慢伸展头颈部和躯干，双手向大腿前部移动，最终呈端坐姿势即结束姿势。

图6.16 仰卧后端坐的坐起动作

①开始姿势，即仰卧位姿势
⑥结束姿势，即端坐姿

a 侧视图

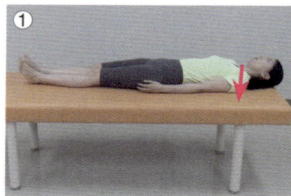

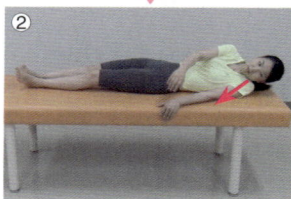

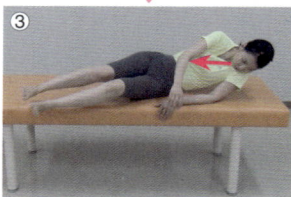

b 尾视图

图6.16 续

a 侧视图

b 尾视图

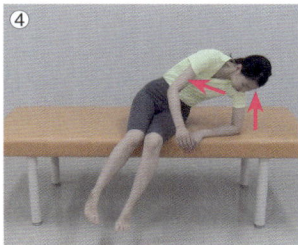

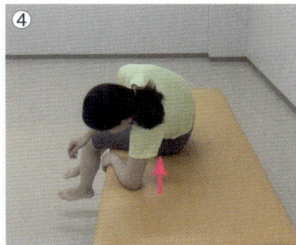

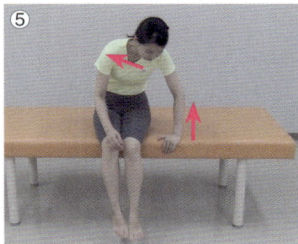

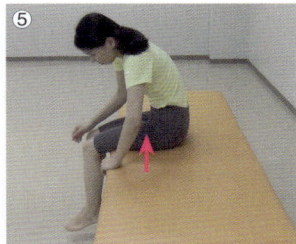

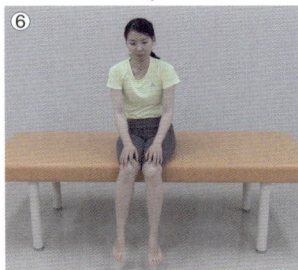

【文献】

[1] Ford-Smith CD, VanSant AF: Age differences in movement patterns used to rise from a bed in subjects in the third through fifth decades of age. Phys Ther 73(5), 300-309, 1993.

[2] 冨田昌夫 ほか：片麻痺の起き上がり：障害部位別動作パターンとの力学的比較. 理学療法学 20(7), 472-481, 1993.

[3] 石井慎一郎：動作分析 臨床活用講座. メジカルビュー社, 82-119, 2013.

坐起动作的治疗手法

弓冈光德，前田昭宏

前言

■阻碍坐起动作的原因

　　和翻身动作一样，患者从仰卧位坐起时需要头颈部和躯干前侧肌肉进行抗重力屈曲运动（触手运动）；从侧卧位坐起时，需要头颈部和躯干、上下肢进行抗重力侧屈运动（触手运动）；从俯卧位坐起时，需要头颈部和躯干进行抗重力伸展运动（触手运动）、上肢进行抗重力屈曲运动（臀桥运动）。因此，不管是从什么姿势坐起，如果各种抗重力运动进行得不充分，那么就会阻碍坐起动作。

■坐起动作的评估方法

　　因脑血管疾病而偏瘫的患者难以从仰卧位笔直坐起。因此，多数情况下他们从非瘫痪侧翻身后再坐起；此时，躯干从侧卧位翻身至接近俯卧位后再坐起，需要进行抗重力伸展运动；而接近于仰卧位后再坐起时，需要进行抗重力屈曲运动。

　　坐起动作通常是，躯干接近于俯卧后再坐起的抗重力伸展运动（因为更容易进行），慢慢地转变为接近于仰卧位后再坐起的抗重力屈曲运动。

■坐起动作治疗的最终目标

　　通常，患者最初是在稍微接近于俯卧位的侧卧位时用一侧上肢坐起。现在，患者需要慢慢地开始练习接近于仰卧位时的坐起动作。其最终目标是从仰卧位笔直坐起，并提高瘫痪侧躯干、上下肢的功能。

　　而且，分阶段练习在治疗初期辅助量最大的从仰卧位坐起的动作也有助于恢复瘫痪侧躯干、上下肢的功能。

　　另外，大多数偏瘫患者和老年人都存在因腘绳肌缩短导致的无法长坐的情况。因此，在进行坐起动作治疗时，最好是从呈端坐姿势的坐起动作开始。

　　下面将以通过引导患者进行坐起动作治疗的具体操作方法为例进行讲解。

引导患者坐起至呈端坐位

■从头颈部引导患者从仰卧位坐起至呈端坐位：从左侧坐起

　　下面以向左翻身后坐起为例进行讲解。治疗师在患者呈仰卧位时使其头颈部屈曲并向左旋转，以活动其右侧的胸锁乳突肌、胸大肌、腹外斜肌，左侧的腹内斜肌等，使其身体向左旋转，转换为侧卧位姿势。

侧屈头颈部可以活动躯干侧屈肌，而伸展头颈部可以活动躯干伸肌，所以治疗师可以在对患者的头颈部进行操作的同时让患者坐起（图6.17）。

图6.17 从头颈部引导患者从仰卧位坐起至呈端坐位
①使患者从头颈部由仰卧位姿势翻身为侧卧位姿势
②患者侧卧位时，引导其将两侧下肢从床边垂下
③让患者用左侧上肢支撑上半身，从头颈部引导患者坐起至呈端坐位

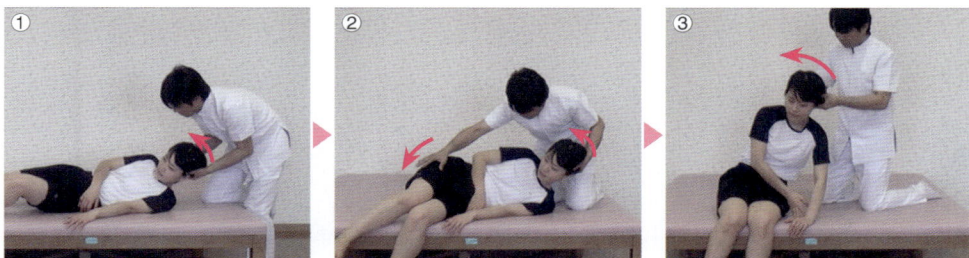

■从骨盆引导患者从仰卧位坐起至呈端坐位

在患者呈仰卧位时，治疗师要引导患者屈曲两侧的髋关节和膝关节（图6.18①）。患者在屈曲两侧下肢关节的过程中，其髋屈肌和腹肌得以活动，骨盆后倾。然后，治疗师引导患者将右侧上肢放在腹部，向前旋转右侧骨盆，以向侧卧位姿势翻身（图6.18②）。治疗师从侧面下抑患者坐起方向的右侧骨盆，并抬高其左侧骨盆，使同侧躯干和头颈部的侧屈肌活动，引导患者坐起呈端坐位（图6.18③）。

图6.18 从骨盆引导患者从仰卧位坐起至呈端坐位
①患者呈仰卧位时，引导其屈曲两侧的髋关节和膝关节
②将患者的右侧上肢放在腹部，引导患者从骨盆向侧卧位翻身
③从骨盆引导，使患者从侧卧位坐起至呈端坐位

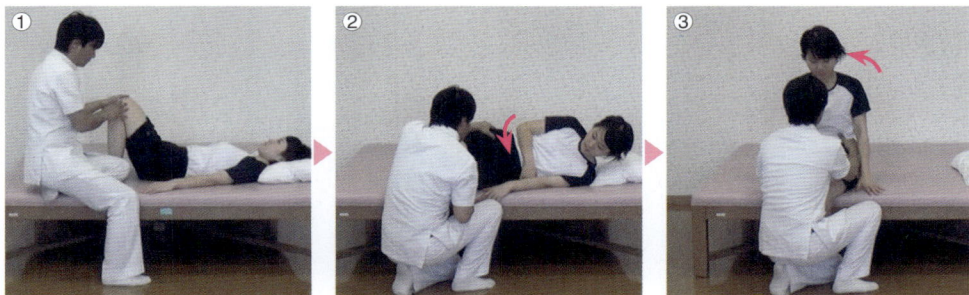

■从肩胛带和骨盆带引导患者从仰卧位坐起至呈端坐位

在患者的头颈部和上部躯干不能翻转的情况下，治疗师应从侧面下抑患者坐起方向的肩胛骨和骨盆，以使其同侧躯干和头颈部的侧屈肌活动。

首先，在患者呈仰卧位时，治疗师要引导患者屈曲两侧下肢，把右侧上肢放在腹部上（图6.19①）；其次，引导患者从右侧肩胛骨和右侧骨盆向侧卧位翻身（图6.19②）；最后，引导患者从右侧肩胛骨和右侧骨盆坐起至呈端坐位（图6.19③）。

图6.19 从肩胛带和骨盆带引导患者坐起至呈端坐位
①在患者呈仰卧位时，引导患者屈曲两侧下肢，把右侧上肢放在腹部上
②引导患者从右侧肩胛骨和右侧骨盆向侧卧位翻身
③引导患者从右侧肩胛骨和右侧骨盆坐起至呈端坐位

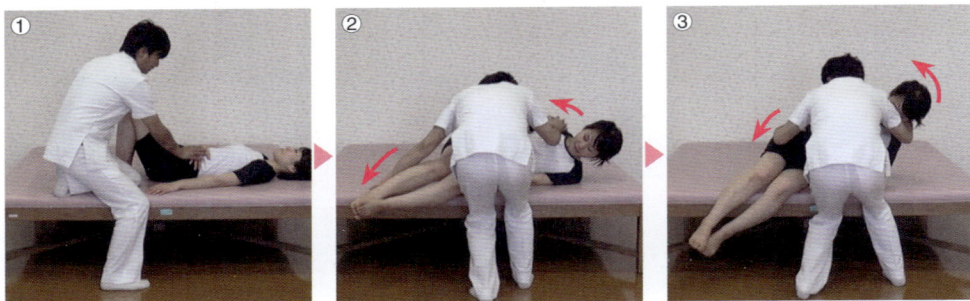

引导患者坐起至呈长坐位

■从头颈部引导患者从仰卧位坐起至呈长坐位的对称坐起动作

要完成这个动作，需要患者的头颈部、躯干的前侧肌肉进行对称运动（图6.20）。当难以只从头颈部进行引导时，治疗师可以从头颈部和肩胛带进行引导。

图6.20 从头颈部引导的对称坐起动作
①抬起患者的头颈部，使其头颈部和躯干的屈肌活动
②保持患者的身体左右对称，使其笔直坐起至呈长坐位

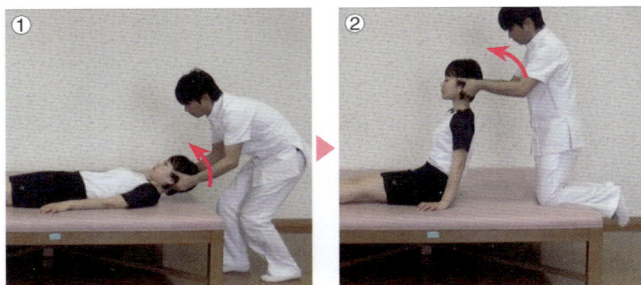

■从头颈部引导患者从仰卧位坐起至呈长坐位的非对称坐起动作

●保持头颈部左右对称的坐起动作

治疗师对称地扶着患者的头部两侧，使其头颈部屈曲、向左旋转，以使其躯干屈曲、向左旋转。治疗师再让患者用左上肢支撑身体不对称坐起，接着将头颈部和躯干向右旋转，以引导患者坐起至呈对称的长坐位（图6.21）。

图6.21 保持头颈部左右对称的坐起动作
①通过操作头颈部使患者的上半身上抬，让患者用一侧上肢支撑身体，不对称地坐起
②引导患者坐起至呈对称的长坐位

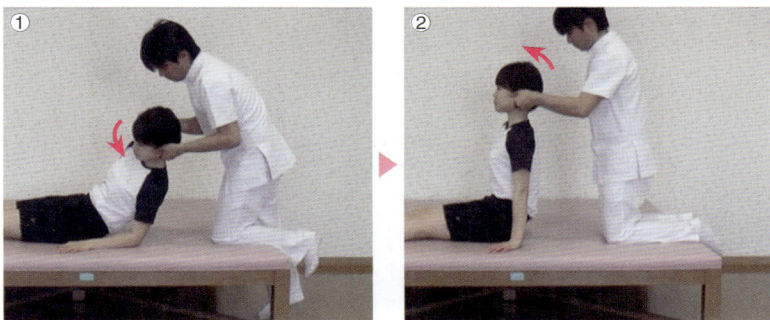

●头颈部不对称的坐起动作

与保持患者头部左右对称的操作相比，治疗师用右手扶着患者的头部，用左手扶着患者的下颚的操作更容易引导患者旋转头颈部和躯干（图6.22）。

图6.22 头颈部不对称的坐起动作
①扶着患者的头部和下颚以抬起患者的上半身，让患者用一侧上肢支撑身体
②引导患者坐起至呈对称的长坐位

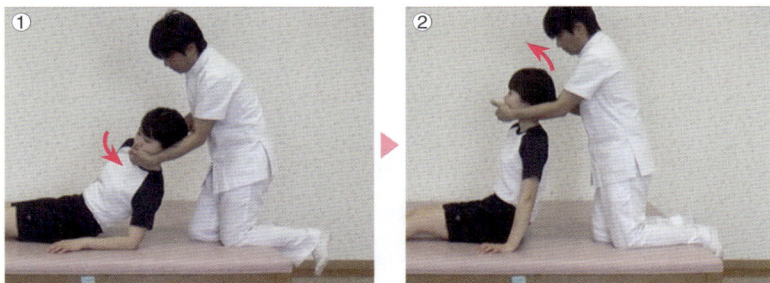

■从两侧肩胛带引导患者从仰卧位坐起至呈长坐位的非对称坐起动作

治疗师外展、下抑患者的两侧肩胛骨，可使其头颈部屈肌和躯干的前侧肌肉活动。治疗师从患者的两侧肩胛骨处使其躯干向左旋转，可引导患者用左侧上肢支撑并坐起至呈对称的长坐位（图6.23）。

图6.23 从两侧肩胛带引导患者从仰卧位坐起至呈长坐位的非对称坐起动作
①从患者的两侧肩胛带引导
②引导患者坐起至呈对称的长坐位

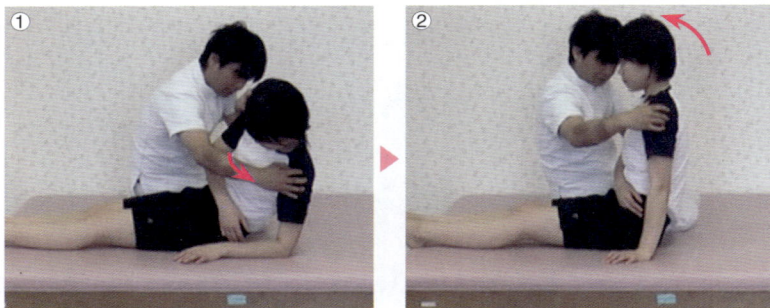

■从两侧肩胛带引导患者从仰卧位坐起至呈长坐位的对称坐起动作

治疗师前倾患者的两侧肩胛骨，可使患者从床上抬起上半身，使其头颈部和躯干的前侧肌肉活动，进而坐起至呈长坐位（图6.24）。

图6.24 从两侧肩胛带引导患者从仰卧位坐起至呈长坐位的对称坐起动作
①前倾患者的两侧肩胛骨，以使其上半身抬离床面
②引导患者从两侧肩胛骨笔直坐起

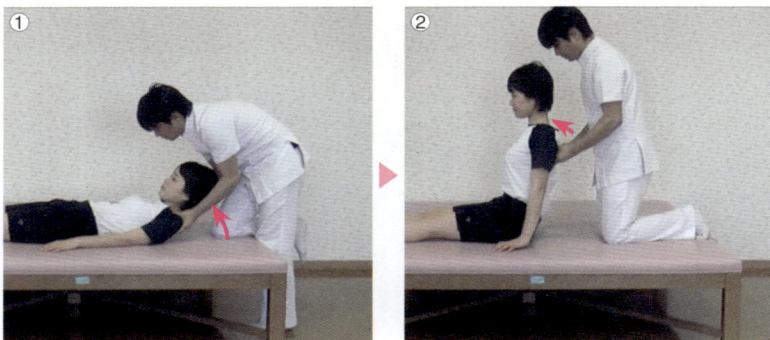

■ 从头颈部和肩胛带引导患者从仰卧位坐起至呈长坐位的非对称坐起动作

治疗师将右手放在患者的右侧肩胛骨后面，将左手放在其左胸前侧，用左侧前臂支撑患者的左侧头颈部，用左侧上臂支撑患者的后脑勺。然后，治疗师屈曲、向左旋转患者的头颈部和躯干，让患者从用左前臂支撑转换为用左手支撑，引导患者坐起至呈长坐位（图6.25）。

图6.25 从头颈部、肩胛带引导患者从仰卧位坐起至呈长坐位的非对称坐起动作
①用左侧手臂支撑患者的左侧头颈部和后脑勺
②让患者转换为用左手支撑，引导患者坐起至呈长坐位

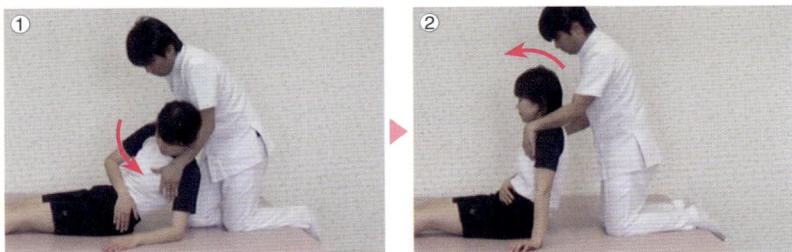

■ 从肩胛带和上肢引导的非对称坐起动作

因为患者的肩关节半脱位和疼痛等而不能从瘫痪侧上肢进行引导时，治疗师可以在用肩胛骨位置法使患者的瘫痪侧肩关节稳定的同时进行引导。

下面以右侧瘫痪的患者为例进行讲解。治疗师右手腕关节背屈，伸展拇指，对患者的右侧肩关节施加压力，并引导患者向非瘫痪侧——左侧旋转，使患者用左上肢不对称地支撑身体。然后，治疗师让患者向右侧旋转肩关节，引导患者坐起至呈对称的长坐位（图6.26）。

图6.26 从肩胛带和上肢引导的不对称坐起动作
①②从患者非支撑侧的肩胛带和上肢进行引导，让其用另一侧前臂支撑身体
③引导患者坐起至呈长坐位

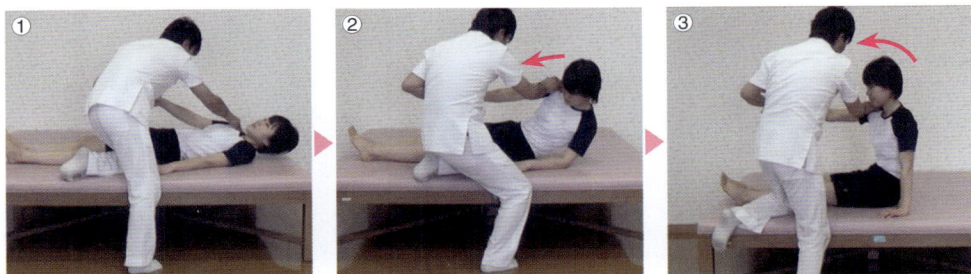

■从两侧上肢引导的对称坐起动作

●从两侧肩关节水平外展引导胸廓伸展的坐起动作

治疗师使患者的两侧肩关节屈曲、水平外展，肩胛骨内收，可在患者保持胸廓伸展的稳定状态的同时引导患者坐起至呈左右对称的长坐位。治疗师再让患者从长坐位慢慢回到仰卧位，此时，患者的胸廓应尽可能保持伸展，以使腰椎分段屈曲。

如果患者的肩胛骨内收、下抑、前倾，则在胸椎伸展状态下患者的腰椎有屈曲或伸展的可能，此时，治疗师可以引导患者进行上部躯干和下部躯干的选择性运动（图6.27）。

图6.27 从两侧肩关节水平外展引导胸廓伸展的坐起动作
①使患者的前臂旋后、腕关节背屈、双手手指伸展，从其两侧上肢进行引导
②通过两侧肩关节的屈曲、水平外展，在肩胛骨内收的同时引导患者坐起至呈长坐位
③让患者从长坐位姿势慢慢回到仰卧位姿势

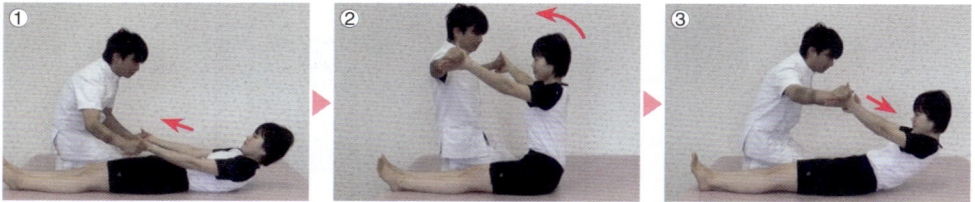

●两侧上肢前抬使肩胛骨外展的坐起动作

治疗师使患者的两侧肩关节屈曲（上肢前抬），肩胛骨外展；在患者的胸廓保持稍微屈曲的状态的同时，引导患者坐起至呈对称的长坐位。然后，治疗师应让患者从长坐位慢慢回到仰卧位，此时，患者的胸廓应尽可能保持伸展，以使腰椎分段屈曲（图6.28）。

将肩胛骨外展并使胸廓轻度屈曲的坐起模式，比使肩胛骨内收、胸廓伸展的坐起模式更容易进行，因此治疗师最初应在引导胸廓轻度屈曲时进行引导，再在患者的胸廓伸展时进行引导，即应根据患者的实际情况分步进行引导。

图6.28 两侧上肢前抬使肩胛骨外展的坐起动作
①使患者的前臂旋后、腕关节背屈、双手手指伸展，从两侧上肢进行引导
②将患者的两侧上肢前抬保持肩胛骨外展的同时，引导患者坐起至呈对称的长坐位
③让患者从长坐位姿势慢慢回到仰卧位姿势

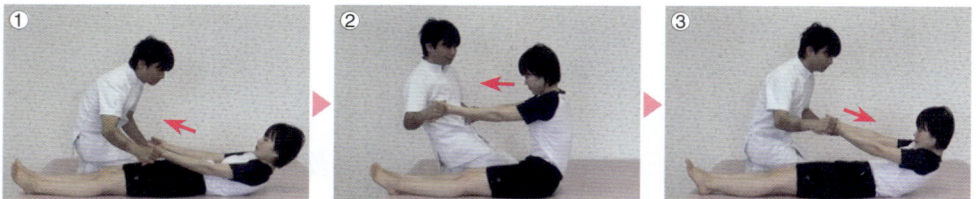

●形成腰椎分段活动

　　对患者的两侧上肢的操作无法使其腰椎分段活动时，治疗师可以直接对患者的躯干进行操作，以形成腰椎分段活动。

　　治疗师将手放在患者的腹部和胸腰椎的过渡部位（图6.29①）。患者在从长坐位转换为仰卧位的过程中，要保持头部和腰椎的稳定，并促使腰椎从下往上分段伸展（图6.29②）。

图6.29 腰椎分段活动的操作
①将手放在患者的腹部和胸腰椎的过渡部位
②促使患者腰椎分段伸展

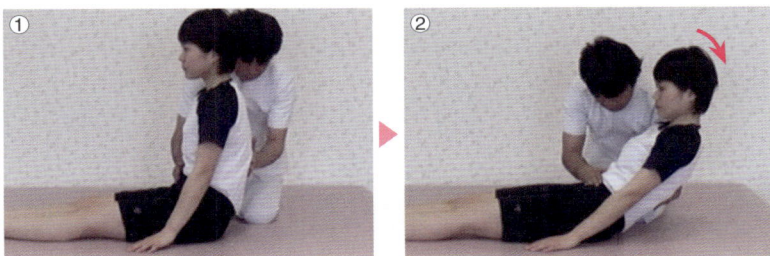

■ 从单侧上肢引导患者躯干旋转的坐起动作

　　下面以从右侧上肢进行引导的情况为例进行讲解。治疗师先屈曲呈仰卧位的患者的右侧肩关节并使其向左侧下肢方向运动，使患者的头颈部屈曲、向左旋转，右侧肩胛骨外展。由于患者的右侧腹外斜肌、左侧腹内斜肌的活动会使其躯干向左旋转，因此患者要用左侧前臂支撑上半身。然后，治疗师要向右上方移动患者的右侧上肢（肩关节外展或水平外展），并在使患者的躯干向右旋转的同时让患者用左手支撑上半身，引导患者坐起至呈对称的长坐位（图6.30）。

图6.30 从右侧上肢引导患者躯干旋转的坐起动作
①从患者的右侧上肢进行引导
②让患者用左侧前臂支撑上半身
③让患者用左手支撑上半身，引导其坐起至呈对称的长坐位

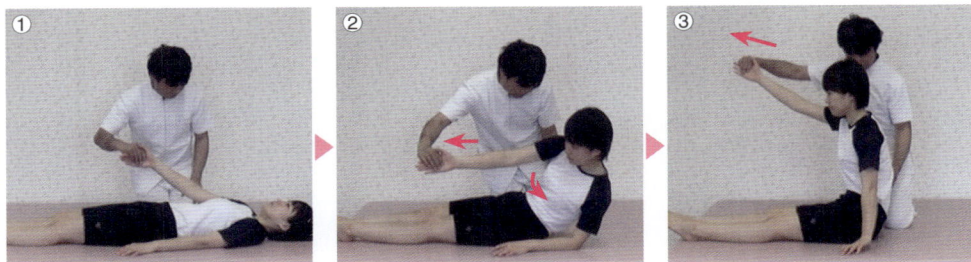

对坐立的研究

第7章 对坐立的研究

坐立的基础知识

广濑浩昭

前言

坐立（sitting）是我们在休息、看电视、用电脑办公等日常生活中保持时间较长的姿势，具体有椅子坐位（坐椅位）、端坐位、长坐位、半坐卧位、正坐位、盘坐位（盘腿坐位）、侧坐位等。

与站立相比，坐立时人的腰部承受的负荷更大，对腰椎间盘（L3）而言，如果静坐时的负荷为1.0（500N），那么仰卧时就为0.5（250N）；如果坐在办公椅上时为1.0（500N），那么端坐时就为1.4（700N）[1]。因为在日常休息活动中，我们会长时间保持坐立姿势，所以如果坐立姿势不正确，我们就会感到疲劳，并且会影响我们的活动。同时，长时间的不正确的坐立姿势也会造成关节挛缩、变形，肌肉异常紧张等继发性伤害。

因为坐立姿势是起立动作的开始姿势，所以阻碍"动作"开始的坐立姿势也会限制起立动作。因此，治疗师需要评估坐立姿势，在寻找实用的坐立姿势的同时进行防止继发性伤害的治疗与环境调整。另外，治疗师还需要对坐立姿势进行减压、移动和起立动作的治疗。本章将以治疗师在临床中经常研究的坐椅位为例进行讲解。

坐立的概要与特点

■椅子各个部位的尺寸

坐椅位是我们在上学时一天中保持时间最长的姿势。虽然这是专门为了在桌子上进行活动的功能性姿势，但若要长时间保持坐立姿势，椅子的种类（折叠椅、电脑椅等）会对坐立时的舒适性和功能性产生很大影响。

采用坐椅位时，我们必须根据需要确认椅面的高度与长度、椅背的倾斜程度、扶手的高度、椅面的倾斜度与宽度（图7.1）。虽然休息用椅为了支撑人体各部位优化了其舒适性，但还是存在影响起立动作开始的情况。

■坐椅位的变换

坐椅位会随着环境与条件的变化而变化，即我们可以根据所选用椅子的类型来改变坐椅位。

如果椅面的高度高于地板到膝窝的高度，则使用者的脚后跟或全足底会离地，导致坐椅位稳定性降低（图7.2a）。另外，如果椅面的高度低于地面到膝窝的高度，则使用者容易发生骨盆后倾、身体屈曲（图7.2b，图7.3b）的情况，导致坐椅位的稳定性降低。因此，治疗师有必要测量、记录使用者平时使用的椅子、床的高度。

另外，椅面的硬度对在保持坐椅位方面有问题的患者有影响。如果椅面太软，有时可能会降低坐椅位的稳定性。相反，如果椅面太硬，使用者在保持坐椅位时会产生疼痛和不舒服的感觉，导致其无法用坐骨坐立，而是用骶骨坐立。

因此，关于坐椅位的环境与条件，治疗师需要记录椅子的型号、椅面的硬度、各个部位的尺寸。椅子的各个部位的尺寸如图7.1所示，治疗师需要测量①椅面的高度、②椅面的纵长、③靠背的倾斜度、④扶手的高度，必要时还需要测量椅面的倾斜度和宽度。

图7.1 坐椅位和椅子的各个部分的尺寸

如图所示为矢状面上的坐椅位（不使用靠背）和椅子的各个部分的尺寸。治疗师需要测量①椅面的高度、②椅面的纵长、③靠背的倾斜度、④扶手的高度

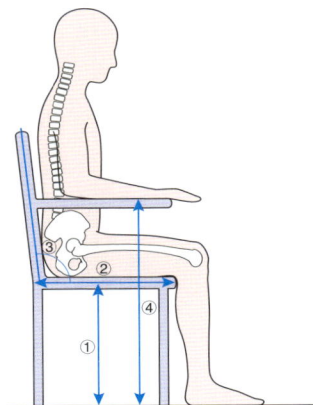

图7.2 椅面的高度不合适时的坐椅位

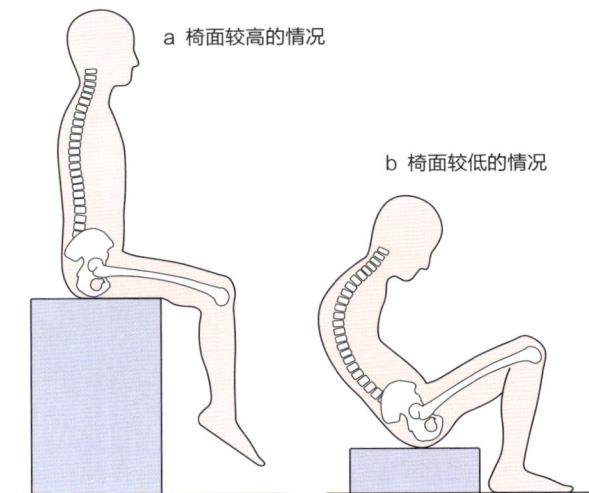

a 椅面较高的情况

b 椅面较低的情况

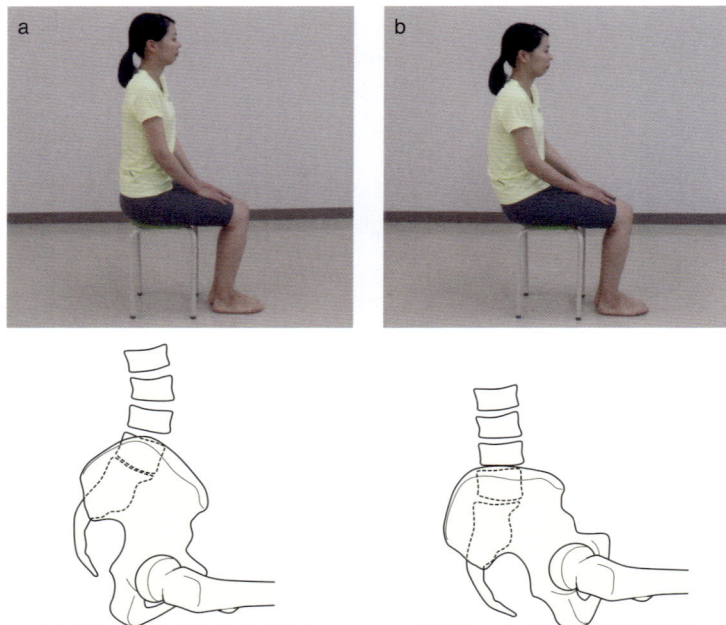

图7.3 坐骨坐立与骶骨坐立

图7.3 坐骨坐立与骶骨坐立

a是坐骨坐立，b是骶骨坐立。下方为各个姿势中骨盆的示意图

■ 靠背的使用与否

健康的人使用靠背的坐椅位如图7.4a所示，其两侧肘关节轻度屈曲，双手放在大腿上，骨盆后倾，两侧髋关节屈曲约70度、内收或外展至中立位、内旋或外旋至中立位，两侧膝关节屈曲约90度，两侧踝关节跖屈或背屈至中立位，后背靠向椅背，颈部和身体轻度屈曲。虽然此姿势是较舒适的坐立姿势，但使用者站起来时比较困难。

图7.4b为不使用靠背的坐椅位。与图7.4a相比，使用者的骨盆向前倾，颈部和身体伸展，两侧膝关节屈曲。使用者采用这种坐椅位比采用图7.4a所示的坐椅位更容易站起来。

图7.4 靠背的使用与否和坐椅位（无扶手）

a：使用靠背
b：不使用靠背

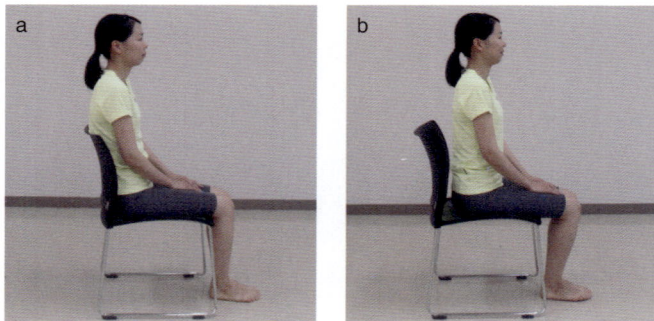

图7.5所示为坐椅位和端坐姿。坐在床边的端坐位与坐在椅面不倾斜的椅子上且不使用扶手和靠背时的姿势相同。

图7.5 坐椅位和端坐位

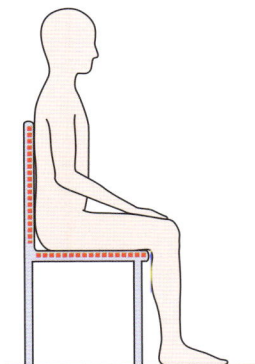

a 坐椅位　　　　　　b 在没有靠背、扶手的椅子　　　c 在床上的端坐位
　　　　　　　　　　　上的端坐位

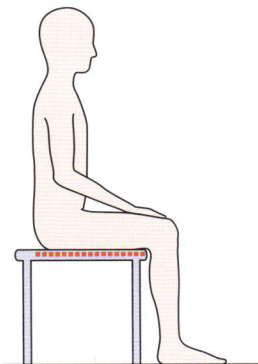

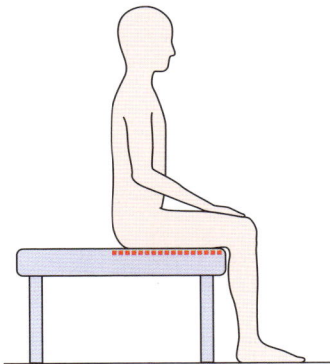

■ 在圆凳上的坐姿

　　由于支撑基底面狭小且重量轻，圆凳本身具有不稳定性。另外，因为圆凳没有靠背和扶手、椅面狭小，所以使用者需要具有较好的平衡能力才能保持坐姿（静止或活动）。图7.6所示为在圆凳上的坐姿。使用者的两侧肩关节和肘关节基本伸展0度并摆放在身体两侧，两侧髋关节约屈曲70度、内收或外展至中立位、内旋或外旋至中立位，膝关节约屈曲95度，踝关节约背屈10度，颈部和身体屈曲或伸展至中立位。

　　图7.6a下方所示为在圆凳上的坐姿的支撑基底面。与凳面接触的面为臀部和两侧大腿的近部，与地面接触的面为双脚。保持静止坐姿时，使用者需将身体重心向前后左右略微移动。为了使身体重心稳定在支撑基底面内，使用者需要不断地调节姿势。

第7章 对坐立的研究

图7.6 在圆凳上的坐姿

a：矢状面上的坐姿，下图所示为在圆凳上的坐姿的支撑基底面
b：额状面上的坐姿

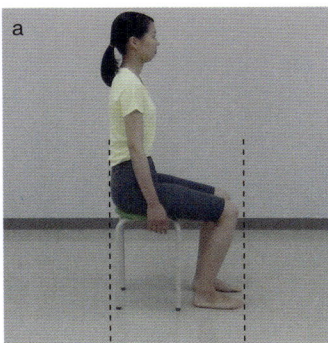

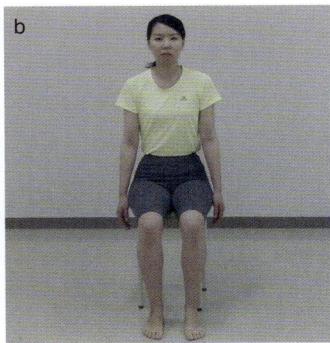

理想的坐姿与舒适的坐姿

　　理想的坐姿是从背面或正面（额状面）看时头部、胸部、骨盆都在重心线上，从侧面（矢状面）看时腰椎生理性前弯、上半身直立、下颚拉伸（图7.7a）。

　　舒适的坐姿是减少腰椎前屈且胸椎屈曲的坐姿（图7.7b）。呈此姿势时，脊柱屈曲，椎体前面被压缩，由于后纵韧带的拉力而可以支撑上半身的重量，与理想的坐姿相比肌肉活动较少[2]。

图7.7 理想的坐姿（a）与舒适的坐姿（b）的矢状面视图

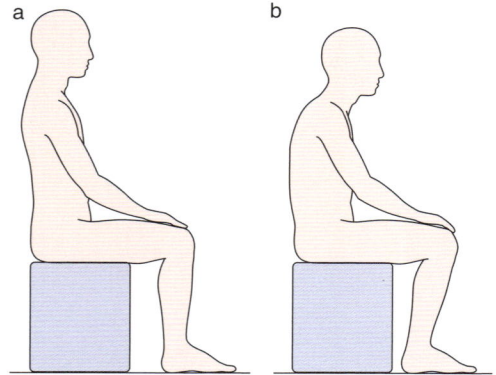

（转自文献[2]）

坐姿前倾运动

　　坐姿前倾运动是从坐姿站起的第1个阶段，需要身体重心前移才能使臀部抬离椅面。头颈部和躯干保持中立位且头颈部轻度屈曲，两侧髋关节屈曲以使躯干前倾。

　　图7.8所示为从两个方向观察到的坐姿前倾运动。虽然为起立动作做准备时也可以练习坐姿前倾运动，但我们必须要注意与起立动作相关联的不是躯干屈曲运动，而是两侧髋关节屈曲运动引起的躯干前倾。

　　运动开始前使用者的双脚较双膝靠后并与地面接触，骨盆前倾至中立位；且坐立前倾运动的后半部分最重要的是股四头肌的肌肉收缩。另外，虽然图7.8中人物的两脚靠拢，但我们在做站起准备练习时两脚不要靠拢，两脚间距应与肩同宽或为肩宽的1/2，这样侧面的稳定性才较高。

【文献】

[1] Houglum PA ほか 著，武田　功 監：ブルンストローム臨床運動学 原著第6版，297-298，医歯薬出版，2013.

[2] 西守　隆：椅子からの立ち上がり. 臨床歩行分析ワークブック（武田　功 監），p.132，メジカルビュー社，2013.

图7.8 坐姿前倾运动

a 侧视图

b 正视图

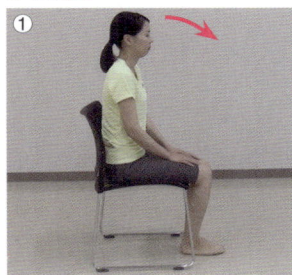

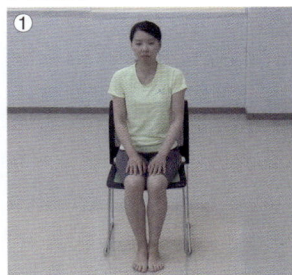

两侧髋关节屈曲

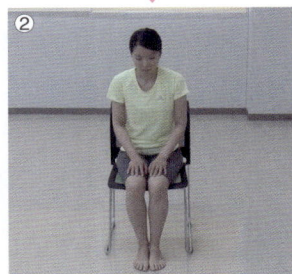

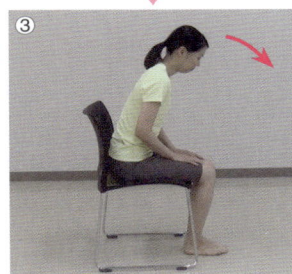

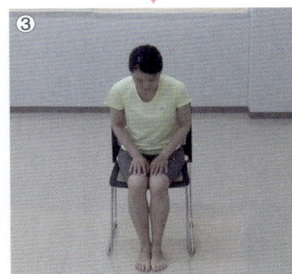

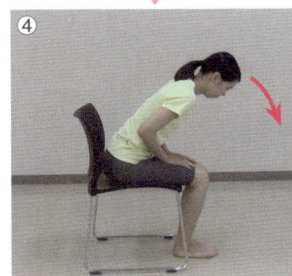

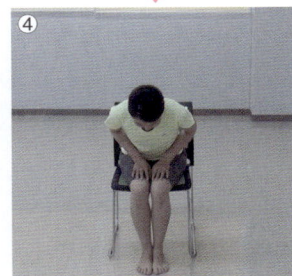

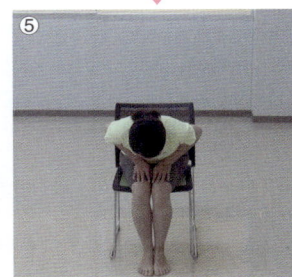

第7章 对坐立的研究

坐立动作的治疗手法

弓冈光德，铃东伸洋

前言

■ 影响坐立动作的原因

保持坐姿需要头颈部和躯干肌肉做抗重力运动（触手运动）。躯干位于身体重心线上的中立位处，虽然头颈部和躯干肌肉所做的抗重力运动较少，但当躯干离开身体重心线时需要做抗重力运动。例如，在端坐时身体向后倾的情况下，需要头颈部和躯干前面的肌肉做抗重力屈曲运动；当身体前倾时，需要头颈部和躯干后面的肌肉做抗重力伸展运动；当身体侧倾时，需要头颈部和躯干侧面的肌肉做抗重力侧屈运动。因此，坐立时各种抗重力活动的不充分是影响坐姿保持的重要原因。

此外，在头颈部和躯干不只是单纯倾斜，而是为了尽可能减少重心移动，如果重心移动方向上的头颈部与躯干肌肉进行离心收缩运动，则移动方向相反侧的头颈部和躯干肌肉需要进行向心收缩运动。这些肌肉活动的不充分也是影响坐姿保持的重要原因。

在身体重心与支撑基底面的关系中，如果身体重心移动方向上的实际支撑基底面增大，那么身体重心移动方向相反侧的支撑基底面则需要减小。具体如下：身体重心后移时骨盆需要后移；身体重心前移时骨盆需要前移；身体重心侧移时骨盆需要侧倾、位于身体重心移动方向的大腿需要外旋，以及与身体重心移动方向相反侧的大腿需要内旋。坐立时骨盆和大腿的旋转运动不充分也是影响坐姿保持的重要原因。

■ 坐立动作的评估方法

因脑血管疾病而偏瘫的患者很难保持左右对称的坐姿，多数情况下其身体重心会向非瘫痪侧移动，从而导致不对称的坐姿。评估坐姿时，评估人员首先应评估患者能否实现左右对称伸展的坐姿，然后评估此姿势下其身体重心能否向左右前后移动。

■ 坐立动作治疗的最终目的

治疗师首先应为了使患者可以保持左右对称伸展的坐姿而进行治疗，然后为了使患者的身体重心可以左右前后移动而进行治疗，最后为了使患者的身体可因重心的转移而转换为另一种姿势而进行治疗。例如，从端坐位转换为站立位，或从端坐位转换为躺卧位等。

下面将以通过引导患者进行坐立动作治疗的具体方法为例进行讲解。

从头颈部引导

■ 从头颈部引导躯干屈曲或伸展

患者端坐时，治疗师可以通过对其头颈部进行操作以引导其躯干进行活动。

治疗师站在患者侧面，一只手扶着患者的下颚，另一只手放在患者的后颈部，屈曲并降低患者的头颈部以使其躯干屈曲。然后，治疗师伸展并上抬患者的头颈部以使其躯干伸展（图7.9）。

图7.9 从头颈部引导躯干屈曲或伸展
①扶着患者的下颚和后颈部
②屈曲并降低患者的头颈部以使其躯干屈曲
然后伸展并上抬患者的头颈部以使其躯干伸展，恢复至①中的姿势

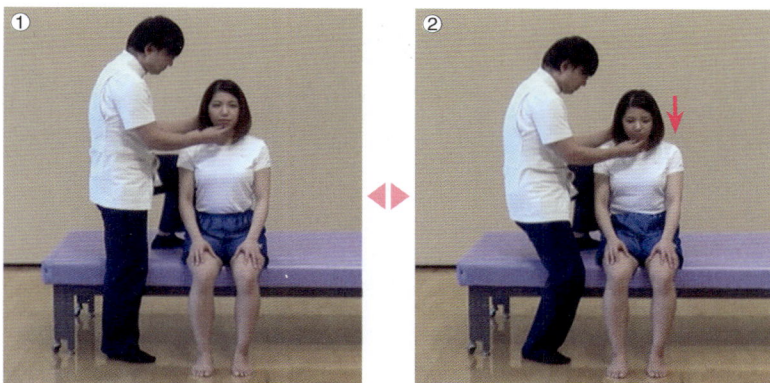

■ 从头颈部引导躯干前倾

治疗师一只手扶着患者的下颚，另一只手放在患者的后颈部，前倾患者的头颈部以使其躯干前倾，然后后倾患者的头颈部以使其躯干后倾并回到垂直位置（图7.10）。

图7.10 从头颈部引导躯干前倾
①扶着患者的下颚和后颈部
②前倾患者的头颈部以使其躯干前倾
然后后倾患者的头颈部以使其躯干后倾，恢复至①中的姿势

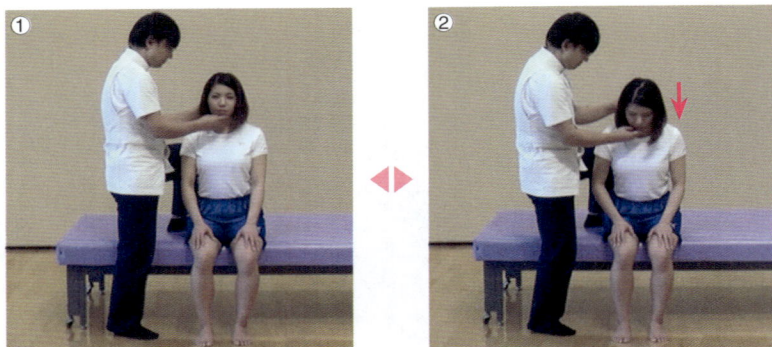

■ 从头颈部引导躯干侧屈

治疗师侧移患者的头颈部、引导躯干侧屈，可以刺激患者相反侧的头颈部、躯干的侧屈肌。也就是说，当头颈部左移时，头颈部和躯干会向右侧屈曲，右侧的侧屈肌会被刺激，并出现向心收缩。因此，想要使患者的躯干向右侧屈曲，治疗师可以通过左移患者的头颈部来实现（图7.11）。

图7.11 从头颈部引导躯干侧屈
①躯干向右侧屈
②躯干向左侧屈

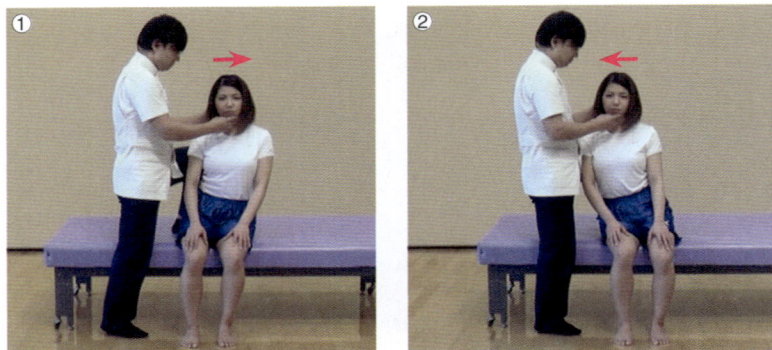

■ 从头颈部引导躯干侧移并旋转

治疗师侧屈或旋转患者的头颈部，可以引导患者的躯干侧移并旋转。

治疗师左移、向右侧屈、向左旋转患者的头颈部，可以引导患者的躯干左移和向左旋转。如果治疗师对患者的头颈部进行相反的操作，那么患者的躯干就会右移和向右旋转（图7.12）。

图7.12 从头颈部引导躯干侧移并旋转
①躯干左移与向左旋转
②躯干右移与向右旋转

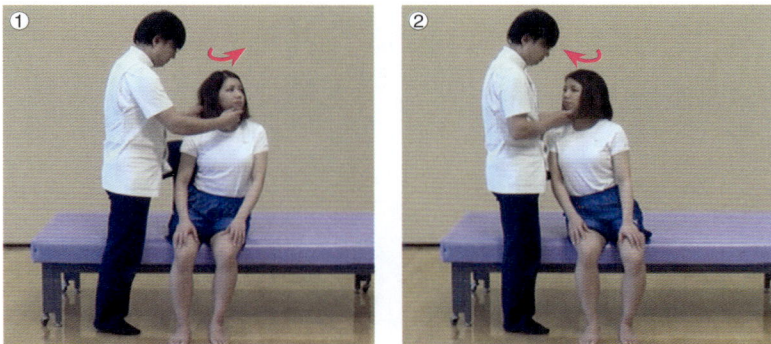

■ 从头颈部引导上肢运动

下面以从右侧上肢进行引导为例进行讲解。

首先，治疗师用左手扶着患者的后颈部，用右手将患者的右侧肩关节屈曲90度（图7.13①）。

患者伸展头颈部和躯干时，其上肢将被向上引导。此时，患者应向右旋转头颈部且脸部面向右侧，躯干右转；同时，患者的右侧肩胛骨将内收，上肢将被向外引导，因此患者的肩关节应朝屈曲外展方向上抬（图7.13②）。

然后患者应屈曲头颈部和躯干，上肢被向下引导。此时，患者应向左转动头颈部且脸部面向左侧，躯干左转；同时，患者右侧肩胛骨将外展，上肢将被向内引导，因此患者的肩关节应朝伸展内收方向下抑（图7.13③）。

回到开始姿势，患者伸展头颈部和躯干并被向上引导上肢。此时，患者应向左旋转头颈部且脸部面向左侧，躯干左转；同时，患者右侧肩胛骨将外展，上肢将被向内引导，因此患者的肩关节应朝屈曲内收方向上抬（图7.13④）。

接下来，患者应屈曲头颈部和躯干，上肢被向下引导。此时，患者应向右转动头颈部且脸部面向右侧，躯干右转；同时，患者的右侧肩胛骨将内收，上肢将被向外引导，因此患者的肩关节应朝伸展外展方向下抑（图7.13⑤）。

图7.13 从头颈部引导上肢运动

①用左手扶着患者的后颈部，用右手将患者的右侧肩关节屈曲90度
②使患者的脸部面向右上方，右侧上肢朝肩关节屈曲外展方向上抬
③使患者的脸部面向左下方，右侧上肢朝肩关节伸展内收方向下抑
④使患者的脸部面向左上方，右侧上肢朝肩关节屈曲内收方向上抬
⑤使患者的脸部面向右下方，右侧上肢朝肩关节伸展外展方向下抑

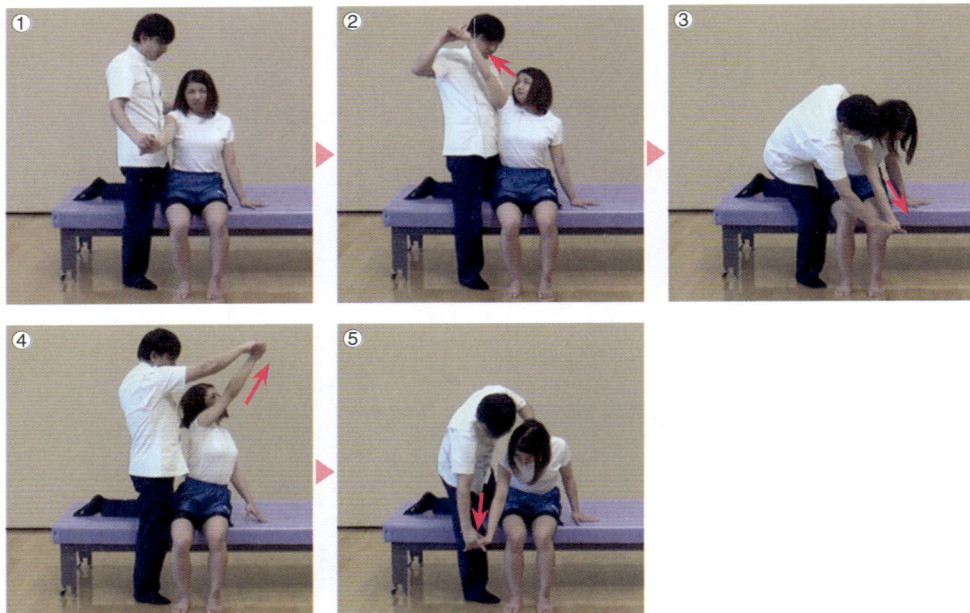

补充说明

前臂旋后、旋前的相关内容

　　前臂旋后是使躯干伸展的动作模式中的一部分，前臂旋前是使躯干屈曲的动作模式中的一部分。因此，下面的操作是指从前臂引导患者的躯干进行屈曲与伸展。

- 图7.9（第119页）：前臂旋前或旋后至中立位（躯干屈曲或伸展至中立位）
- 图7.10（第120页）：前臂旋后（躯干伸展）
- 图7.11（第120页）：前臂旋前（躯干屈曲）
- 图7.12（第121页）：前臂旋后（躯干伸展）
- 图7.13（第122页）：前臂旋前（躯干屈曲）

从肩胛骨引导

■ 从肩胛骨引导躯干屈曲或伸展

患者端坐，治疗师面向患者并在患者正前方站立。治疗师扶着患者的两侧肩胛骨，前倾两侧肩胛骨的同时下抑，以使患者的躯干屈曲（图7.14）；后倾两侧肩胛骨至垂直后上抬，以引导患者的躯干伸展。

图7.14 从肩胛骨引导躯干屈曲或伸展
①扶着患者的两侧肩胛骨
②前倾两侧肩胛骨的同时下抑，以使患者的躯干屈曲
然后后倾并上抬两侧肩胛骨至垂直，以使患者的躯干伸展，恢复至①中的姿势

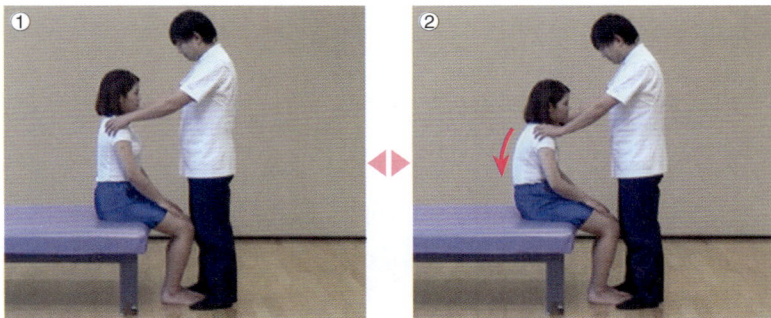

■ 从肩胛骨引导躯干前倾

治疗师扶着患者的两侧肩胛骨并向前下方移动，以使其髋关节屈曲、躯干前倾（图7.15）。治疗师再扶着患者的两侧肩胛骨并向后上方移动，以使其髋关节伸展、后倾至垂直。

图7.15 从肩胛骨引导躯干前倾
①扶着患者的两侧肩胛骨
②使患者的躯干前倾
然后使患者的躯干后倾至垂直，恢复至①中的姿势

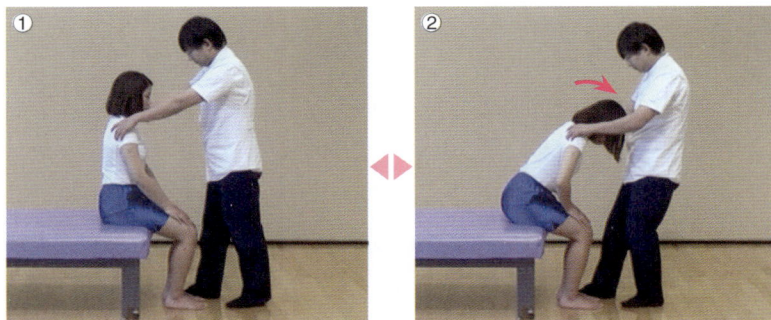

■ 从两侧肩胛骨引导躯干侧移

治疗师站在端坐着的患者后方，扶着患者的两侧肩胛骨（图7.16a）。治疗师向上转动并上抬患者的右侧肩胛骨，向下转动并下抑患者的左侧肩胛骨，以引导患者的躯干右移。此时，患者的与身体移动方向（右）相反的头颈部和躯干的左侧屈肌会向心收缩（图7.16b）。

治疗师向上转动并上抬患者的左侧肩胛骨，向下转动并下抑患者的右侧肩胛骨，以引导患者的躯干左移。此时，患者的与身体移动方向（左）相反侧的头颈部和躯干的右侧屈肌会向心收缩（图7.16c）。

图7.16 从两侧肩胛骨引导躯干侧移

a：扶着患者的两侧肩胛骨
b：向上转动并上抬患者的右侧肩胛骨，向下转动并下抑患者的左侧肩胛骨，以引导患者的躯干右移
c：向上转动并上抬患者的左侧肩胛骨，向下转动并下抑患者的右侧肩胛骨，以引导患者的躯干左移

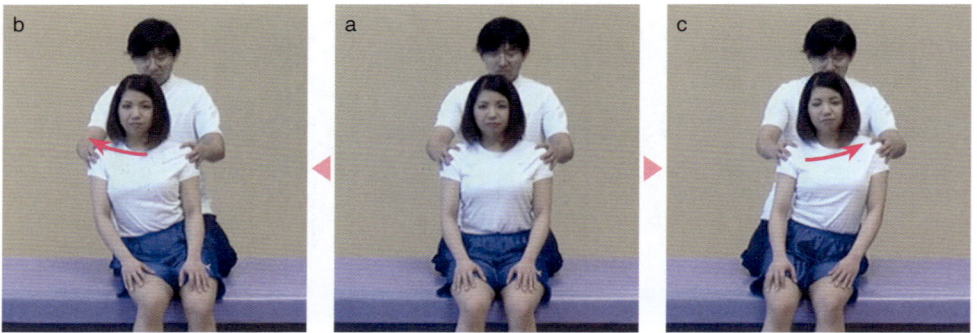

■ 从两侧肩胛骨引导躯干侧移并转动

治疗师站在端坐着的患者后方，扶着患者两侧肩胛骨（图7.17a）向上转动并上抬患者的左侧肩胛骨，向下转动并下抑患者的右侧肩胛骨，以引导患者的躯干左移。此时，如果治疗师向后引导患者的左侧肩胛骨或向前引导患者的右侧肩胛骨，患者的躯干将向左转动（图7.17b）。

治疗师向上转动并上抬患者的右侧肩胛骨，向下转动并下抑患者的左侧肩胛骨，以引导患者的躯干右移。此时，治疗师向后引导患者的右侧肩胛骨或向前引导患者的左侧肩胛骨，患者的躯干将向右转动（图7.17c）。

图7.17 从两侧肩胛骨引导躯干侧移并转动

a：扶着患者的两侧肩胛骨
b：患者的躯干左移、向左旋转
c：患者的躯干右移、向右旋转

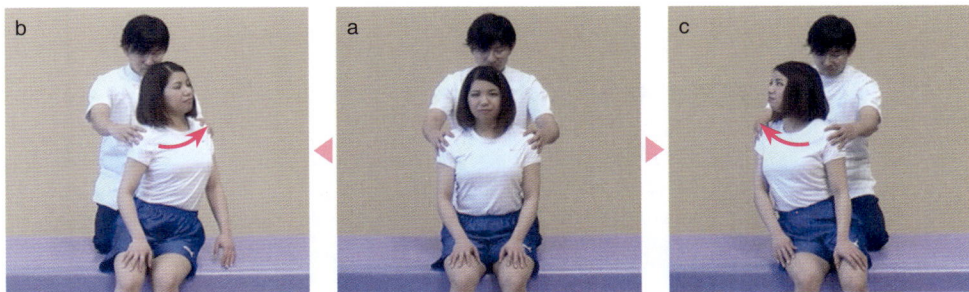

从两侧上肢引导

从两侧上肢引导躯干屈曲或伸展

通过肩胛骨的运动，治疗师可从患者的两侧上肢引导其躯干的屈曲或伸展。

患者端坐，治疗师面向患者并在患者正前方站立。治疗师拉着患者的两侧上肢并上抬，使其肩关节呈90度屈曲（**图7.18**①②）。然后，治疗师在略微内旋患者的两侧肩关节的同时施加向下的压力，以使其肩胛骨前倾、躯干屈曲（**图7.18**③）。

若治疗师在略微外旋患者的两侧肩关节的同时施加向上的力，可使其肩胛骨后倾、躯干伸展。

图7.18 从两侧上肢引导躯干屈曲或伸展

①拉住患者的两侧上肢
②拉着患者的两侧上肢并上抬，使其肩关节呈90度屈曲
③对患者的两侧上肢施加向下的压力，使其肩胛骨前倾、躯干屈曲

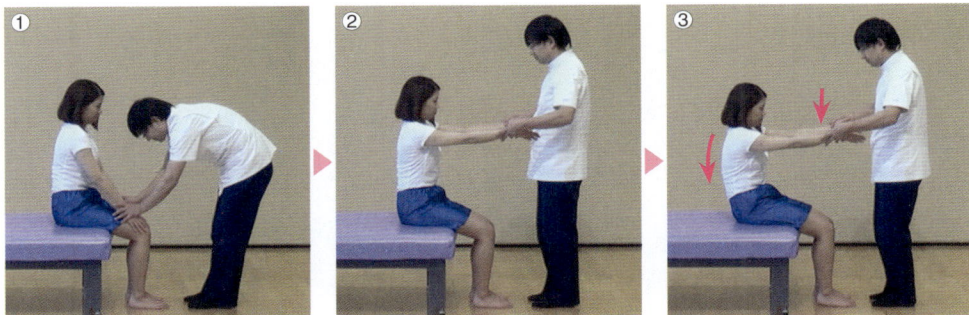

■从两侧上肢引导躯干前倾

治疗师向前拉患者的两侧上肢，可使其髋关节屈曲、躯干前倾（图7.19②）。治疗师向后拉患者的两侧上肢，可使其髋关节伸展、躯干后倾至恢复垂直。

图7.19 从两侧上肢引导躯干前倾
①拉住患者的两侧上肢
②通过向前拉患者的两侧上肢，使其髋关节屈曲、躯干前倾；向后拉患者的两侧上肢，使其髋关节伸展、躯干后倾至恢复垂直

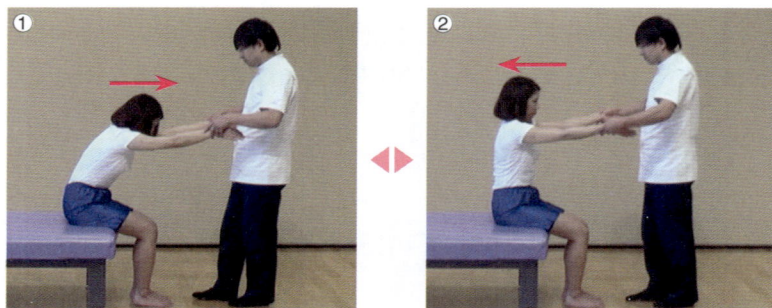

■从两侧上肢引导躯干侧移

通过肩胛骨的运动，治疗师可从患者的两侧上肢引导其躯干侧移。

治疗师扶着患者的两侧上肢（图7.20a），在患者左移躯干的情况下，略微上抬其左上肢且略微下抑其右上肢，则患者的左侧肩胛骨将向上旋转，右侧肩胛骨将向下旋转，躯干将左移（图7.20b）。如果进行相反的操作，患者的躯干将右移（图7.20c）。

图7.20 从两侧上肢引导躯干侧移
a：向前上抬患者的两侧上肢
b：使患者躯干左移
c：使患者躯干右移

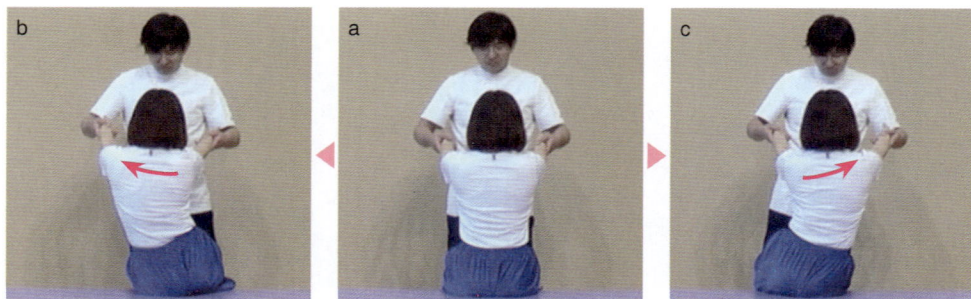

■ 从两侧上肢引导患者从端坐位转换为长坐位

患者端坐在床上，治疗师面向患者并在患者正前方站立。

治疗师扶着患者的两侧上肢（图7.21①），首先左移患者的躯干，使其左侧屈肌伸展（图7.21②）。此时，患者的左侧屈肌容易发生向心收缩。

然后治疗师将躯干右移（图7.21③），让患者用右侧臀部支撑身体的同时通过左侧屈肌的向心收缩将左侧骨盆侧抬，此时患者的骨盆将向后转动并上抬左下肢，治疗师应引导患者将左下肢摆放在床上（图7.21④⑤）。

最后治疗师将患者的躯干左移（图7.21⑥），让患者侧抬右侧骨盆以向前旋转并后倾骨盆，然后治疗师要引导患者将右下肢摆放在床上以转换为长坐位（图7.21⑦⑧）。

图7.21 从两侧上肢引导患者从端坐位转换为长坐位
①扶着患者的两侧上肢
②将患者的躯干左移
③将患者的躯干右移
④⑤引导患者将左下肢摆放在床上
⑥将患者的躯干左移
⑦⑧引导患者将右下肢摆放在床上以转换为长坐位

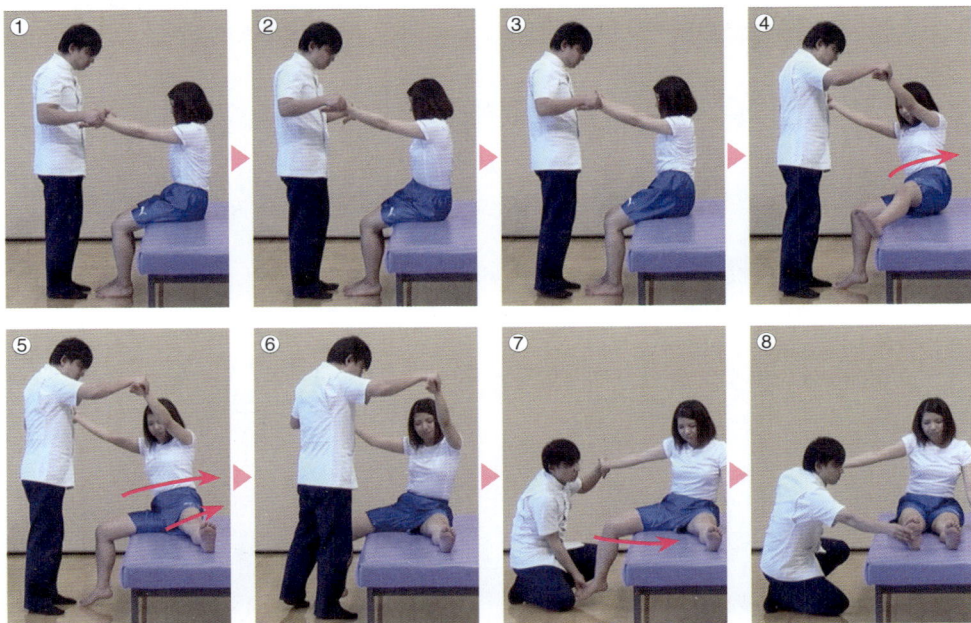

从骨盆引导

■ 从骨盆引导腰椎运动

患者端坐在床上，治疗师面向患者并在患者正前方跪坐。治疗师扶着患者的两侧骨盆，使其骨盆后倾、腰椎屈曲。然后，治疗师使患者的骨盆前倾、腰椎伸展（图7.22）。需要注意的是患者的胸椎不随腰椎屈曲而屈曲。

图7.22 从骨盆引导腰椎运动
①使患者的骨盆后倾、腰椎屈曲
②使患者的骨盆前倾、腰椎伸展

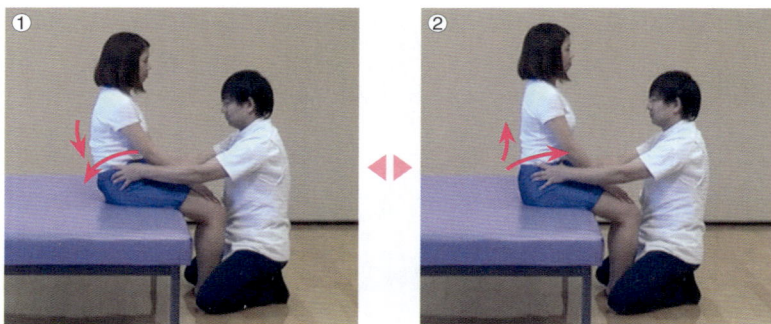

■ 从骨盆引导躯干前倾或后倾

治疗师扶着患者的骨盆并使其前倾，以使患者的髋关节屈曲、躯干前倾（图7.23）。再将患者的骨盆后移，使患者的髋关节伸展、躯干后倾至垂直。

图7.23 从骨盆引导躯干前倾或后倾
①使患者的躯干前倾
②使患者的躯干后倾至垂直

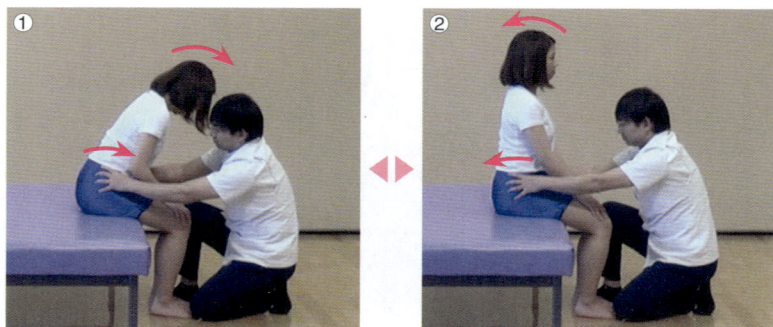

■ 从骨盆引导躯干侧移

治疗师扶着患者的骨盆两侧，如果向侧方下抑患者的骨盆左侧并向侧方上抬患者的骨盆右侧，则患者的躯干将左移。相反，如果治疗师向侧方下抑患者的骨盆右侧并向侧方上抬患者的骨盆左侧，则患者的躯干将右移（图7.24）。

图7.24 从骨盆引导躯干侧移
a：扶着患者的骨盆两侧
b：向侧方下抑患者的骨盆左侧并向侧方上抬患者的骨盆右侧，以使患者的躯干左移
c：向侧方下抑患者的骨盆右侧并向侧方上抬患者的骨盆左侧，以使患者的躯干右移

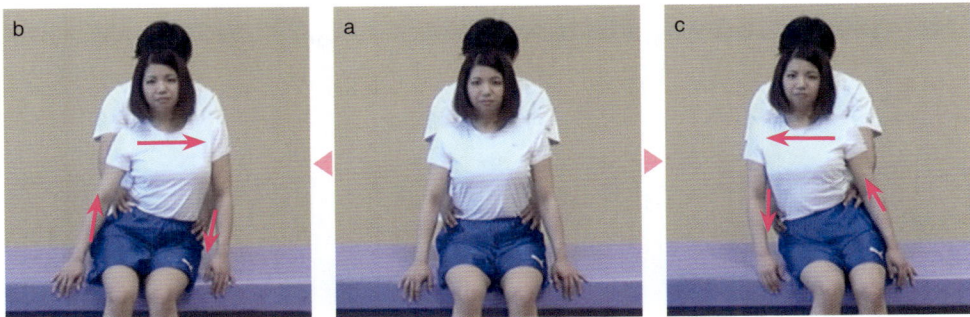

● 即使从骨盆引导，躯干也无法回正的情况

即使从骨盆引导，躯干也无法回正时，治疗师可以用一只手侧抬患者的骨盆。此时，为了防止患者的躯干向侧移方向倾斜，治疗师应在该方向上用手挡住患者的胸部，以使其躯干回正（图7.25）。

图7.25 即使从骨盆引导，躯干也无法回正的情况
①患者的躯干向右倒
②侧上抬患者的骨盆左侧，为了防止患者的躯干向右倾斜，用手挡住患者的胸部右侧，以使患者的躯干回正
③患者的躯干向左倒
④侧上抬患者的骨盆右侧，为了防止患者的躯干向左倾斜，用手挡住患者的胸部左侧，以使患者的躯干回正

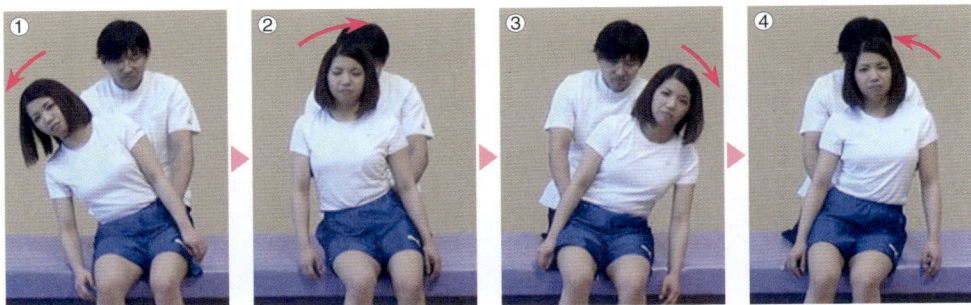

■ 从骨盆引导患者从端坐位转换为长坐位

患者端坐在床上，治疗师面向患者并跪坐在患者正前方，扶着患者的骨盆两侧（图7.26①）。首先，治疗师操作患者的骨盆以左移其躯干，使患者的左侧屈肌伸展（图7.26②）。由此，患者的左侧屈肌较容易发生向心收缩。

然后，治疗师操作患者的骨盆以右移其躯干（图7.26③），让患者用右侧臀部支撑身体的同时通过左侧屈肌的向心收缩将左侧骨盆侧抬，此时患者向后转动骨盆以上抬左侧下肢，治疗师应引导患者将左侧下肢摆放在床上（图7.26④⑤）。

最后，治疗师操作患者的骨盆以左移其躯干（图7.26⑥），让患者侧抬右侧骨盆以向前转动并后倾骨盆，治疗师再引导患者将右侧下肢摆放在床上以转换为长坐位（图7.26⑦⑧）。为了将下肢抬上床，患者的躯干侧屈肌和躯干前面的肌肉需要进行活动。

图7.26 从骨盆引导患者从端坐位转换为长坐位
①扶着患者的骨盆两侧
②左移患者的躯干
③右移患者的躯干
④⑤引导患者将左侧下肢摆放在床上
⑥左移患者的躯干
⑦⑧引导患者将右侧下肢摆放在床上以转换为长坐位

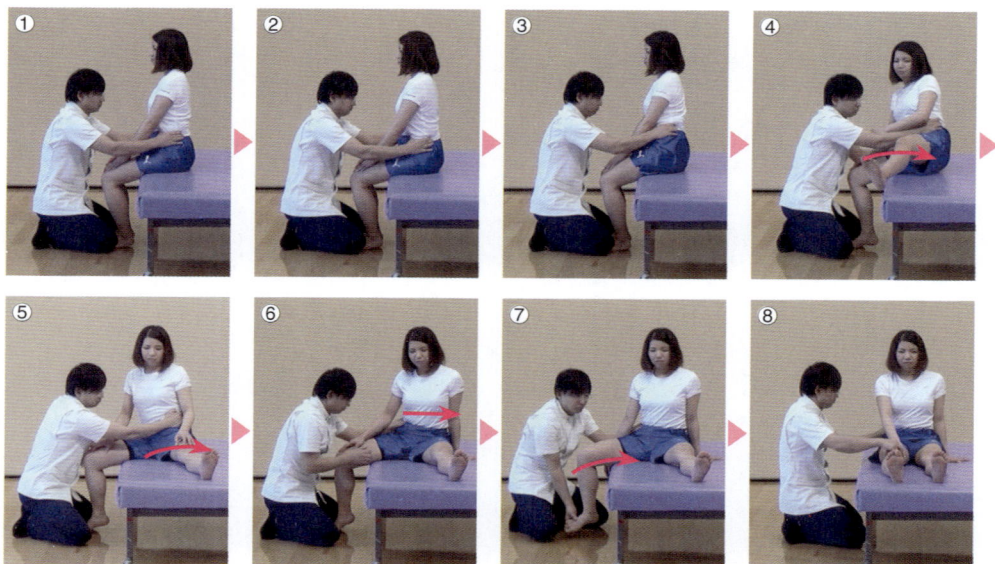

■从骨盆和上肢引导患者从端坐位转换为长坐位

治疗师扶着端坐着的患者的右手（图7.27①），在患者右侧坐下，用左手扶着患者右侧骨盆（图7.27②）。首先，治疗师上抬患者的右侧骨盆和向左推患者的右侧上肢，以使其躯干左移、左侧屈肌伸展（图7.27③）。

然后，治疗师外展并右拉患者的右侧上肢以及上抬患者的左侧骨盆，以使其躯干右移（图7.27④），让患者在用右侧臀部支撑身体的同时通过左侧屈肌的向心收缩将左侧骨盆侧抬。治疗师用左手扶着患者的左侧骨盆进行移动，此时患者将向后转动骨盆、上抬左侧下肢，治疗师应引导患者将左侧下肢摆放在床上（图7.27⑤⑥）。

最后，治疗师从床上下来，在患者侧面跪坐。此时，治疗师应用左手扶着患者的右手，用右手扶着患者右侧骨盆，以使患者的躯干左移（图7.27⑦），治疗师再引导患者侧抬右侧骨盆，向前转动并后倾骨盆，将右侧下肢摆放在床上，以转换为长坐位（图7.27⑧⑨）。为了将下肢抬上床，患者的躯干侧屈肌和躯干前面的肌肉需要进行活动。

图7.27 从骨盆和上肢引导患者从端坐位转换为长坐位
①②扶着患者的右侧上肢和右侧骨盆
③左移患者的躯干
④右移患者的躯干
⑤⑥引导患者将左侧下肢摆放在床上
⑦左移患者的躯干
⑧⑨引导患者将右侧下肢摆放在床上以转换为长坐位

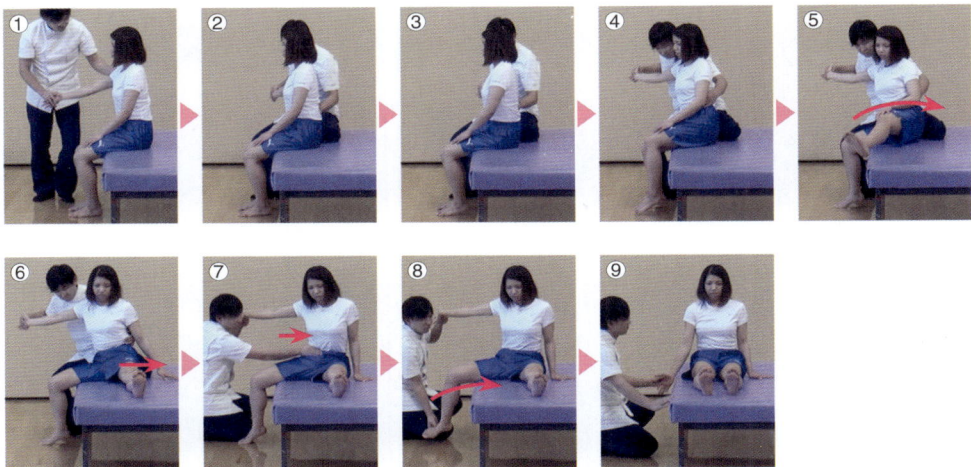

从下部躯干引导

■ 从下部躯干引导腰椎屈曲或伸展

患者端坐在床上，治疗师面向患者并跪坐在患者的正前方。

治疗师双手扶着患者下部躯干的两侧（图7.28①），向下引导下部躯干，使腹肌群运动、腰椎屈曲。此时，患者的骨盆后倾。在进行此操作时，治疗师需要注意不要屈曲患者的上部躯干（图7.28②）。

治疗师再向前上方引导患者的下部躯干，使腰部伸展肌肉活动、腰椎伸展。此时，患者的骨盆前倾。

图7.28 从下部躯干引导腰椎屈曲或伸展
①向下引导患者的下部躯干，使腹肌群运动、腰椎屈曲
②向前上方引导患者的下部躯干，使腰椎伸展

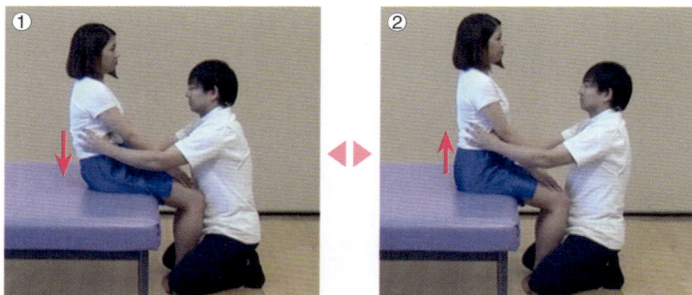

从两侧大腿引导

■ 从两侧大腿引导腰椎屈曲或伸展

患者端坐在床上，治疗师面向患者并跪坐在患者正前方。

治疗师扶着患者的大腿两侧上侧（图7.29①），向后推患者的大腿，以使其骨盆后移、腹肌群活动，引导患者屈曲腰椎。在进行此操作时，治疗师需要注意不要屈曲患者的上部躯干（图7.29②）。

治疗师向前拉患者的大腿，以使其骨盆前倾、腰部伸展肌群活动，引导患者伸展腰椎。

图7.29 从大腿引导腰椎屈曲或伸展
①向后推患者的大腿，以使患者的骨盆后移、腹肌群活动，引导患者屈曲腰椎
②向前拉患者的大腿，以使患者的骨盆前倾、腰部伸展肌群活动，引导患者伸展腰椎

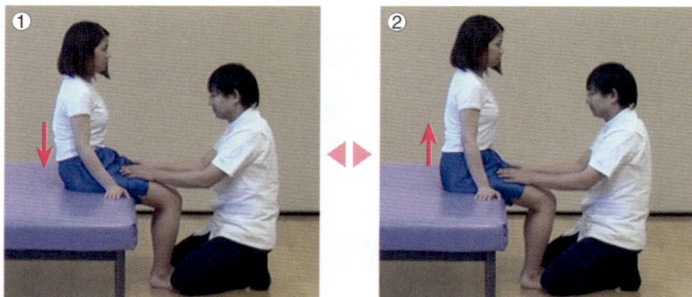

第 **8** 章

对起立的研究

第 **8** 章　对起立的研究

起立动作的基础知识

广濑浩昭

前言

起立动作（起身动作）是从坐姿变换为站姿的动作，具体指从床上、椅子上站起，由端坐姿转换为站姿的变换动作，以及从床上站起，由长坐姿转换为站姿的变换动作。本章主要列举了临床上经常研究的从床上、椅子上站起的起立动作。

由于起立动作对于换坐动作、步行动作的进行而言很重要，因此治疗师应该分析起立动作，明确其进行过程中的阻碍与问题并进行治疗，或者寻找改善的策略，如利用扶手之类的物体、讨论辅助方法等。

动作概要

■ 起立模式

健康的人的起立动作具有多样性，不同的人之间存在不同的起立模式，个人在紧急情况和身体不适时，也会根据情况表现出不同的起立模式。但起立模式可以大致分为躯干大幅度前倾的起立模式和躯干小幅度前倾的发力起立模式。

■ 身体重心与支撑基底面

从椅子上站起的起立动作是身体重心抵抗重力作用向两脚形成的支撑基底面内移动的动作，因为这一动作包括支撑基底面向前缩小（图8.1）和身体重心向前且向上移动（图8.2），所以我们需要具备较强的姿势控制能力。其策略包括稳定性策略、运动量策略以及混合型策略。

稳定性策略是在躯干慢慢向前大幅度倾斜时，身体重心向前长距离移动，为了使臀部抬离椅面而使重心线穿过支撑基底面，即是躯干充分前倾而使身体重心在两脚形成的支撑基底面内时将臀部抬离椅面的策略。

运动量策略是使躯干快速前倾（髋关节屈曲）的动作模式，是身体重心向前短距离移动，重心线不穿过支撑基底面而使臀部抬离椅面的策略。另外，即使重心线在支撑基底面后方身体也不会向后倒，这是因为躯干快速前倾（髋关节屈曲）产生了"回转发力（角运动量）"。这个策略即为通过发力躯干的前倾使向前的运动量增大，在身体重心不在支撑基底面内时将臀部抬离椅面的策略。因为采用运动量策略时躯干前倾的角度较小，所以起立所需的时间会缩短，但发力会很困难。

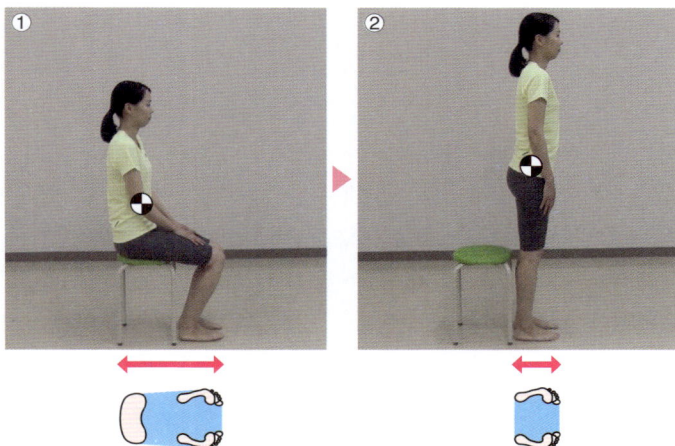

图8.1 起立动作的开始姿势和结束姿势的身体重心与支撑基底面（模式图）

圆标表示矢状面上的身体重心。起立时，身体重心在矢状面上向前且向上移动。图下方的足迹图表示支撑基底面，起立会使支撑基底面向前缩小

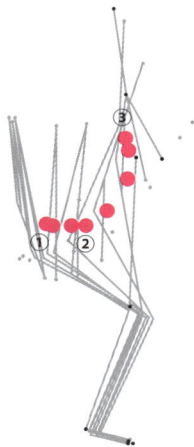

图8.2 起立动作中身体重心的变化

起立动作中，身体重心在矢状面上向前且向上移动

（摘引自文献[2]，部分改动）

健康的人的起立动作

健康的人的起立动作与翻身动作和翻身坐起动作不同，它是左右对称的动作。

健康的成年人的起立动作的必要运动要素有躯干前倾（髋关节屈曲）、踝关节背屈、髋关节与膝关节以及踝关节做抗重力伸展运动。各关节的可活动范围和肌力都是很重要的，如果任何一个运动要素不充分，患者就需要采用拉、推、发力等其他策略。

补充说明

双脚间距

在起立动作中，如果两脚合拢，则身体侧面的稳定性会下降；如果两脚分开，则身体侧面的稳定性会有所改善。

起立动作中运动的延续

从床上、椅子上起立时，动作的难易程度会随环境条件的变化而发生变化，通过从平板床上起立和从沙发上起立的对比我们就能明白。在像沙发一样座面较低、座面较软的座位上起立时，即使是健康的人，如果不采用拉、推、发力等策略，也难以完成动作。

因为人在舒适的姿势下会后倾骨盆、屈曲躯干，所以我们需要在起立动作开始前做好准备。如果脚在前面就向后拉，头和躯干伸展至中立位，骨盆向前倾斜至中立位。缓慢站起时，我们可以采用躯干前倾角度较大的稳定性策略；快速站起时，我们可以采用躯干前倾角度较小的运动量策略。

图8.3所示的是演示者从座位上站起来的侧视图。演示者的开始姿势为双脚着地，两侧膝关节屈曲约95度，两侧髋关节屈曲约75度的坐椅（圆凳）位。首先，演示者前倾躯干（屈曲髋关节）使头部向前下方移动；然后，在稍微前移两侧膝关节的同时背屈两侧踝关节（前倾两侧小腿），使臀部抬离椅面；最后，演示者在臀部抬离椅面后分别伸展两侧髋关节、两侧膝关节、躯干，跖屈两侧踝关节至中立位，实现站立（结束姿势）。

图8.3 从侧面看起立动作

起立动作的各个阶段

　　起立动作可以分为3个阶段。第1个阶段（图8.4a）是体重移动阶段或者身体重心前移期；第2个阶段（图8.4b）是移动阶段[1]或者臀部离座期；第3个阶段（图8.4c）是上升阶段[1]或者身体重心上移期。

　　图8.5所示的是起立动作的正视图。与侧视图相比，我们虽然较难区分各个阶段，但很容易识别左右差。

　　第1个阶段是从躯干前倾到膝关节开始伸展或者是从坐立姿势到臀部抬离椅面的过程；第2个阶段是从膝关节开始伸展到髋关节开始伸展[2]或者是从臀部抬离椅面到踝关节最大限度背屈[1]的过程；第3个阶段是膝关节和髋关节结束伸展或者是从踝关节最大限度背屈到髋关节结束伸展的过程。

图8.4 起立动作各个阶段的侧视图

a 第1个阶段（摄影时间间隔1/6秒）

b 第2个阶段（摄影时间间隔1/30秒）

c 第3个阶段（摄影时间间隔1/6秒）

图8.5 起立动作的正视图

虽然较难区分起立动作的各个阶段，但我们很容易识别左右差

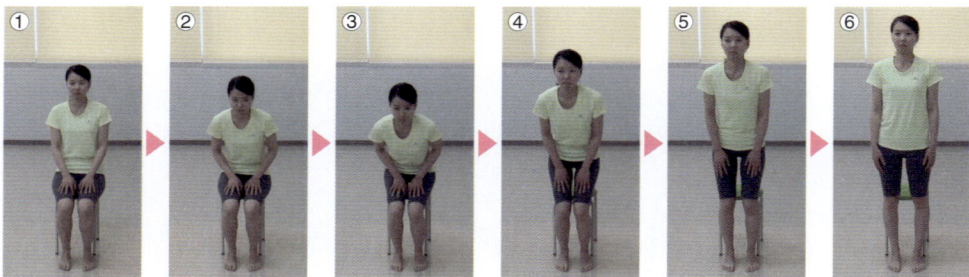

■起立动作中各关节角度的变化

图8.6所示的是起立动作中各关节角度的变化。起立动作的第1个阶段处于整个动作周期的前0~25%，第2个阶段处于整个动作周期的25%~40%，第3个阶段处于整个动作周期的40%~100%。如图8.3、图8.4所示，起立动作的第1个阶段相对延长，第1个阶段处于整个动作周期的前0~45%，第2个阶段处于整个动作周期的45%~55%，第3个阶段处于整个动作周期的55%~100%。

图8.6 起立动作中各关节角度的变化

a 躯干

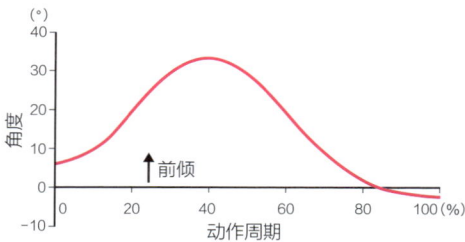

b 髋关节

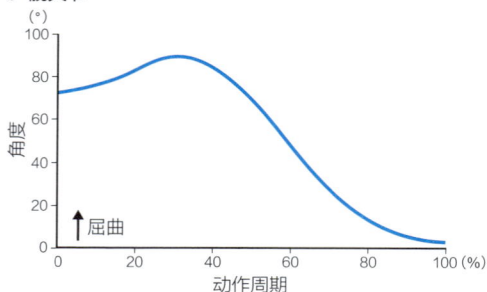

c 膝关节

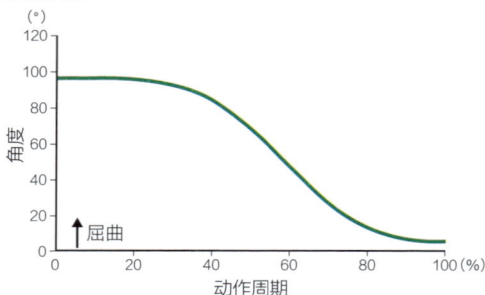

d 踝关节

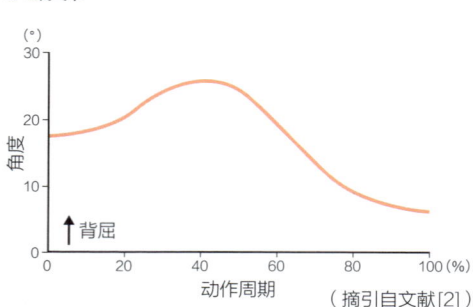

（摘引自文献[2]）

■ 起立动作中的必要运动要素: 肌肉运动 (图8.7)

如果要列举起立动作中的必要运动要素,那么在第1个阶段,为了使臀部抬离椅面需要身体重心前移。运动时,我们需要保持头颈部和躯干在中立位,通过屈曲两侧髋关节使躯干前倾。同时,两侧的胫骨前肌、腓肠肌、比目鱼肌、股四头肌、腘绳肌以及臀大肌需要开始运动。

在第2个阶段中,因为臀部抬离椅面后支撑基底面会快速变小,此时我们需要具有较高的姿势控制能力。如图8.6所示,下肢各关节的角度变化存在时间差,所以两侧髋关节停止屈曲的同时必须使两侧膝关节伸展。两侧踝关节背屈的角度从第2个阶段末到第3个阶段初时最大,为25度;与两侧脚趾和前脚掌支撑重量的第3个阶段相连。另外,两侧的腓肠肌、比目鱼肌、股四头肌、腘绳肌以及臀大肌需要开始运动。

在第3个阶段中,身体重心在支撑基底面内时,我们需要上移身体重心。虽然重心线的前方在头部,重心线的后方在臀部,但我们需要在保持稳定性的同时分别向重心线移动头部和臀部,以实现站立姿势。另外,两侧腓肠肌、比目鱼肌、腘绳肌以及臀大肌需要开始运动。

图8.7 起立动作中下肢肌群的肌肉运动

其中,横轴为时间轴,0为臀部抬离椅面的瞬间

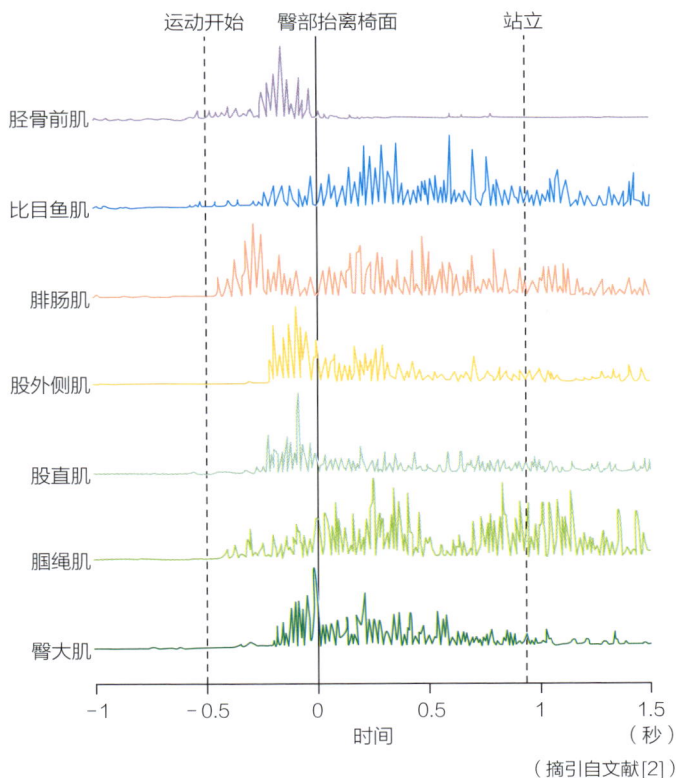

（摘引自文献[2]）

阻碍运动与促进运动的原因

■ 阻碍运动的原因

● 踝关节背屈受限

单侧踝关节背屈受限时，会出现对侧脚向后撤步再起立的代偿性动作。

由于两侧小腿三头肌萎缩等原因，如果两侧踝关节背屈受限，则两侧膝关节前移的幅度会变小且身体重心无法充分前移，因此臀部将很难抬离椅面。这种情况下，代偿性动作——躯干前倾（髋关节屈曲）比正常动作更容易发力，且躯干前倾（髋关节屈曲）角度更大（图8.8）。除此之外，踝关节背屈受限还会引发用两侧上肢压椅面和扶手、抓着并拉扯扶手等物体、用两侧上肢发力（图8.9）等代偿性动作。

这些代偿性动作是由于两侧踝关节背屈受限，在臀部抬离椅面后，身体重心偏离支撑基底面而产生的，因此我们必须使用躯干前倾（髋关节屈曲）发力的运动量策略和增大躯干前倾（髋关节屈曲）角度、使身体重心前移距离变长的稳定性策略。同时，两侧上肢的代偿性动作可以通过推、拉、发力来辅助身体重心的移动。

图8.8 增大躯干前倾角度的起立动作

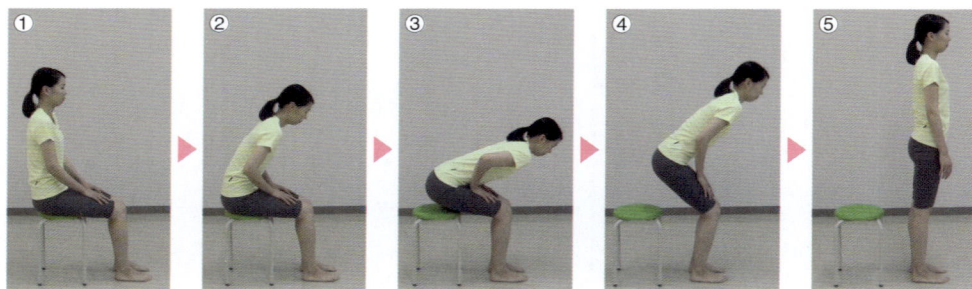

图8.9 利用两侧上肢发力的起立动作

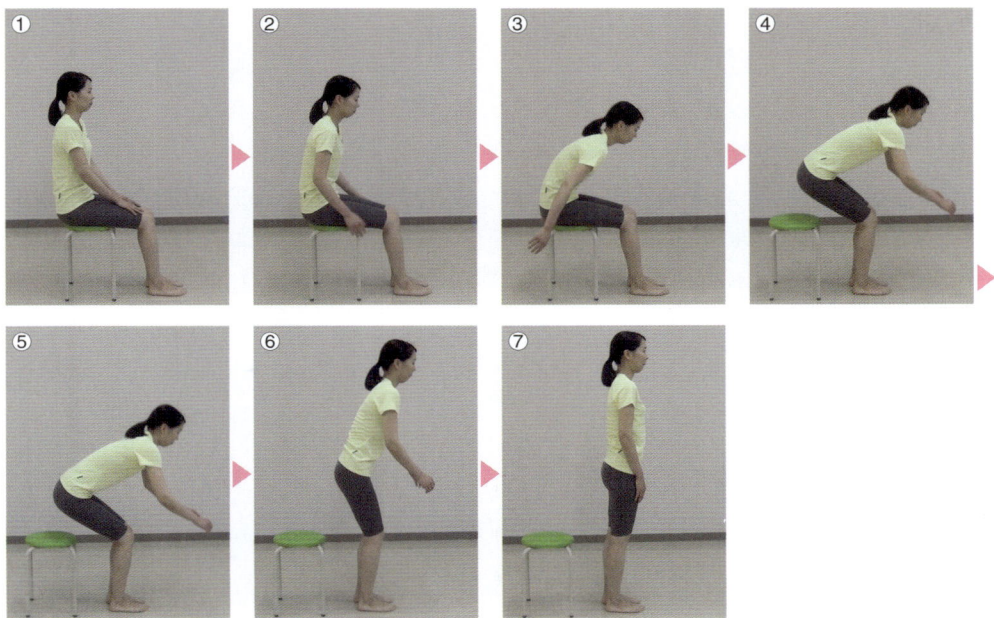

●膝关节屈曲受限

单侧膝关节屈曲受限时，会出现对侧脚向后撤步再起立的代偿性动作。

如果两侧膝关节屈曲受限，那么会出现将变位双脚摆放在前面后直接起立的动作，而且此时臀部很难抬离椅面。这是因为臀部抬离椅面后支撑基底面离身体重心太远，会出现与两侧踝关节背屈受限时相同的代偿性动作。

●骨盆保持后倾

由于腹肌群的肌力下降或者肌肉紧张度下降，骨盆后倾后直接起立时，起立动作会受到阻碍。因为骨盆后倾时躯干前倾（髋关节屈曲）的角度变小、身体重心的前移幅度变小，所以臀部难以抬离椅面，除了会出现与两侧踝关节背屈受限时相同的代偿性动作外，还会出现双脚后撤、头颈部和躯干屈曲等。

●髋关节屈曲受限

如果髋关节屈曲受限，起立动作也会受限。由于髋关节屈曲受限，躯干前倾（髋关节屈曲）的角度变小，身体重心无法充分前移，所以臀部很难抬离椅面，会出现与骨盆保持后倾时相同的代偿性动作。

第8章 对起立的研究

141

● 下肢肌群的肌力下降

如果下肢肌群（胫骨前肌、腓肠肌、比目鱼肌、臀大肌、股四头肌）的肌力下降，那么膝关节前移、足部承重准备、膝关节稳定与伸展、髋关节伸展、躯干伸展等运动都会受到阻碍。

● 椅面高度过低

从低椅面的椅子上起立与从高椅面的椅子上起立相比，臀部更难抬离椅面，臀部抬离椅面后的身体负荷更重。从低椅面的椅子上起立时，我们需要延长身体重心的上移距离。与正常动作相比，代偿性动作有躯干前倾（髋关节屈曲）角度更大，躯干前倾（髋关节屈曲）发力，用两侧上肢推、拉、发力等动作。此外，在这种情况下也会出现双脚后撤更远、头颈部和躯干屈曲等现象。

■ 促进运动的原因

- 双手或者单手推椅面或大腿、双手或者单手拉墙上的把手、用双手发力等，可以使起立动作变得更加容易。
- 利用稳定性策略（增大躯干前倾角度）、运动量策略（提高躯干前倾速度）、混合型策略，可以使起立动作变得更加容易。
- 如果椅面高度高于小腿长度，那么重心上移的距离会缩短，重心前移的距离也会缩短，起立动作会变得更加容易。因此，在练习起立动作的初期，椅面高度应该稍微偏高。
- 如果脚部后撤，则身体重心前移的距离会缩短，起立动作会变得更加容易。在脚摆放在前面的情况下，在起立动作开始前，我们应先向后撤步（图8.10）。

补充说明

坐下动作

从站姿转换为坐姿的动作，要求下肢肌群有与起立动作不同的离心收缩。另外，虽然支撑基底面向后方扩大，身体重心向下且向后移动，但这是通过膝关节屈曲实现的，而起立动作中身体重心的前后移动是通过躯干前倾和调节踝关节的背屈角度实现的[1]。

【文献】

[1] 石井慎一郎：動作分析 臨床活用講座，122-137，メジカルビュー社，2013.

[2] 西守　隆：椅子からの立ち上がり．臨床歩行分析ワークブック（武田　功 監），132-139，メジカルビュー社，2013.

图8.10 向后撤步的起立动作

a 侧视图

①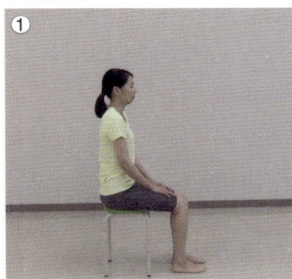

②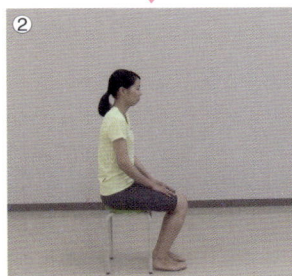

③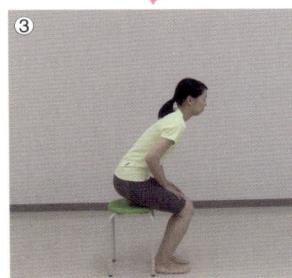

④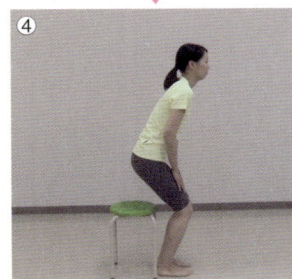

⑤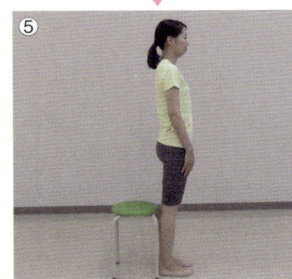

b 正视图

①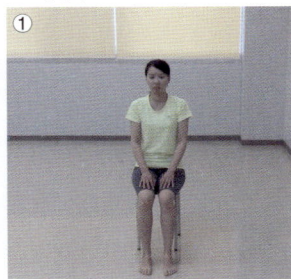

②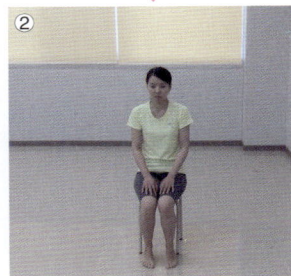

③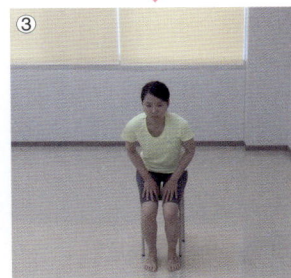

④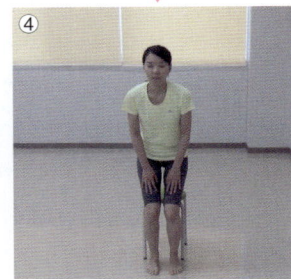

⑤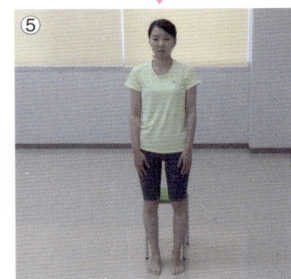

第8章 对起立的研究

143

起立动作的治疗手法

弓冈光德，铃东伸洋

起立动作前的下肢准备

为了进行起立动作，患者需要在端坐时膝关节屈曲的情况下跖屈踝关节和在站立时膝关节伸展的情况下背屈踝关节。

■ 膝关节伸展时背屈踝关节与膝关节屈曲时跖屈踝关节（抓着小腿三头肌）

这里以对患者的右脚进行的操作为例进行讲解。

治疗师跪坐在端坐在患者的右侧小腿附近，将患者的右脚放在自己的右侧大腿上。治疗师将自己右侧大腿外展且外旋，以使患者的膝关节伸展、腘绳肌伸展，同时背屈患者的踝关节、伸展小腿三头肌。治疗师帮助患者在膝关节屈曲时跖屈踝关节、背屈脚趾。此时，治疗师抓着患者的足部和小腿三头肌以使动作保持（图8.11）。

图8.11 膝关节伸展时背屈踝关节与膝关节屈曲时跖屈踝关节（抓着小腿三头肌）

①将患者的右脚放在自己的右侧大腿上
②抓着患者的小腿三头肌，让患者背屈踝关节的同时伸展膝关节
③让患者在膝关节屈曲时跖屈踝关节、背屈脚趾

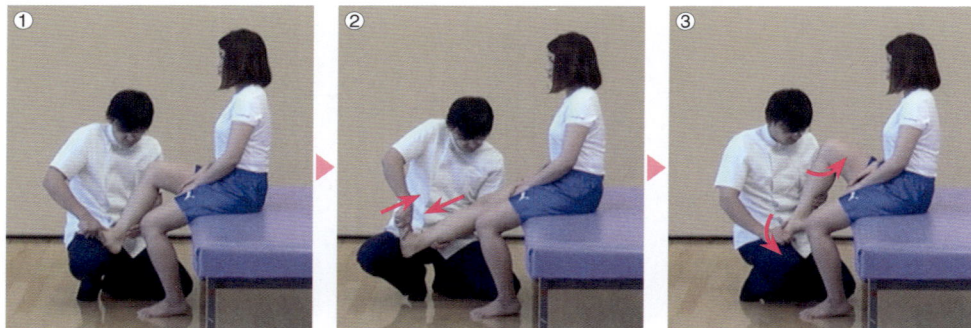

144

■膝关节屈曲时背屈或跖屈踝关节（抓着小腿三头肌）

　　治疗师跪坐在端坐着的患者的右侧小腿的正前方，将患者的右脚放在自己的右侧大腿上。治疗师在患者膝关节屈曲时背屈患者的踝关节、背屈患者的脚趾，以使患者练习步行中的前掌轴动作。然后，为了伸展比目鱼肌，患者在屈曲膝关节时跖屈踝关节（图8.12）。

图8.12 膝关节屈曲时背屈或跖屈踝关节
①将患者的右脚放在自己的右侧大腿上
②背屈患者的踝关节
③跖屈患者的踝关节，背屈患者的脚趾

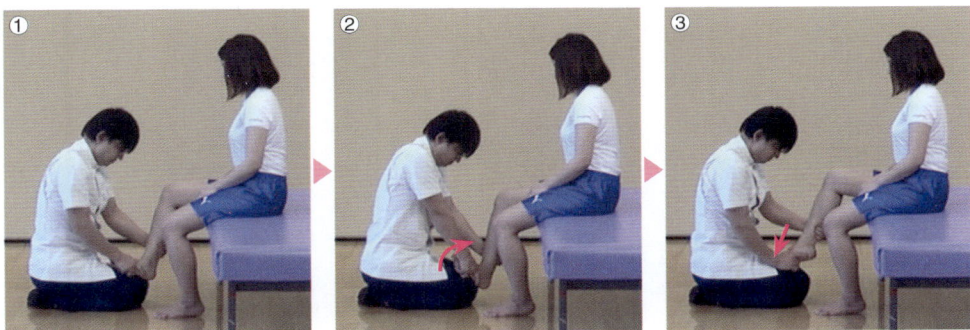

■用治疗师的躯干使患者的膝关节屈曲或伸展

　　治疗师跪坐在端坐着的患者的正前方，将患者的右脚抵住自己的腹部，屈曲或伸展患者的膝关节（图8.13）。

图8.13 用治疗师的躯干使患者的膝关节屈曲或伸展
①将患者的右脚抵住自己的腹部
②躯干前倾，使患者的踝关节背屈、膝关节伸展
③在患者的踝关节背屈的状态下，屈曲患者的膝关节

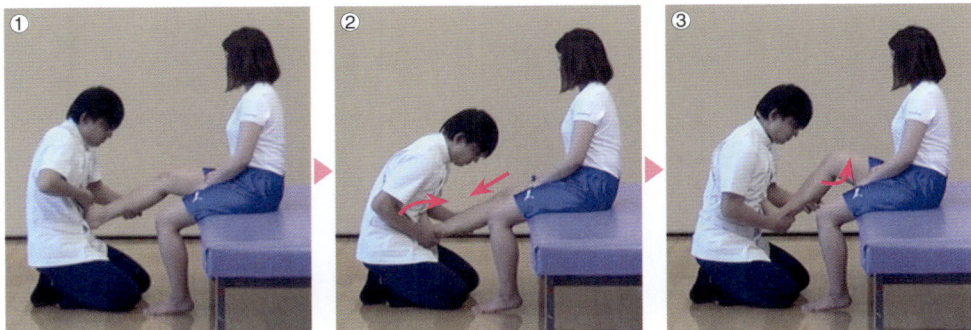

■ **膝关节伸展时背屈踝关节与膝关节屈曲时跖屈踝关节（抓着腘绳肌）**

治疗师跪坐在端坐着的患者的右小腿的侧面，将患者的右脚放在自己的右侧大腿上。为了使患者的腘绳肌明显伸展，治疗师应抓着患者的腘绳肌并在患者的膝关节伸展的状态下背屈患者的踝关节，在患者的膝关节屈曲时跖屈患者的踝关节，背屈脚趾（图8.14）。

图8.14 膝关节伸展时背屈踝关节与膝关节屈曲时跖屈踝关节（抓着腘绳肌）
①将患者的右脚放在自己的右侧大腿上
②抓着患者的腘绳肌，背屈患者的踝关节和伸展患者的膝关节
③屈曲患者的膝关节，跖屈患者的踝关节和背屈患者的脚趾

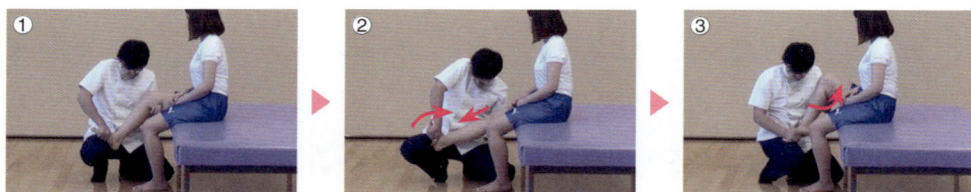

从两侧肩胛骨引导患者起立

患者端坐，治疗师面向患者并在患者正前方站立，并将双手放在患者的两侧肩胛骨上（图8.15①），前倾患者的肩胛骨使其躯干前倾（图8.15②）。然后，治疗师垂直向上引导患者的肩胛骨，以使其臀部抬离床面至躯干挺直呈站立姿势（图8.15③）。

紧接着，治疗师后倾且下抑患者的肩胛骨，以使其两侧膝关节屈曲（图8.15④）。然后，治疗师向前引导患者的肩胛骨，以使其躯干前移，让身体重心进入双脚的支撑基底面（图8.15⑤）；前倾患者的肩胛骨使患者前倾躯干的同时，引导患者向后移动骨盆并坐下（图8.15⑥）。

图8.15 从两侧肩胛骨引导患者起立
①将手放在患者的两侧肩胛骨上
②前倾患者的肩胛骨，以使其躯干前倾
③垂直向上引导患者的肩胛骨，以使其躯干挺直
④后倾且下抑患者的肩胛骨，使患者的两侧膝关节屈曲
⑤使患者的躯干前移，让身体重心进入双脚的支撑基底面
⑥使患者的躯干前倾、骨盆后移，让患者坐在床上

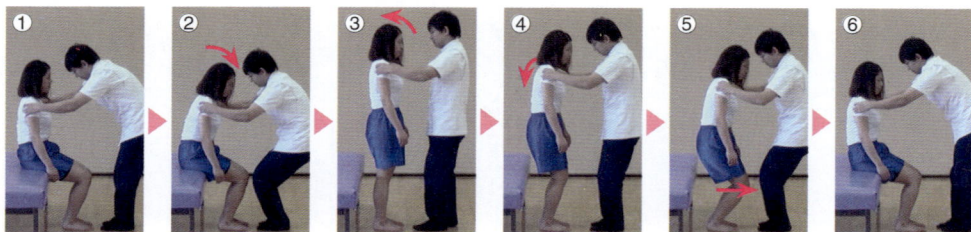

从两侧上肢引导患者起立

通过旋转上肢引导躯干屈曲或伸展

作为从两侧上肢引导起立动作的准备活动，治疗师要通过上肢的旋转来引导患者屈曲或伸展躯干。

患者端坐，治疗师面向患者并在患者的正前方站立。治疗师操作患者的前臂，在其位于旋前和旋后的中立位时固定（**图8.16**①）。此时，如果治疗师稍微旋前患者的前臂，患者的肩关节就会内旋、向上旋转且外展，上部躯干会屈曲，整体躯干前倾（**图8.16**②）；相反，如果治疗师稍微旋后患者的前臂，患者的肩关节就会外旋、向下旋转且内收，上部躯干会伸展并在垂直方向上运动（**图8.16**③）。

图8.16 通过旋转上肢引导躯干屈曲或伸展
①操作患者的前臂，在其位于旋前和旋后的中立位时固定
②如果稍微旋前患者的前臂，其躯干会屈曲、前倾
③如果稍微旋后患者的前臂，其躯干会伸展并在垂直方向上运动

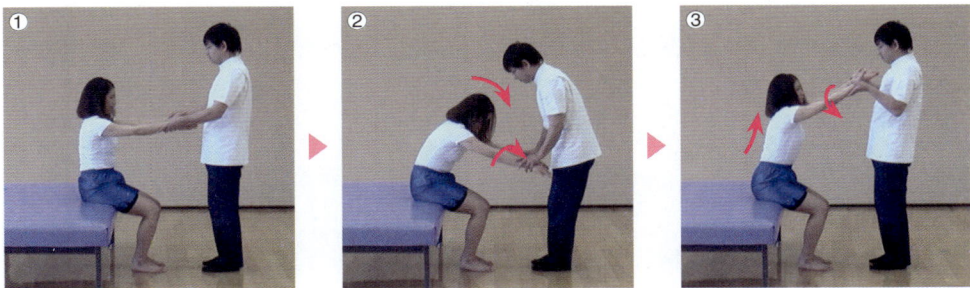

通过旋转上肢引导患者起立

从两侧上肢（这里指前臂）开始操作，治疗师可通过肩胛骨来引导躯干，以使患者从床上起立。

患者端坐，治疗师面向患者并在患者的正前方站立。首先，治疗师抓着患者的前臂（**图8.17**①），稍微旋前并向前下方拉动，使患者的肩胛骨、躯干前倾（**图8.17**②）。然后，治疗师稍微旋后并向上拉动患者的前臂，垂直向上引导患者的肩胛骨，以使其臀部抬离床面，躯干垂直而站立（**图8.17**③④）。

为了使患者回到坐立姿势，治疗师应稍微旋前并向前下方拉动患者的前臂，以使其肩胛骨向前下方运动，引导其躯干前倾和膝关节屈曲（**图8.17**⑤）。接着，治疗师从患者的前臂引导，以使其肩胛骨、躯干稍微前移，使重心进入双脚形成的支撑基底面内（**图8.17**⑥）。然后，治疗师使

患者从那里坐下，旋后并稍微上抬患者的前臂，通过患者的肩胛骨引导其躯干直立（图8.17⑦⑧）。

图8.17 通过旋转上肢引导患者起立
①抓着患者的前臂
②稍微旋前患者的前臂，以使其躯干前倾
③稍微旋后并向上拉动患者的前臂，使患者的臀部抬离床面
④让患者垂直站立
⑤稍微旋前并向前下方拉动患者的前臂，引导患者前倾躯干和屈曲膝关节
⑥拉动患者的前臂，使其躯干稍微前移
⑦让患者坐下
⑧旋后并上抬患者的前臂，使其躯干直立

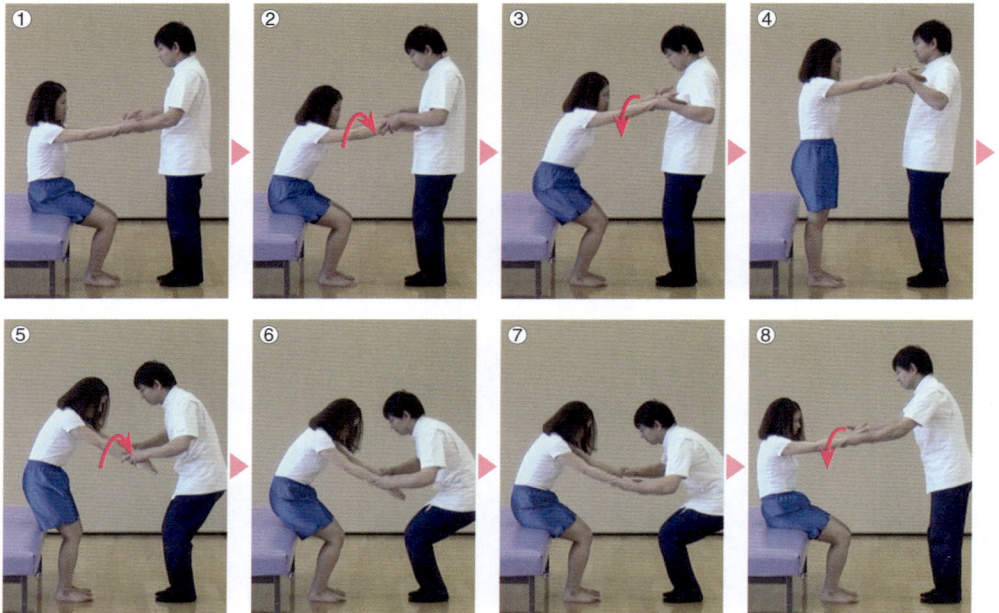

从单侧上肢引导患者起立

这里以右侧瘫痪的患者为例来进行解说。

患者端坐在床上，治疗师在患者的右侧坐下，用左手抓着患者的右侧上臂，用右手抓着患者的右手掌（图8.18①），将右侧肩关节略微内旋以使其上肢向下移动，前倾并下抑患者的肩胛骨来引导骨盆后倾（图8.18②）。然后，治疗师将患者的右侧肩关节略微外旋以使其上肢向上移动，后倾并上抬患者的肩胛骨以使其骨盆前倾（图8.18③）。这些操作可以促进患者的身体肌肉的运动，以为起立做准备。

接下来，治疗师使患者的躯干从中立位前倾，让患者起立（图8.18④）并直立站立（图8.18⑤）。

患者坐下时，治疗师应使患者的躯干前倾、臀部后移，以引导患者呈端坐位（图8.18⑥⑦）。

图8.18 从单侧上肢引导患者起立
①抓着患者的右侧上臂和右手掌
②从上肢引导患者后倾骨盆
③从上肢引导患者前倾骨盆
④使患者的躯干前倾，让患者起立
⑤使患者的躯干直立，让患者站立
⑥使患者的躯干前倾、臀部后移
⑦引导患者呈端坐位

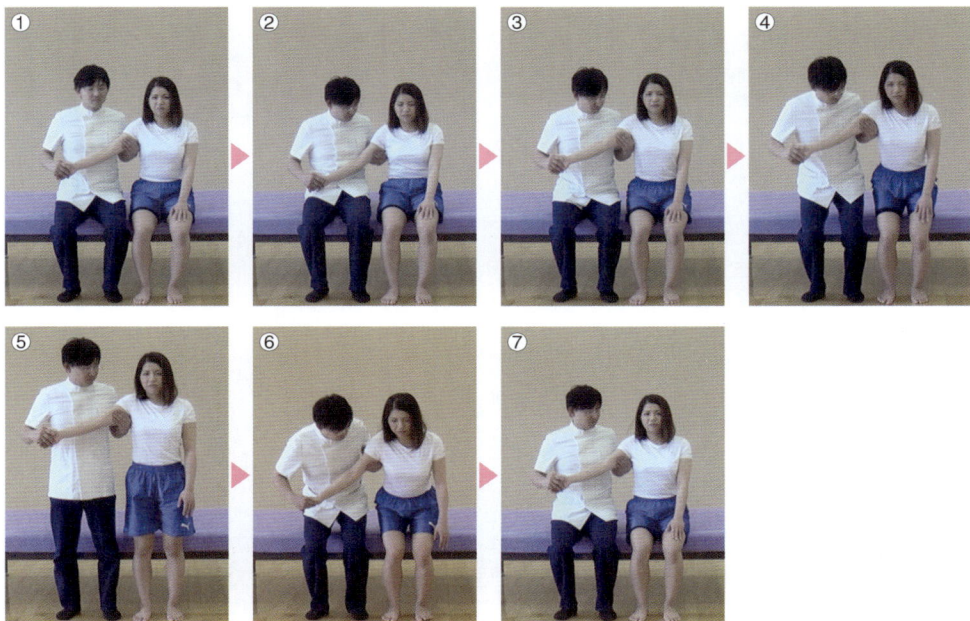

从下部躯干引导患者起立

患者端坐在床上，治疗师在患者的右侧坐下。治疗师将双手放在患者的左右下腹部（**图**8.19①），从下腹部活动患者的腹肌，引导患者后倾骨盆（**图**8.19②）。接下来，治疗师从患者的腰背部活动背肌，使患者的骨盆前倾（**图**8.19③）。然后，治疗师使患者的躯干前倾，让患者起立（**图**8.19④）；使患者的躯干直立，让患者站立（**图**8.19⑤）。

患者坐下时，治疗师应活动患者的腹肌，以使其骨盆后倾、下肢屈曲（**图**8.19⑥）。治疗师向前引导患者的膝关节，使患者的身体重心向双脚形成的支撑基底面内移动（**图**8.19⑦）。治疗师使患者的躯干前倾、臀部后移，以引导患者呈端坐位（**图**8.19⑧⑨）。

图8.19 从下部躯干引导患者起立
①将双手放在患者的左右下腹部
②从患者的下腹部引导患者后倾骨盆
③从患者的腰背部引导患者前倾骨盆
④使患者的躯干前倾，让患者起立
⑤使患者的躯干直立，让患者站立
⑥活动患者的腹肌，以使其骨盆后倾、下肢屈曲
⑦向前引导患者的膝关节
⑧使患者的躯干前倾、臀部后移
⑨引导患者呈端坐位

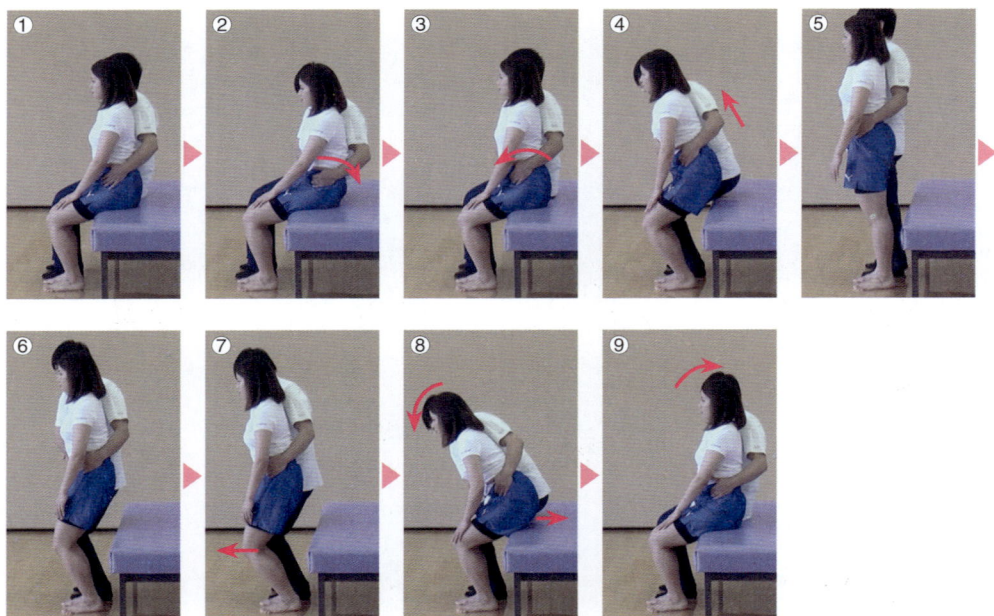

从单侧上肢和下部躯干引导患者起立

患者端坐在床上，治疗师在患者的右侧坐下。治疗师用右前臂和腹部夹住患者的右侧上肢（瘫痪侧上肢），双手放在患者的下腹部，在防止患者的右侧肘关节屈曲的同时从患者的下部躯干引导患者起立（图8.20①）。

然后，治疗师引导患者后倾并前倾骨盆，活动起立时所需的躯干屈肌和伸肌（图8.20②③）。治疗师使患者的躯干前倾、臀部抬离床面，再使患者的躯干后倾以实现左右对称的站立姿势（图8.20④⑤）。

患者坐下时，治疗师使患者的躯干前倾、臀部后移，然后使患者的躯干后倾，回到左右对称的端坐姿（图8.20⑥⑦）。

图8.20 从单侧上肢和下部躯干引导患者起立
①控制住患者的右侧上肢和下腹部
②活动患者的下部躯干的腹肌，使患者的骨盆后倾
③活动患者的上部躯干的背肌，使患者的骨盆前倾
④使患者的躯干前倾、臀部抬离床面
⑤使患者的躯干后倾，实现左右对称的站立姿势
⑥使患者的躯干前倾、臀部后移
⑦使患者的躯干后倾，回到左右对称的端坐姿

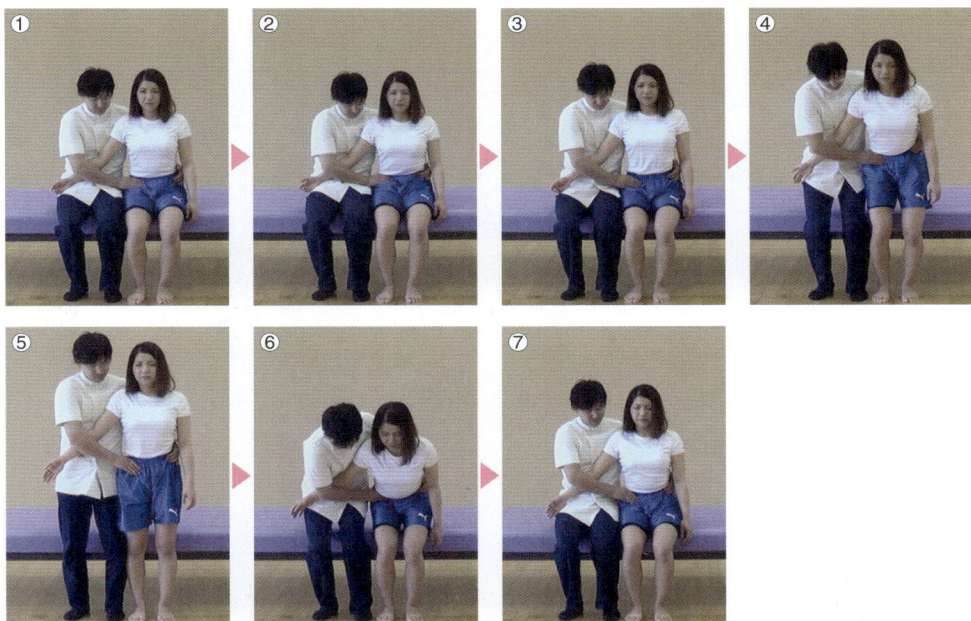

从骨盆引导患者起立

患者端坐，治疗师面向患者并在患者的正前方站立。治疗师弯腰扶着患者的两侧骨盆（**图**8.21①），后倾并前倾患者的骨盆，以活动起立所需的躯干屈肌和伸肌（**图**8.21②③）。然后，治疗师使患者的躯干前倾、臀部抬离床面，再使躯干后倾以实现左右对称的站立姿势（**图**8.21④⑤）。

患者坐下时，治疗师应使患者的骨盆后倾、膝关节屈曲，在使患者的骨盆前移的同时进一步屈曲患者的膝关节（**图**8.21⑥⑦）。治疗师使患者的躯干前倾、臀部后移，然后使患者的躯干后倾，回到左右对称的端坐姿（**图**8.21⑧⑨）。

图8.21 从骨盆引导患者起立
①扶着患者的两侧骨盆
②活动患者的下部躯干的腹肌，使患者的骨盆后倾
③活动患者的下部躯干的背肌，使患者的骨盆前倾
④使患者的躯干前倾、臀部抬离床面
⑤使患者的躯干后倾，实现左右对称的站立姿势
⑥使患者的骨盆后倾、膝关节屈曲
⑦使患者的骨盆前移，进一步屈曲患者的膝关节
⑧使患者的躯干前倾、臀部后移
⑨使患者的躯干后倾，回到左右对称的端坐姿

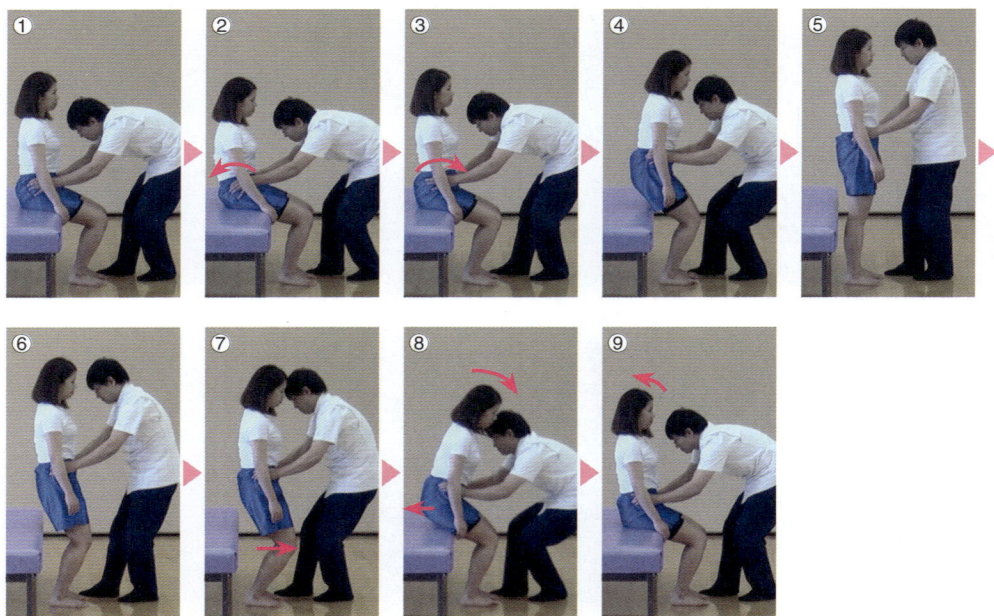

从两侧大腿引导患者起立

■ 从两侧大腿前侧引导躯干前倾或后倾

作为引导患者起立的准备活动，治疗师应从患者的两侧大腿引导，让患者前倾或后倾躯干。

患者端坐在床上，治疗师面向患者并跪坐在患者的正前方，将双手放在患者的两侧大腿前（图8.22①）。治疗师在双手稍微向下施加压力的同时向患者的膝关节方向拉，使患者的股四头肌做向心运动，以使患者的骨盆和躯干前倾（图8.22②）。

反之，治疗师在双手稍微向下施加压力的同时向患者的髋关节方向推，使患者的股四头肌做离心运动，以使患者的骨盆和躯干重新垂直。

图8.22 从两侧大腿引导躯干前倾或后倾

①将双手放在患者的两侧大腿前
②使患者的股四头肌做向心运动，
  以使患者的骨盆和躯干前倾
  使患者的股四头肌做离心运动，以
  使患者的骨盆和躯干重新垂直

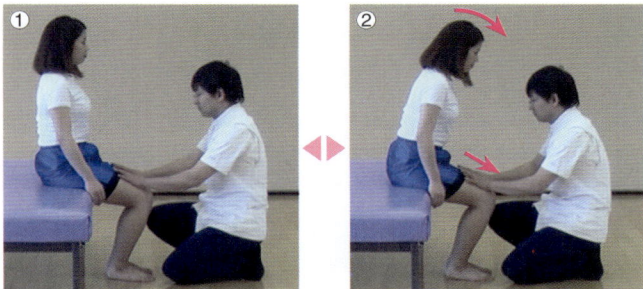

153

■从两侧大腿外侧引导患者起立

　　患者端坐在床上，治疗师面向患者并跪坐在患者的正前方，双手抓着患者的两侧大腿外侧，其中拇指放在患者的大腿前侧，小指放在患者的大腿后侧（图8.23①）。治疗师的拇指向患者的膝关节方向活动，小指向患者的髋关节方向运动，使患者的股四头肌做向心运动，腘绳肌做离心运动，以使患者的骨盆和躯干前倾（图8.23②）。治疗师使患者的大腿向垂直方向运动，以垂直向上引导患者的骨盆和躯干（图8.23③），让患者实现左右对称的站立姿势（图8.23④）。

　　患者坐下时，治疗师的拇指向患者的髋关节方向活动，小指向患者的膝关节方向活动，使患者的股四头肌做离心运动，腘绳肌做向心运动，以使患者的膝关节屈曲（图8.23⑤）。然后，治疗师引导患者缓慢落下并坐在床上（图8.23⑥）。治疗师的拇指向患者的髋关节方向活动，小指向患者的膝关节方向活动，使患者的股四头肌做向心运动，腘绳肌做向心运动，以使患者的骨盆和躯干垂直（图8.23⑦）。

图8.23 从两侧大腿引导患者起立
①双手抓着患者的大腿外侧，其中拇指放在其大腿前侧，小指放在其大腿后侧
②拇指向患者的膝关节方向活动，小指向患者的髋关节方向运动，使其骨盆和躯干前倾
③使患者的大腿向垂直方向运动
④引导患者实现左右对称的站立姿势
⑤拇指向患者的髋关节方向活动，小指向其膝关节方向活动，使其膝关节屈曲
⑥引导患者缓慢落下并坐在床上
⑦拇指向患者的髋关节方向活动，小指向其膝关节方向活动，使其骨盆和躯干垂直

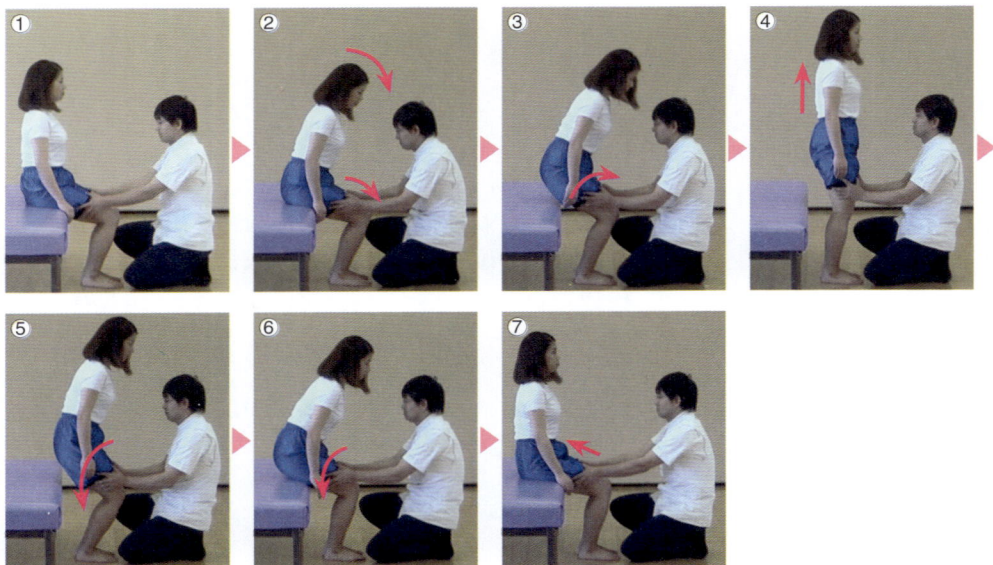

对站立的研究

第9章 对站立的研究

站立的基础知识

广濑浩昭

前言

站立姿势是我们在看风景、刷牙、工作等日常生活中经常用到的姿势，而且站立姿势是转移动作和步行等移动动作的开始姿势，是一项重要的基本动作。

站立姿势是两侧上肢和两侧下肢都伸展的姿势，与仰卧姿势的肢体位置基本相同，但是站立姿势是抗重力姿势，与仰卧姿势相比支撑基底面较窄，身体重心位置较高。健康的成年人虽然较容易保持站立姿势，但如果其肌肉骨骼系统、知觉系统、控制系统的功能出现障碍，保持站立就会变得很困难。

站立保持有保持静止站立状态的静止站立保持和尚存在身体移动或支撑基底面晃动等外力时的动态站立保持。治疗师对静止、动态站立保持以及保持能力进行评估、治疗与环境调整的同时，要结合步行等"动作"进行治疗。

站立的概要与特点

站立姿势在不同人之间存在一定的差异，受身高、体重、年龄、性别、体形的影响[1]。基本的站立姿势是两侧上肢伸展并自然下垂在身体两侧，两侧下肢伸展，双脚的踝关节处于跖屈与背屈的中立位（图9.1）。具体地说就是，两侧肩关节、肘关节、前臂、腕关节、髋关节、膝关节，以及踝关节都大致处于中立位。解剖学站立姿势[1]（图9.2）是在基本站立姿势的基础上外旋肩关节、旋后前臂而形成的。

健康的成年人在静止站立时，身体重心在骨盆内骶骨稍前的位置。矢状面上的重心线略在颞骨乳突前（耳垂稍后的位置）、肩峰、股骨大转子（髋关节稍后的位置）、膝关节中心稍前的位置（膝盖骨后方）、踝关节稍前的位置[2]。额状面上的重心线穿过枕外隆凸、椎体棘突、臀裂、两侧膝关节内侧的中央、两侧内踝中央。

姿势调节需要肌肉骨骼系统和本体感受器、视觉以及前庭觉系统等多个系统的相互作用[1]。

图9.1 基本站立姿势

图9.1 基本站立姿势

虚线表示重心线

a 矢状面　　　　　b 额状面

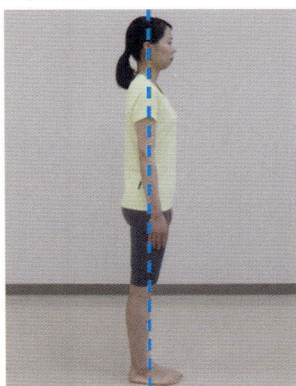

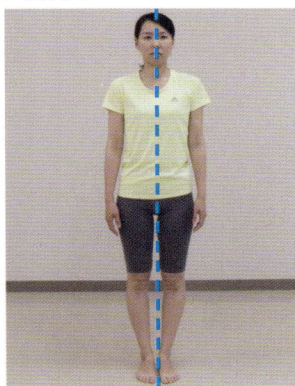

图9.2 解剖学站立姿势

在基本站立姿势的基础上外旋肩关节、旋后前臂。虚线表示重心线

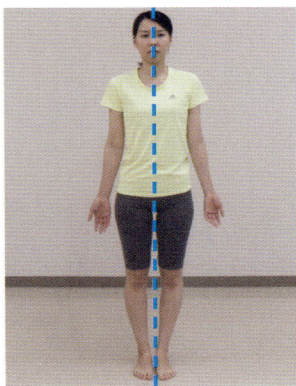

站立姿势的变化（多样性）

必须长时间保持站立姿势时，人们会采取各种各样的策略。如**图9.3**所示，与双脚合拢的站立姿势（并脚站立姿势）相比，双脚分开大致与肩同宽的站立姿势（叉脚站立姿势）的支撑基底面更大，稳定性也更强。在叉脚站立时，我们首先应将身体重量偏向于一侧下肢，稍微保持一段时间后再将身体重量转移到另一侧下肢，以此来保持站立姿势。相比肌肉疲劳，大多数情况下是因为被压缩的关节软骨和紧张的韧带导致血液不流通[1]。两侧上肢的状态也存在多样性，如双手下垂在身体两侧、双手交叉摆放在背后、双手抱胸、双手插兜等。

站立时双脚着地是指两脚站立（通常情况下站立指的就是双脚站立），单脚着地则是抬起一只脚，用另一只脚站立（单脚站立）。与双脚站立相比，单脚站立的支撑基底面较小，所以稳定性较低。此原理可用于双脚站立可以保持平衡但单脚站立无法保持平衡时的平衡功能障碍检查。如果被检查者睁眼时可以单脚站立，那么他在闭眼时能单脚站立并保持10秒以上才算正常[3]。双脚前后摆放的站立姿势叫跨步站立，后脚脚尖与前脚脚跟接触并排列在同一直线上的站立姿势叫串联站立（接脚姿势）[4]。

根据站立时视觉信息的有无，站立姿势可以分为睁眼站立和闭眼站立。对于姿势控制来说，虽然通过视觉器官来判断与外界的位置关系，通过前庭器官来感知与重力的关系，以及通过身体感觉器官来判断身体各个部位的位置关系等知觉情报很重要，但是儿童与成年人在信息分工方面存在差异。婴儿在可以站立后到2岁为止，其本体感受器和前庭感受器会提供重要姿势反馈，因此有视觉协助时，其站立姿势稳定[1]；而对于成人来说视觉则更重

第9章　对站立的研究

157

要，正值壮年的成年人在闭眼时站立姿势的稳定性会下降30%，60岁以上的成年人在闭眼时站立姿势的稳定性会下降50%[1]。治疗师需要提前了解姿势控制机能的变化不仅取决于疾病的种类，还取决于患者的年龄。

图9.3 并脚站立姿势和叉脚站立姿势的支撑基底面

并脚站立姿势（a）和叉脚站立姿势（b）的支撑基底面如图下方所示。与并脚站立姿势相比，叉脚站立姿势的支撑基底面更大，可以增加侧面的稳定性

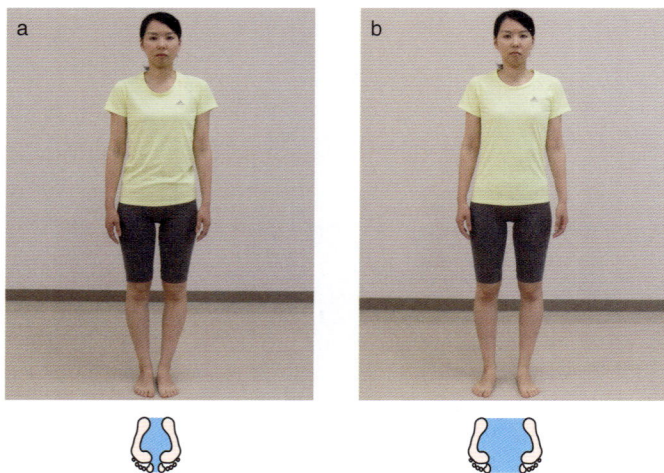

站立时的姿势调节

静止站立时由于呼吸和心脏跳动，身体重心的位置通常会略微变化。为了保持站立姿势，适当的身体调整、与抗重力姿势时肢体位置相对应的肌肉张力以及诸如牵张反射和长潜伏反射等反射活动很重要[5, 6]。保持站立姿势的抗重力肌主要有颈伸肌、竖脊肌、股二头肌以及比目鱼肌[5]等主要姿势肌，可用于应对身体重心的位置的略微变化。

在站立时，个体为了应对外力且保持身体重心在支撑基底面内需要反馈系统的调节［参照第2章（第31页）］。比较有代表性的调节策略（图9.4、图9.5）如下。

- 踝关节策略（ankle strategy）。
- 髋关节策略（hip strategy）。
- 跨步策略或者伸展策略[1]。

踝关节策略是指踝关节和脚步的运动，主要是通过踝关节的跖屈和背屈进行姿势调节。身体向后摇晃时，胫骨前肌开始活动；身体向前摇晃时，小腿三头肌（主要是比目鱼肌）开始活动[1]。踝关节策略适用于外力较小且较慢，脚与地面的接触面较宽的情况。

髋关节策略通过髋关节、骨盆、躯干进行姿势调节[1]。髋关节策略适用于外力较大且较快，脚与地面的接触面较窄的情况。

跨步策略或者伸展策略是指在外力非常大且非常快时，个体向身体变

化方向迈步（弹跳反应）或者伸展以保持姿势的调节策略。跨步策略是在利用踝关节策略与髋关节策略无法应对的情况下，个体迈步支撑以形成新的支撑基底面的姿势调节策略。

图9.4 应对外力的姿势调节策略图

对两侧肩关节后面（蓝色）或者前面（绿色）施加外界刺激时，踝关节策略主要通过踝关节的跖屈和背屈进行姿势调节；髋关节策略通过髋关节、骨盆、躯干进行姿势调节；跨步策略通过个体向身体变化方向跨步来进行姿势调节

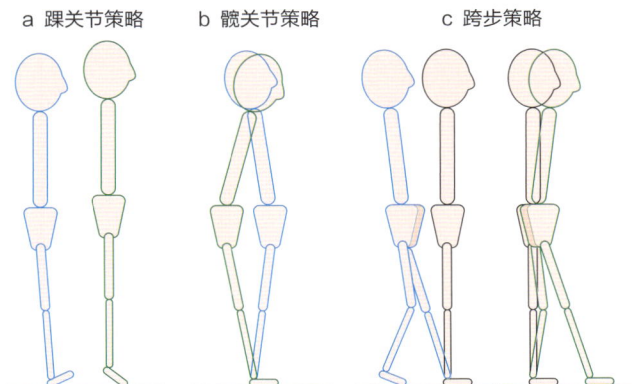

a 踝关节策略　　b 髋关节策略　　　　c 跨步策略

图9.5 对两侧肩关节施加来自后方的外力时的姿势调节

对两侧肩关节施加来自后方的外力时，如果个体通用用踝关节策略，则胫骨前肌活动，踝关节背屈；如果用髋关节策略，则髋关节伸展*；如果用跨步策略，则个体通过右侧下肢或者左侧下肢向后迈出一步，然后，通过右侧下肢或者左侧下肢着地支撑体重来调节姿势

a 踝关节策略

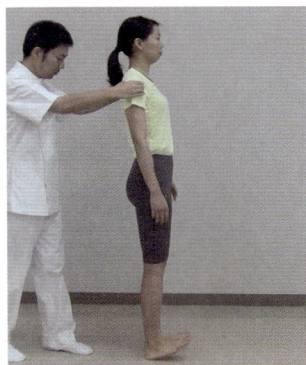

b 髋关节策略

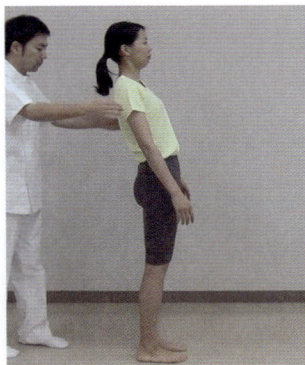

c 跨步策略

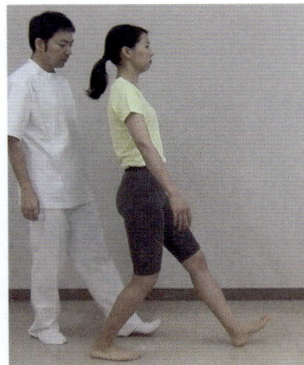

*对骨盆带施加来自后方的外力，如果采用髋关节策略，则髋关节屈曲、身体重心向支撑基底面内靠近。

【文献】

[1] Houglum PA ほか 著，武田　功 監：ブルンストローム臨床運動学 原著第6版，486-493，医歯薬出版，2013.

[2] 廣瀬浩昭：正常歩行における下肢・体幹の役割，臨床歩行分析ワークブック（武田功 監），22-29，2013.

[3] 田崎義昭 ほか：ベッドサイドの神経の診かた 第16版，62-64，南山堂，2004.

[4] 藤澤宏幸：姿勢の定義と分類の再考. 理学療法の歩み 24(1)，31-34，2013.

[5] 星　文彦：運動制御と運動学習. 標準理学療法学 専門分野 運動療法学総論 第3版（吉尾雅春 編），83-89，医学書院，2010.

[6] 小幡博基：立位姿勢における足関節底屈および背屈筋の神経制御メカニズム。国立障害者リハビリテーションセンター研究紀要 30，39-42，2010.

站立动作的治疗手法

弓冈光德，铃东伸洋

因脑血管疾病而偏瘫的患者的站立特点有下部躯干的控制能力较差而导致骨盆前倾且向后旋转，瘫痪侧髋关节周围的肌肉不够紧张（主要是臀肌群和内侧腘绳肌）而导致髋关节外展、外旋，股四头肌不够紧张而导致膝反张和膝关节屈曲，小腿外侧腓肠肌过度紧张和内侧腓肠肌不够紧张而导致髋关节外旋且踝关节旋前现象加重、踝关节跖屈旋前、脚趾屈曲等。治疗站立动作的目的是让患者从这种非瘫痪侧占优势的站立姿势尽可能地转换为对称的双脚站立姿势。

站立时使膝关节屈曲的动作：下蹲

治疗师面向患者站立，扶着患者的两侧骨盆，在使患者的骨盆后倾、腹肌群和臀大肌活动的同时屈曲患者的膝关节（图9.6）。此时，患者要尽可能保持躯干直立，使躯干的重心远离膝关节并活动股四头肌。然后，治疗师使患者的骨盆前倾、膝关节伸展，引导患者回到站立姿势。此方法也可以用于从坐立变换为站立、从站立变换为坐立的准备活动中。

图9.6 站立时使膝关节屈曲的动作：下蹲
①扶着患者的两侧骨盆
②使患者的骨盆后倾、膝关节屈曲
使患者的骨盆前倾、膝关节伸展，引导患者回到站立姿势

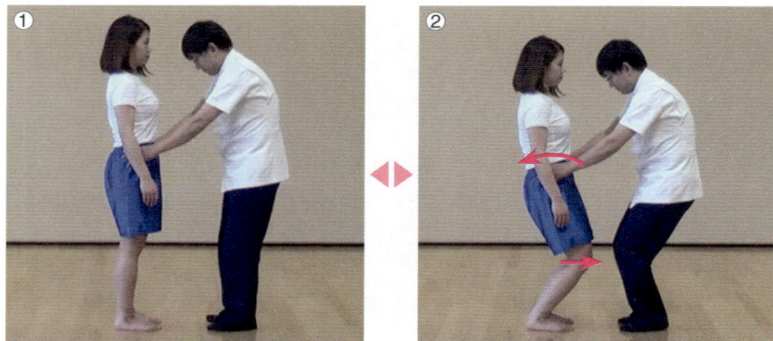

站立时使骨盆侧移

治疗师站在患者后面，扶着患者的两侧骨盆以使患者尽可能保持左右对称的站立姿势。治疗师使骨盆左移，由于骨盆相对于右侧下肢向内移动，患者的右侧髋关节会外展。治疗师使患者的骨盆右移，由于骨盆相对于右

侧下肢向外移动，患者的右侧髋关节会内收（图9.7）。此操作可以增加髋关节内收外展的可动性，增加左右下肢的支撑性。

图9.7 站立时使骨盆侧移
①使患者保持左右对称的站立姿势
②使患者的骨盆左移，由于骨盆相对于右下肢向内移动，患者的右侧髋关节会外展
③使患者的骨盆右移，由于骨盆相对于右下肢向外移动，患者的右侧髋关节会内收

站立时使髋关节旋转

操作骨盆使髋关节旋转

治疗师站在患者后面，扶着患者的两侧骨盆以使患者尽可能保持左右对称的站立姿势（图9.8①）。治疗师使患者的骨盆相对于右侧下肢向前旋转，患者的右侧髋关节会外展（图9.8②）。相反，治疗师使患者的骨盆相对于右侧下肢向后旋转，患者的右侧髋关节会内收（图9.8③）。

图9.8 操作骨盆使髋关节旋转
①使患者保持左右对称的站立姿势
②使患者的骨盆相对于右侧下肢向前旋转，患者的右侧髋关节会外展
③使患者的骨盆相对于右侧下肢向后旋转，患者的右侧髋关节会内收

第9章　对站立的研究

161

■ 固定下肢并操作骨盆使髋关节旋转

很多情况下只通过前述对骨盆的操作并不能使偏瘫的患者的髋关节充分旋转，这时治疗师需要保持患者的下肢不动并旋转其骨盆，便可以使患者的髋关节充分旋转。

首先，治疗师使患者保持左右对称的站立姿势，治疗师跪坐在将要操作的患者的下肢（这里指右下肢）旁边。治疗师用右手扶着患者的右侧大腿的前侧，用左手扶着患者的右侧骨盆（图9.9①）。治疗师在固定患者的右侧下肢后向前旋转其右侧骨盆，可以增加患者的右侧髋关节外旋的范围（图9.9②）。接下来，治疗师在固定患者的右侧下肢后向后旋转其右侧骨盆，可以增加患者的右侧髋关节内旋的范围（图9.9③）。

图9.9 固定下肢并操作骨盆使髋关节旋转
①使患者保持左右对称的站立姿势，扶着患者的右侧大腿的前侧和右侧骨盆
②在固定患者的右侧下肢后向前旋转其右侧骨盆，可以增加患者的右侧髋关节外旋的范围
③在固定患者的右侧下肢后向后旋转其右侧骨盆，可以增加患者的右侧髋关节内旋的范围

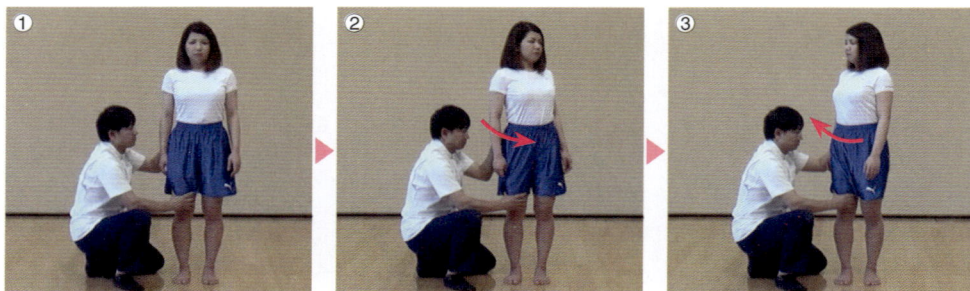

站立跨步时使髋关节伸展与旋转

■ 站立跨步时使髋关节伸展

髋关节过度屈曲（肌肉挛缩和肌肉紧张）导致步行异常时可能发生以下情况。

- 在瘫痪侧下肢的站立期，会出现躯干前倾或者腰椎代偿性前屈。
- 用膝关节屈曲和足关节背屈来代偿髋关节屈曲，以保持躯干的重心在双脚形成的支撑基底面之内。
- 由于站立期髋关节伸展不足，大腿被向前拉并步幅减小。

因此，治疗师需要减轻患者髋屈肌的挛缩和肌肉紧张状况，以伸展髋关节。其中一种方法是，让患者站立并跨步，瘫痪侧下肢在后，前移患者的骨盆以使患者的髋关节具有伸展的活动性。

这里以对右侧瘫痪患者进行的操作为例进行讲解。首先，治疗师在患者前面放置治疗专用的桌子，让患者将双手搭在桌子上面以保持左右对称的站立姿势（图9.10①）。治疗师端坐在患者的后面，为患者的右侧下肢在后的跨步运动做准备活动，治疗师用右手和右侧下肢支撑患者的右侧下肢，以使患者的右侧膝关节不屈曲（图9.10②）。在支撑患者的右下肢后，治疗师让患者的左侧下肢向前跨一步（呈跨步姿势），以促进患者的右侧髋关节伸展（图9.10③）。治疗师在使患者的左侧髋关节屈曲的同时使患者的骨盆向前移动，此时，治疗师要防止患者的右侧膝关节屈曲，以促进患者的右侧髋关节充分伸展（图9.10④）。

图9.10 站立跨步时使髋关节伸展
①在患者前面放置治疗专用的桌子，让患者将双手搭在桌子上面以保持左右对称的站立姿势
②为患者的右侧下肢在后的跨步运动做准备活动，用右手和右侧下肢支撑患者的右侧下肢以使患者的右侧膝关节不屈曲
③让患者的左侧下肢向前跨一步（呈跨步姿势），促进患者的右侧髋关节伸展
④在使患者的左侧髋关节屈曲的同时使患者的骨盆向前移动，此时，防止患者的右侧膝关节屈曲，以促进患者的右侧髋关节充分伸展

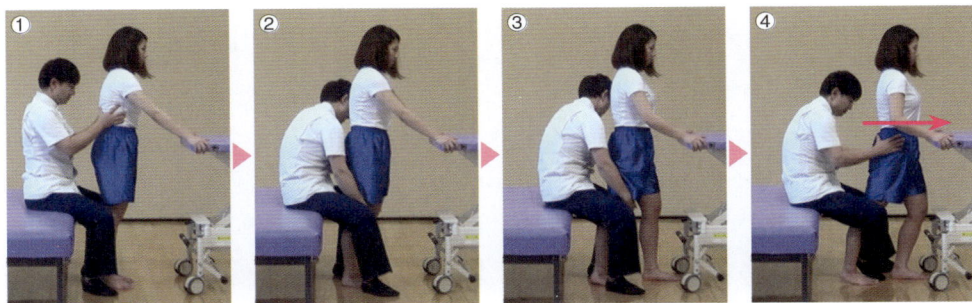

站立跨步时使髋关节旋转

正常步行的站立末期需要伸展、内旋髋关节，但是因脑血管疾病而偏瘫的患者多以髋关节屈曲、外旋的姿势站立而无法达到站立末期，因此治疗师要通过站立时的跨步运动来引导患者伸展、内旋髋关节。

首先，治疗师让患者按图9.11①~③的顺序做右侧下肢在后的跨步运动（图9.11①）。然后，治疗师使患者的右侧骨盆向前旋转、右侧髋关节外旋，以使患者的髋关节内旋肌伸展，由此可以使髋关节的伸肌和内旋肌变得容易活动（图9.11②）。此时，治疗师向后旋转患者的右侧骨盆、内旋患者的右侧髋关节，使患者的缩短且紧张的髋关节外旋肌伸展（图9.11③）。

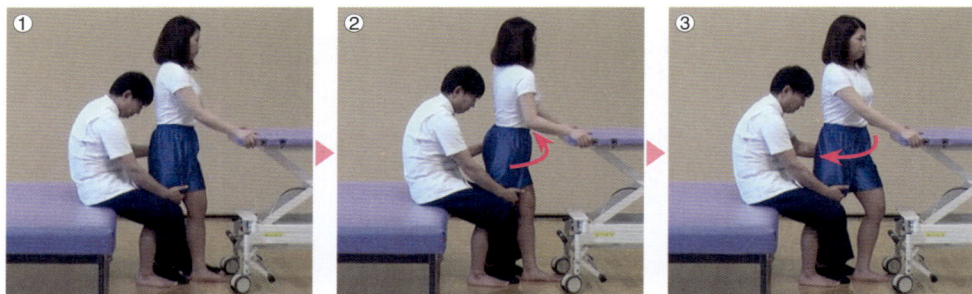

图9.11 站立跨步的髋关节旋转

①让患者做右侧下肢在后的跨步运动
②向前旋转患者的右侧骨盆、外旋其右侧髋关节，使患者的髋关节内旋肌伸展
③向后旋转患者的右侧骨盆、内旋其右侧髋关节，使患者的髋关节外旋肌伸展

用两侧上肢支撑而左右对称站立时向后跨步

■ 引导患者用两侧上肢支撑时左右对称站立

这里以右侧瘫痪的患者为例进行讲解。患者在一开始用左侧下肢支撑，外展、外旋右下肢的髋关节，在患者前面放置治疗专用的桌子（图9.12①）。让患者将双手搭在桌子上面以保持稳定的站立姿势（图9.12②）。治疗师跪坐在患者右侧下肢旁边，矫正其右侧下肢髋关节的外展、外旋问题，使患者左右对称站立。具体操作为，治疗师用左手握着患者的右侧小腿的后侧并用右手握着患者的右脚脚趾，使其脚后跟着地时背屈踝关节，以患者的右脚脚后跟为支点将右脚向内侧转动，再以患者的右脚脚趾为支点将右脚脚后跟向内侧转动。重复此操作，让患者的下肢位置变得左右对称（图9.12③～⑤）。

然后，治疗师用左手扶着患者的右大腿后侧上部，用右手扶着患者的右大腿前侧下部，左手向上运动，右手向下运动，刺激患者的髋关节伸肌和膝关节伸肌，以使其下肢伸展（图9.12⑥）。治疗师保持患者的右侧下肢伸展并向内侧倾斜，使患者的髋关节外展、身体重心左移（图9.12⑦）。接下来，治疗师在刺激患者的内侧腘绳肌、臀大肌、内侧腓肠肌的同时使患者的右侧下肢垂直，引导患者将身体重量从非瘫痪侧（左）向瘫痪侧（右）移动，使身体重心回到中间位，实现左右对称的站立姿势（图9.12⑧）。

图9.12 引导患者用两侧上肢支撑时左右对称站立

①右侧瘫痪的患者在一开始用左侧下肢支撑，外展、外旋右下肢的髋关节，在患者前面放置治疗专用的桌子
②让患者将双手搭在桌子上面以保持稳定的站立姿势
③用左手握着患者的右侧小腿的后侧，用右手握着患者的右脚脚趾，使其右脚脚后跟着地时背屈踝关节，以患者的右脚脚后跟为支点将其右脚向内侧转动
④以患者的右脚脚趾为支点向内侧转动其右脚脚后跟
⑤重复③④操作，让患者的下肢的位置变得左右对称
⑥用左手握着患者的右大腿后侧上部，用右手握着患者的右大腿前侧下部，使患者的屈曲的髋关节和膝关节伸展
⑦保持患者的右侧下肢伸展并向内倾，使患者的身体重心左移
⑧在刺激患者的内侧腘绳肌、臀大肌、内侧腓肠肌的同时使患者的右侧下肢垂直，引导患者将身体重量右移，使身体重心回到中间位，实现左右对称的站立姿势

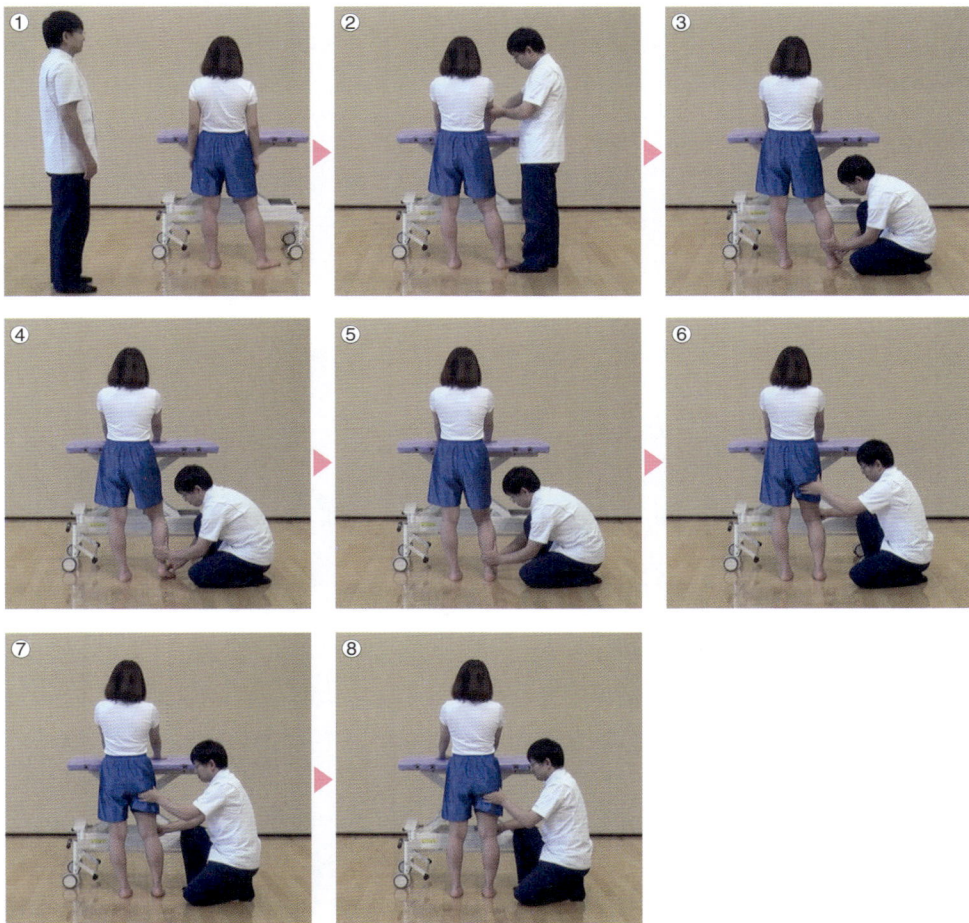

■站立时踝关节旋前和脚趾屈曲的治疗

下面以患者的踝关节跖屈、旋前和脚趾屈曲（这里指右下肢，**图9.13①**）为例进行讲解。治疗师分别用手钩住患者的右侧小腿的后面和右脚（**图9.13②**）。接下来，治疗师在内旋患者的右侧小腿的同时外翻患者的右脚（**图9.13③**），向前拉患者的脚趾的同时尽可能前后延长足部以缓解脚趾屈曲（**图9.13④**），拉宽患者的踇趾和小趾之间的间距的同时刺激小趾展肌（**图9.13⑤**）。然后，治疗师在向后患者的移动内侧腓肠肌使小腿内旋的同时背屈患者的脚趾和踝关节，使患者的身体重量移动，刺激其胫骨前肌、趾伸肌、腹肌（**图9.13⑥**），以尽可能使患者的小腿和双脚左右对称（**图9.13⑦**）。

图9.13 站立时踝关节旋前和脚趾屈曲的治疗
①患者的右侧踝关节跖屈、旋前和脚趾屈曲
②用手钩住患者的右侧小腿的后面和右脚
③使患者内旋右侧小腿，旋后右脚
④向前拉患者的脚趾的同时尽可能前后延长足部以缓解脚趾屈曲
⑤拉宽患者的踇趾与小趾之间的间距的同时刺激小趾展肌
⑥向后移动患者的内侧腓肠肌使小腿内旋的同时背屈患者的脚趾和踝关节，使患者的身体重量移动，刺激其胫骨前肌、趾伸肌，提升腹肌
⑦尽可能使患者的小腿和双脚左右对称

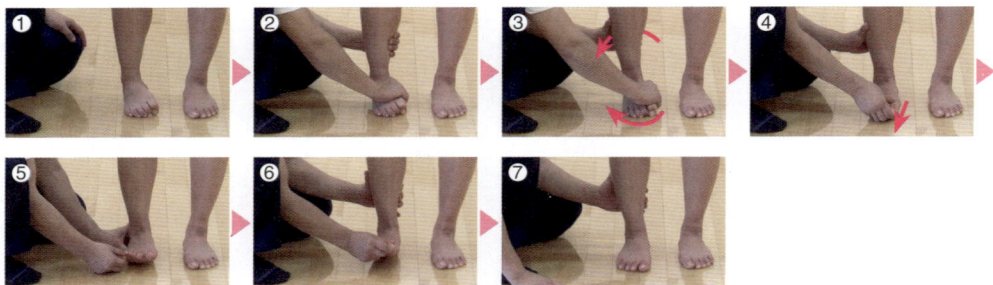

■向后跨步

治疗师在患者前面放置治疗专用的桌子，让患者将双手支撑在桌子上面。治疗师跪坐在患者的右侧下肢旁边，用左手握着患者的右侧小腿后侧，用右手握着其右脚脚掌，将患者的右脚前脚掌向上活动使踝关节背屈，以刺激患者的腹肌。同时，治疗师向内倾斜患者的小腿使其身体重心向左侧下肢转移，减少右侧下肢的负重，为右侧下肢向后做跨步运动做准备（**图9.14①**）。接下来，治疗师让患者的右侧下肢向后跨步，并用脚趾着地（**图9.14②**）。治疗师用右手握着患者的大腿前面，用左手握着患者的小腿后面，使患者的右腿向下移动并用右脚脚后跟着地（**图9.14③**）。由

此，可以使伴随髋关节伸展的膝关节屈曲或伸展、髋关节伸展、踝关节背屈具有可动性。

图9.14 向后跨步

①用左手握着患者的右侧小腿后侧，用右手握着患者的右脚脚掌；将患者的右脚前脚掌向上活动使踝关节背屈，以刺激患者的腹肌；同时，向内倾斜患者的小腿使其身体重心向左侧下肢转移，减少右侧下肢的负重，为右侧下肢向后做跨步运动做准备

②让患者的右侧下肢慢慢向后跨步，用脚趾着地

③引导患者用前脚掌和脚趾支撑的同时使脚后跟慢慢着地

通过俯卧式站立治疗

■引导俯卧式站立

俯卧式站立，即个体在站立状态下，上部躯干趴在前方的桌子上。这里以右侧瘫痪的患者为例进行讲解。

治疗师让患者站在治疗专用的桌子前，从患者身后用单手抵住患者的腹部，使患者的腹肌运动、骨盆后倾，以舒展其腰背部（**图9.15**①）。然后，治疗师握着患者的两侧肩胛骨（**图9.15**②），首先外展，然后内收且下抑，最后略微后倾，以舒展患者的躯干（**图9.15**③）。

此时，虽然患者可以左右对称地前倾，但是在站立时瘫痪侧的肩胛带和躯干在向后拉的状态下并不能对称地前倾，因此治疗师需要在患者前倾时前后旋转其瘫痪侧的躯干，通过形成功能性的非对称姿势来实现对称的躯干姿势。

治疗师操作患者的左侧肩胛骨，使患者的躯干右转并前倾（**图9.15**④）；然后，操作患者的右侧肩胛骨，使患者的躯干向左转动并前倾（**图9.15**⑤）。多次重复此操作，最后治疗师引导患者脸朝右俯卧式站立（**图9.15**⑥）。

图9.15 引导俯卧式站立

①让患者站在治疗专用的桌子前，从患者身后用单手抵住患者的腹部，使患者的腹肌运动、骨盆后倾，以舒展其腰背部

②握着患者的两侧肩胛骨

③外展、内收、下抑、略微后倾患者的两侧肩胛骨，以舒展其躯干

④操作患者的左侧肩胛骨，使患者的躯干右转并前倾

⑤操作患者的右侧肩胛骨，使患者的躯干左转并前倾

⑥多次重复此操作，最后引导患者脸朝右俯卧式站立

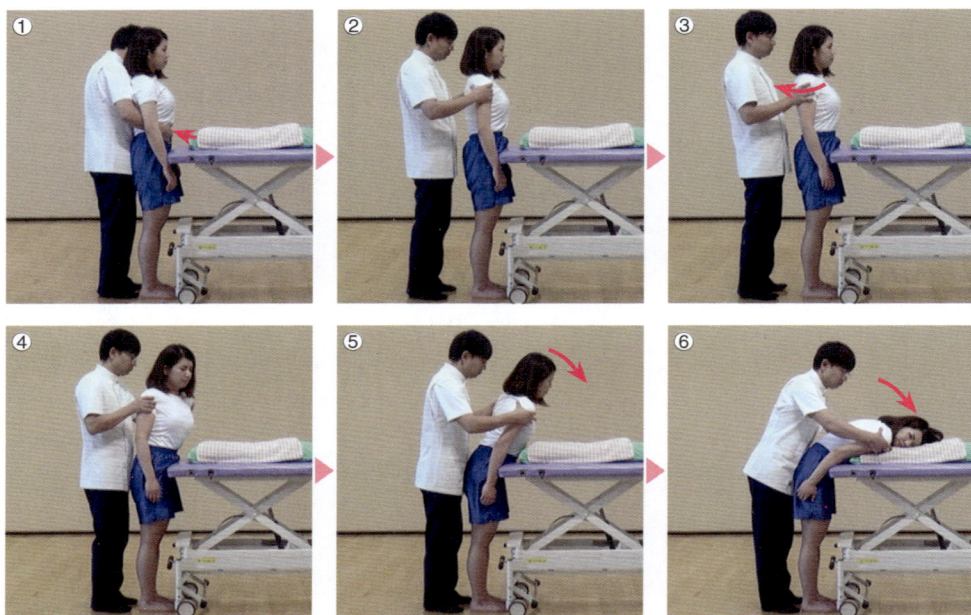

■站立和坐立时瘫痪侧的肩胛骨与肩关节被后拉的治疗

下面讲解针对站立和坐立时瘫痪侧的肩胛骨与肩关节被后拉而治疗时采用的俯卧式站立姿势。

治疗师用左手固定患者的躯干，用右手固定患者的右侧肩胛骨和上肢（图9.16①）。治疗师在用左侧前臂固定患者的躯干的同时使患者被后拉的肩胛骨和上肢向前活动，并在伸展患者的肩胛骨内收肌的同时伸展屈曲的上肢（图9.16②）。

图9.16 站立和坐立时瘫痪侧的肩胛骨与肩关节被后拉的治疗
①用左手固定患者的躯干，用右手固定患者的右侧肩胛骨和上肢
②在用左侧前臂固定患者的躯干的同时向前活动患者的被后拉的肩胛骨和上肢，并伸展患者的肩胛骨内收肌

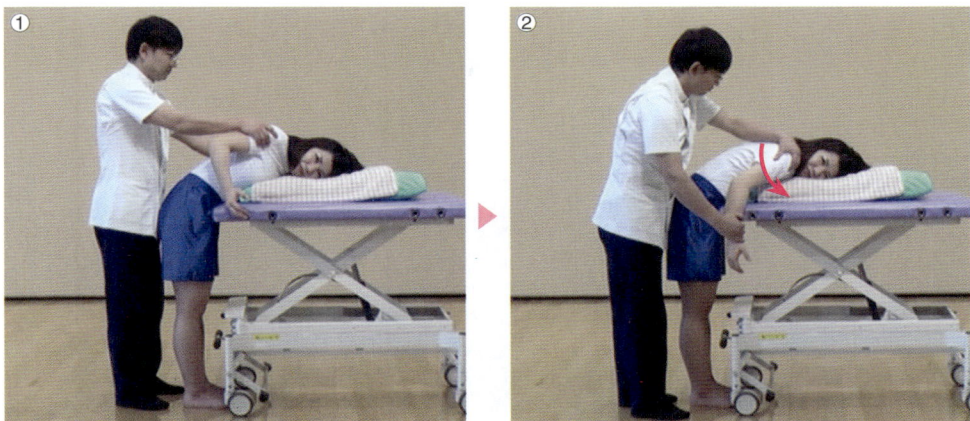

上肢无法充分外展和无法充分前举时的治疗

　　治疗师将俯卧式站立的患者的左上肢摆放在治疗专用的桌子上，然后在可活动范围内把患者的右上肢向前抬起（图9.17①）。治疗师握着患者的右侧肩胛骨和上肢，活动肩胛骨和肩关节，以改善肩胛骨上旋转和肩关节屈曲的可活动范围（图9.17②）。

图9.17 上肢无法充分外展和无法充分前举时的治疗
①在可活动范围内把患者的右上肢向前举起
②握着患者的右侧肩胛骨和上肢，活动肩胛骨和肩关节

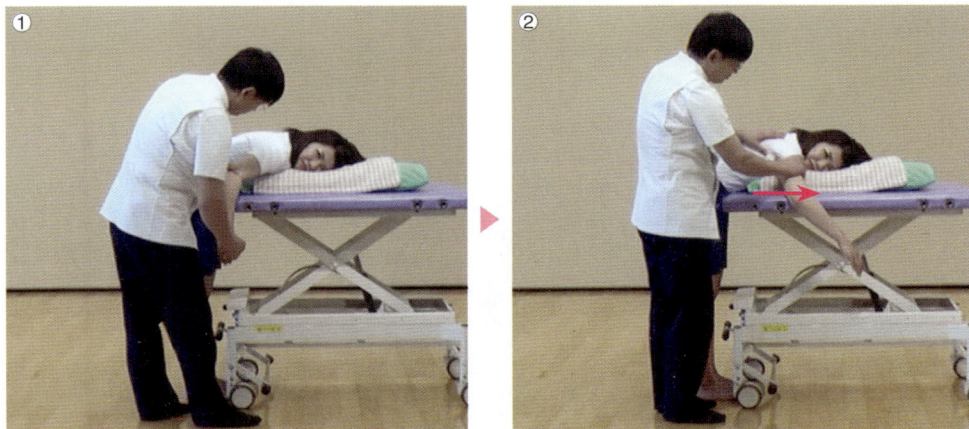

■ 通过肩胛骨内收和肩关节水平外展促进上部躯干伸展

患者上部躯干屈曲，伸展不充分时，内收肩胛骨和水平外展肩关节可以促进上部躯干伸展。

治疗师将俯卧式站立的患者的两侧上肢向后拉（图9.18①）。使患者的两侧肩胛骨内收和肩关节水平外展，以促进菱形肌和斜方肌的活动，使患者的上部躯干至整个躯干伸展（图9.18②）。

图9.18 通过肩胛骨内收和肩关节水平外展促进上部躯干伸展
①将患者的两侧上肢向后拉
②使患者的两侧肩胛骨内收和肩关节水平外展，使患者的上部躯干至整个躯干伸展

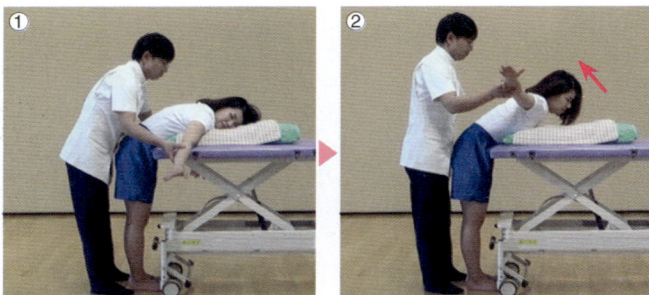

■ 通过骨盆后倾伸展腰背部

在患者俯卧式站立时，治疗师使患者的骨盆后倾、两侧膝关节屈曲，可以缓解患者的腰背部的紧张，让患者在步行时可以流畅摆腿。

治疗师扶着患者的两侧骨盆（图9.19①）。治疗师用头部前侧抵住患者的胸腰椎移行段，使躯干固定（图9.19②）。治疗师使患者的骨盆后倾、膝关节屈曲，可以缓解患者的腰背部的紧张（图9.19③）。

图9.19 通过骨盆后倾伸展腰背部
①扶着患者的两侧骨盆
②用头部前侧抵住患者的胸腰椎移行段，使躯干固定
③使患者的骨盆后倾、膝关节屈曲

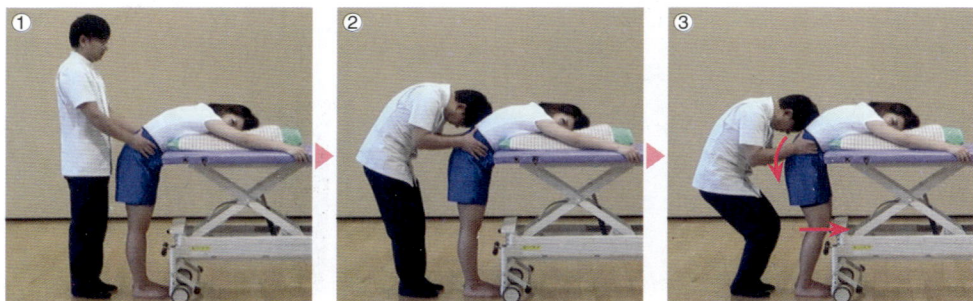

■ 通过向前转动、后倾单侧骨盆使同侧膝关节屈曲

患者在俯卧式站立时，治疗师在使患者的一侧骨盆向前转动，并在向侧面下抑的同时将其后倾，使患者的同侧膝关节屈曲。

治疗师将左侧前臂放在患者的腰背部来固定躯干，将右手放在患者的右侧骨盆处（图9.20①）。治疗师使患者的身体重心向左下肢移动，右侧骨盆向前转动，并在向侧面下抑的同时将其后倾，患者的右侧腰背部会被拉伸，右侧膝关节会屈曲（图9.20②）。

图9.20 通过向前转动、后倾单侧骨盆使同侧膝关节屈曲
①将左侧前臂放在患者的腰背部来固定躯干，将右手放在患者的右侧骨盆处
②使患者的身体重心向左下肢移动，右侧骨盆向前转动，并在向侧面下抑的同时将其后倾，患者的右侧膝关节会屈曲

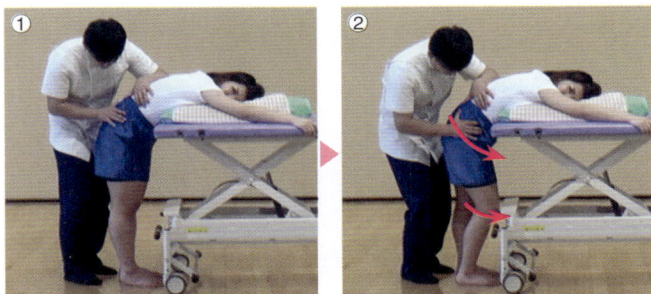

■ 引导患者从俯卧式站立姿势回到站立姿势

治疗师站在患者身后，将患者的上肢放到体侧（图9.21①），用双手固定患者的两侧肩胛骨（图9.21②）。然后，治疗师引导患者缓慢地将躯干立起至垂直站立（图9.21③④）。

图9.21 引导患者从俯卧式站立姿势回到站立姿势
①将患者的上肢放到体侧
②用双手固定患者的两侧肩胛骨
③引导患者将躯干立起
④实现垂直站立

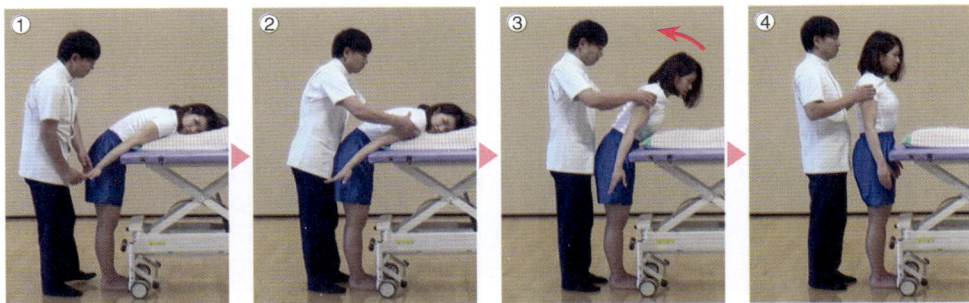

171

第 **10** 章

对步行的研究

第10章 对步行的研究

步行的基础知识

广濑浩昭

前言

步行是日常生活活动中最普遍的移动动作。它是健康的成年人高度自主进行的运动，因此在平时我们没有必要刻意关注步行。但是，步行与其他基本动作相比是身体重心位置较高、支撑基底面较窄的动作，各种损伤都会造成步行障碍。

因为步行是移动方式中重要的动作，所以治疗师经常把步行当作康复训练治疗的目标。治疗师通过步行分析以明确造成步行障碍的原因，从而进行治疗。

步行周期

步行周期是指从一侧脚着地后到同侧脚再次着地的单侧下肢的连贯动作，可以分为站立期和摆动期。站立期是指脚着地的所有时间，摆动期是指脚抬离地面，在空中的所有时间。

站立期从着地初期开始。此外，着地初期的传统定义是指脚跟着地，而现在还包括全足底着地。站立期分为双脚着地时的两侧下肢站立期和单脚着地时的单侧下肢站立期。从着地初期开始按时间顺序可以分为两侧下肢站立期、单侧下肢站立期和下肢站立末期（**图10.1**）。个体按正常速度走完1个步行周期时，两侧下肢站立期占10%，单侧下肢站立期占40%，

图10.1 两侧下肢站立期和单侧下肢站立期

下表所示为右脚着地到右脚再次着地的过程。在单侧下肢站立期，如果右侧下肢处于站立期，那么左侧下肢就处于摆动期；如果左侧下肢处于站立期，那么右侧下肢就处于摆动期

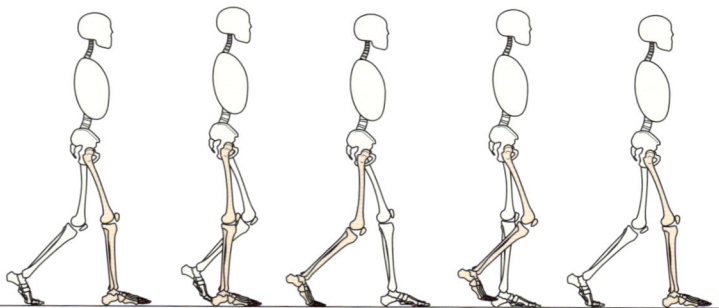

（转自文献[2]，第12页，图1）

	两侧下肢站立期	单侧下肢站立期	两侧下肢站立期	单侧下肢站立期	两侧下肢站立期
右	站立期	站立期	站立期	摆动期	站立期
左	站立期	摆动期	站立期	站立期	站立期

下肢站立末期占10%；即站立期占60%，摆动期占40%[1]。如果步行速度加快，站立期所占比例会减少，摆动期所占比例会增加。

站立期和摆动期的各个阶段

站立期可以分为着地初期、承重反应期、站立中期、站立末期、摆动前期（图10.2），摆动期可以分为摆动初期、摆动中期、摆动末期（图10.3）。

图10.2 右侧站立期的各个阶段*

①着地初期（0~2%步行周期，即处于整个步行周期的前0~2%）——从同侧脚着地到身体重心开始移动

②承重反应期（2%~10%步行周期）——从同侧脚着地初期到对侧下肢离地

③站立中期（10%~30%步行周期）——同侧单侧下肢站立的前半部分，从对侧下肢离地开始到同侧脚后跟离地

④站立末期（30%~50%步行周期）——同侧单侧下肢站立的后半部分，从同侧脚后跟离地开始到对侧下肢着地初期

⑤摆动前期（50%~60%步行周期）——同侧两侧下肢站立末期，从对侧下肢着地初期到同侧脚趾离地，起到加快下肢向前迈出的速度的作用

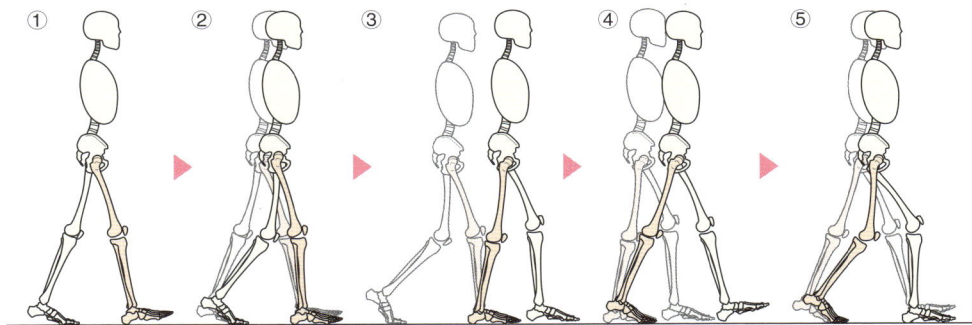

（摘引自文献[2]，第14~15页，图3~图7，部分改动）

图10.3 右侧摆动期的各个阶段

①摆动初期（60%~73%步行周期）——占同侧摆动期的前1/3，从同侧脚趾离地到同侧脚与对侧脚并列

②摆动中期（73%~87%步行周期）——占同侧摆动期的中间1/3，从同侧脚与对侧脚并列的瞬间到同侧胫骨与地面垂直

③摆动末期（87%~100%步行周期）——占同侧摆动期的后1/3，从同侧胫骨与地面垂直的瞬间到同侧脚着地初期

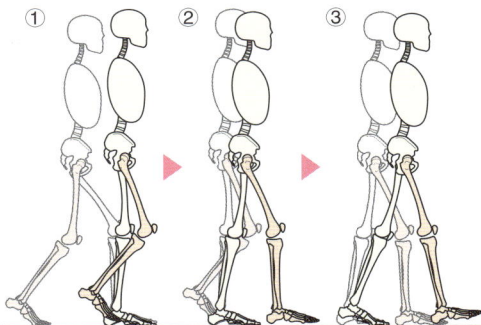

*本书划分阶段时，如有上下限数据范围，均包含上限不包含下限。

（摘引自文献[2]，第15页，图8~图10，部分改动）

从步行周期的某个时间点到同侧下肢到达同一时间点，一般用从一侧脚掌着地到同侧脚掌再次着地的步伐来表示，这与步行周期相同。步伐的距离可以叫作步长，也可以叫作重复步长。通常身高较高，即下肢越长的人的步伐也越长；而且按正常的速度步行时，步长是身高的80%～90%，按较快的速度步行时，步长是身高的100%～110%[3]。儿童和老年人的步长比青年人短，步行速度比青年人慢。

从一侧脚掌着地到另一侧脚掌着地为止叫作迈步，也叫作跨步。跨步的距离叫作步长，也叫步幅[4]。

在步行时，与身体前进方向垂直的方向上的两侧脚后跟中心的间隔叫步距；身体前进方向与脚部长轴的夹角叫作步距角。

步行测量包括自由步行、自然步行、强制步行。自由步行是指被测量者以一定的速度步行（图10.5a），自然步行（平常速度步行）是指被测量者按平常的速度步行，强制步行是指对被测量者的步幅和步频有一定的限制的步行（图10.5b）。

单位时间内的步数叫作步频（步行速率），可以用每分钟内的步数（步/分）或者每秒钟内的步数（步/秒）来表示。在使用节拍器数拍子的强制步行中，步频是固定的。

步长（米）除以走一步所用的时间（分）表示步行速度（米/分）。另外，步行速度也可以用步长与步频（步/分）的乘积来表示。

步行比率［米/（步/分）］是步长除以步频所得的商。

表10.1所示[5]为在日本以健康的年轻人为研究对象所得的自然步行（按自己偏好的速度）时的步长、步频、步行速度和步行比率的标准值。

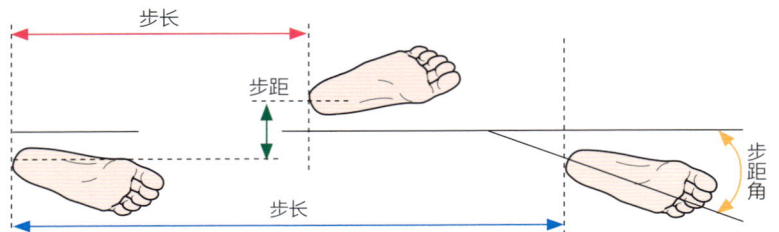

图10.4 步行的测定项目

右图为右下肢着地初期到右下肢再次着地时的步长、步距角，右下肢着地初期到左下肢着地初期的步长、步距的示意图

（摘引自文献[2]，第17页，图12，部分改动）

图10.5 自由步行和强制
步行

a表示自由步行的右侧下肢
着地初期，b表示强制步行的
右侧下肢着地初期。自由步
行是指被测量者以一定的速
度自由步行，强制步行是指
被测量者需要控制步幅和步
频的步行

a 自由步行

b 强制步行

表10.1 健康的年轻人自
然步行时的各项
测定的标准值

	步长	步频	步行速度	步行比率
男性	0.74米	113步/分	84米/分	0.007米/（步/分）
女性	0.71米	115步/分	82米/分	0.006米/（步/分）

（参考文献[5]）

步行周期中各个阶段的传统定义

步行周期中各个阶段的定义分为传统定义和Rancho Los Amigos定义。
图10.6为传统定义与Rancho Los Amigos定义的比较。本书以Rancho Los
Amigos定义为准。

过去，着眼于正常步行中发生的现象并区分步行周期的传统定义较为
普遍。但是这种定义虽然适用于切断后症状，却不适用于因运动性瘫痪和
关节炎导致的步行异常症状。例如，在传统定义中，站立期的开始是指脚
后跟着地，但在有运动性瘫痪的病例中，脚后跟在整个步行周期内都不着
地，或者在更晚的时候着地。还有一种可能是，在脚后跟着地后前脚掌可
能不着地，而整个脚底可能着地。为了应对这些问题并避免与其他领域产
生混淆，Rancho Los Amigos步行分析委员会定义了新的术语以对步行周
期的各个阶段进行功能性分类。[1]

传统定义中注重站立期各个阶段，如脚后跟着地、脚掌着地、站立
中期、脚后跟离地、脚趾离地（脚尖离地），摆动期的各个阶段如加速期、
摆动中期、减速期（参照图10.6）。此外，在站立期前半部分的摆动期中
失去的躯干稳定性得以改善的时期称为抑制期；在站立中期以后用同侧脚
趾推地加速的时期称为推进期。

图10.6 步行周期中各个阶段的定义

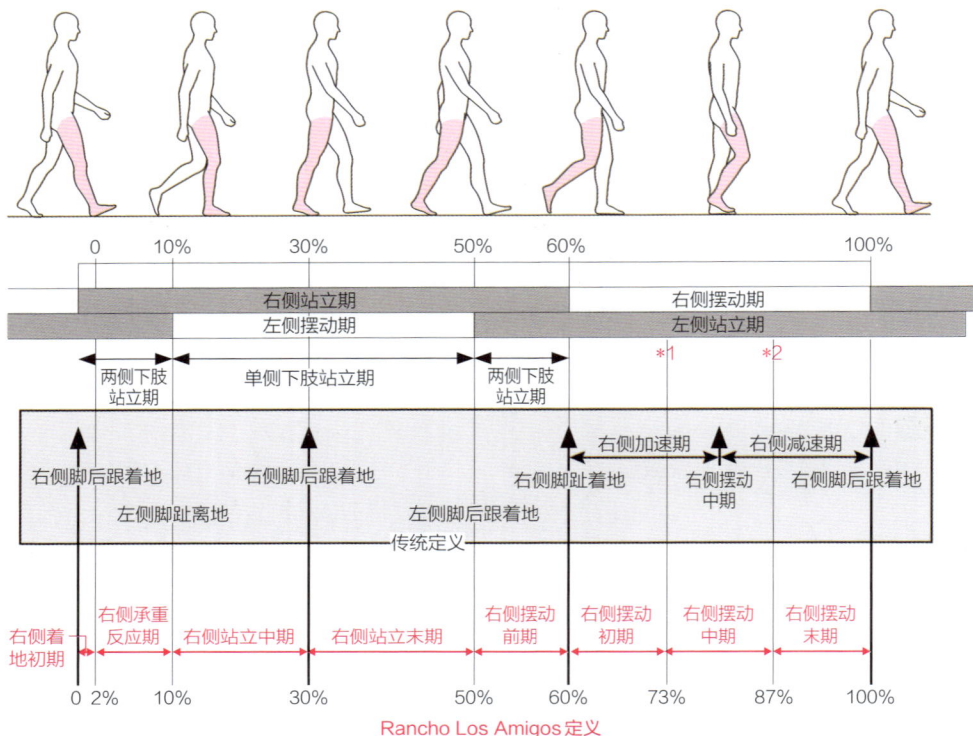

上图所示为用传统定义和 Rancho Los Amigos 定义（红色字）表示的右侧下肢步行周期的各个阶段。

数值表示以右脚着地的时间点为0的步行周期中的比率。

*1：双脚并列的时间点　　*2：右侧小腿与地面垂直的时间点

（摘引自文献[2]，第16页，图11，部分改动）

正常步行时下肢与躯干的作用

　　在正常步行中，推动力的产生、冲击的吸收、能量消耗的抑制都是非常重要的因素。理解正常步行机制可以帮助我们理解出现步行阻碍时的代偿性动作。

■ 身体重心的上下移动

　　在1个步行周期中，右侧站立期时躯干右移，左侧站立期时躯干左移；而且在1个步行周期中，会出现2次身体重心的上下移动。在单侧下肢站立期的站立中期时，身体重心的位置最高；在两侧下肢站立期时，身体重心的位置最低（图10.7）。从步行周期的摆动末期到着地初期，身体最不稳定，此时身体从地面上方1cm处下落（图10.8）。身体向前下方下落，促进支撑侧下肢前进，自由腿侧的下肢向外摆动，身体将前进。

　　另外，身体从摆动末期到着地初期的下落会带来冲击。正常步行时，脚部着地的冲击会通过以下的冲击吸收反应而得到缓解。

脚部的踝关节从着地初期到承重反应期，会发生从中立位到跖屈5度的跖屈运动。此跖屈运动主要通过踝关节背屈肌群的离心收缩来停止，且能吸收脚后跟着地的冲击。同时，距下关节可通过外翻（脚掌外侧在额状面做上升运动）来吸收冲击。

膝关节从着地初期到承重反应期会发生屈曲5度～20度的屈曲运动。此时，股中间肌、股内侧肌、股外侧肌将股骨与胫骨连接从而防止膝关节过度屈曲，同时吸收下落的冲击[6]。

在着地初期时，如果用前侧下肢着地，那么可以缓解后侧下肢的负荷，引起骨盆降低。此时，站立侧髋关节外展肌群可防止骨盆过度降低，同时吸收部分冲击。

图10.7 步行周期中身体重心的上下移动
身体重心的位置在两侧下肢站立期（a，c）较低，在单侧下肢站立期（b，d）较高

水平线

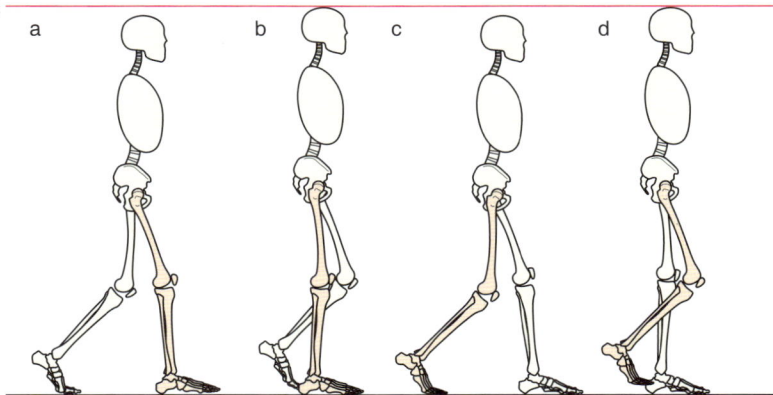

a　　　　　b　　　　　c　　　　　d

（摘引自文献[2]，第12页，图1，部分改动）

图10.8 从摆动末期到着地初期的身体下落

在着地初期，身体从地面上方1cm处下落

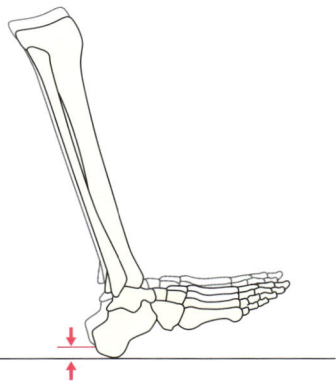

（摘引自文献[2]，第27页，图11，部分改动）

■脚部的轴功能

正常步行时，在站立期为了将身体下落时的冲击力转换为推动力，需要运用脚部的轴功能。脚部的轴（rocker）分为足跟轴、踝关节轴、前掌轴和脚趾轴（图10.9）。

图10.9　脚部的轴

①足跟轴（heel rocker）——从着地初期到承重反应期，脚后跟着地，以圆润的脚后跟为支点使脚部向前转动。此时，踝关节背屈肌群向前拉伸小腿，股内侧肌、股中间肌、股外侧肌将与股骨与胫骨连接，以防止膝关节过度屈曲

②踝关节轴（ankle rocker）——在站立中期，前脚着地时，小腿和大腿以踝关节为支点向前移。脚部固定在地上，踝关节被动背屈。此时，小腿前进速度会因为比目鱼肌的离心收缩而下降

③前掌轴（forefoot rocker）——在站立末期，将脚后跟抬起后小腿以跖骨为支点前移。此时，虽然身体重心下降、小腿加速前进，但身体重心下降的速度会因为腓肠肌和比目鱼肌的收缩而减缓

④脚趾轴（toe rocker）——在摆动前期，身体重量转移到前脚内侧和踇趾上，下肢加速前进。此时，由于跟腱的反弹，胫骨将前移

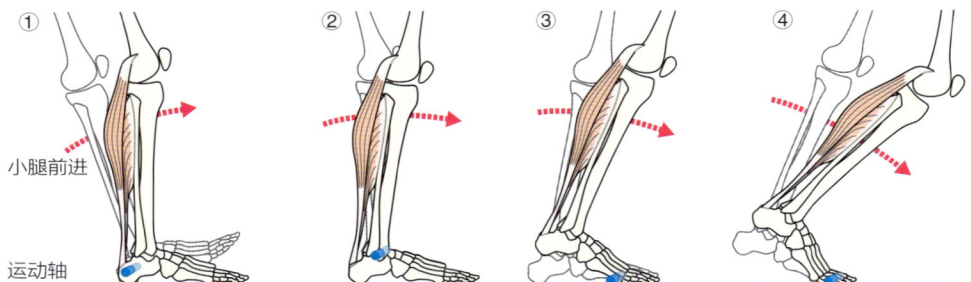

小腿前进

运动轴

（摘引自文献[2]，第25~26页，图7~图10，部分改动）

■抑制步行时的能量消耗

步行时的能量消耗可以通过身体重心的上下、左右移动来抑制，也可以通过下肢各肌肉收缩的适当时间、持续时间、强度来抑制。身体重心的位置变动幅度会因骨盆的旋转、骨盆的侧移、膝关节的屈伸运动、踝关节的跖屈和背屈运动而变小。

①骨盆的旋转：骨盆的旋转使功能性下肢的长度延长，两侧下肢站立期的身体重心下降幅度变小。

②骨盆的侧移（图10.10）：站立期骨盆侧移会引起站立侧髋关节内收，身体重心侧移的幅度变小。

③膝关节的屈伸运动：膝关节在承重反应末期屈曲20度，在站立中期会做伸展运动，但由于膝关节保持轻度屈曲姿势，所以身体重心的上升受限。

④踝关节的跖屈、背屈运动（图10.11）：在站立末期，踝关节跖屈使后侧下肢的功能性下肢的长度延长；在着地初期，踝关节背屈使后侧下肢的功能性下肢的长度延长，两者都起到将骨盆下降幅度抑制到最小的作用。

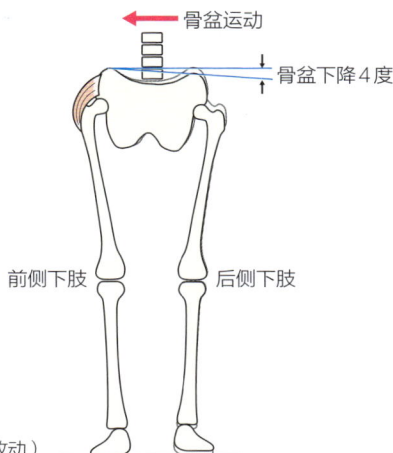

图 10.10 站立期髋关节内收

图10.10 站立期髋关节内收

承重反应期，由于骨盆向站立侧做
侧向运动，因此站立侧髋关节内收，
能抑制身体重心的侧向运动

骨盆运动

骨盆下降4度

前侧下肢　　后侧下肢

（摘引自文献[2]，第28页，图12，部分改动）

图10.11 踝关节跖屈、背屈运动和功能性下肢的长度延长

a 在站立末期，踝关节跖屈使后侧下肢的
功能性下肢的长度延长

b 在着地初期，踝关节背屈使前侧下肢
的功能性下肢的长度延长

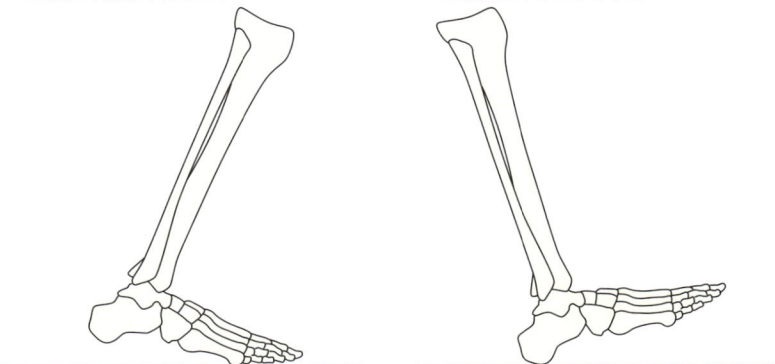

（摘引自文献[2]，第29页，图13，图14，部分改动）

正常步行时下肢的关节运动和功能

为了理解异常步行，我们需要先理解正常步行时下肢的关节运动及其
功能。

■ 踝关节的运动和功能（**图10.12**）

在步行周期中，踝关节从着地初期开始做跖屈运动→背屈运动→跖屈
运动→背屈运动。其特点是承重反应期的最大跖屈幅度为5度，站立末期
的最大背屈幅度为10度，摆动前期的最大跖屈幅度为15度，摆动中期的
最大背屈幅度为2度，摆动末期踝关节处于中立位或跖屈2度。

图10.12 步行周期中踝关节在矢状面上的运动（a）、踝关节背屈肌群和跖屈肌群的肌肉活动（b）

a 踝关节在矢状面上的运动

下图所示为自由步行时踝关节的运动

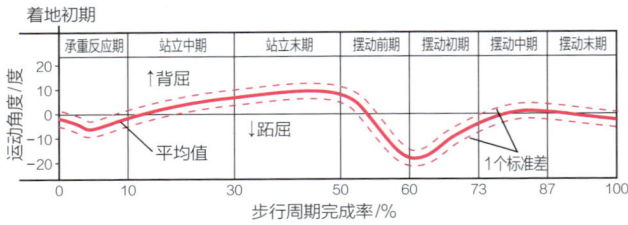

b 踝关节背屈肌群和跖屈肌群的肌肉活动

下图所示为肌肉活动的平均值。腓骨短肌的■表示大多数的肌肉活动模式，■表示频率较低的肌肉活动模式。 n是标本数量。在腓骨短肌中，21表示■的标本数量，8表示■的标本数量

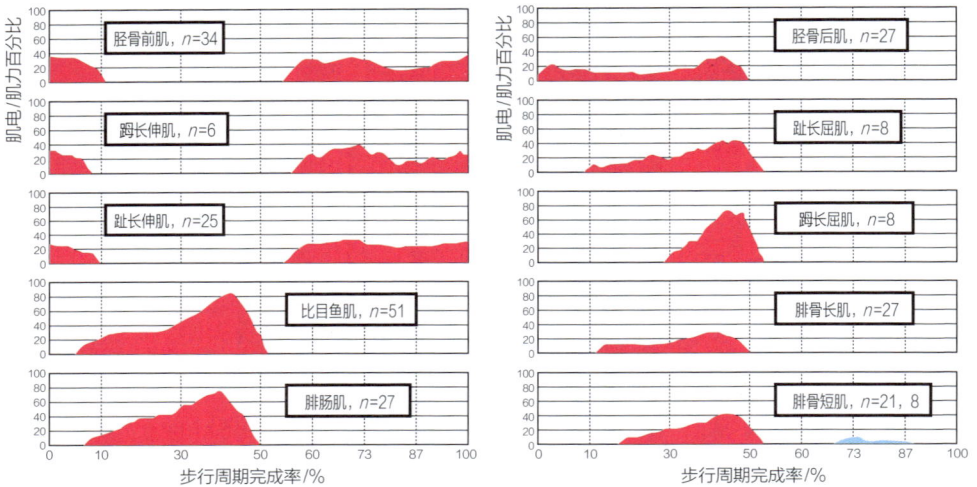

（摘引自文献1，部分改动）

● 站立期踝关节的运动和功能

● 着地初期（0~2%步行周期，图10.13①）

运动：从踝关节处于中立位或跖屈2度开始的跖屈运动，从距下关节旋前
　　　开始的旋后*运动（至中立位）。

功能：从足跟轴开始吸收冲击。

　　　踝关节背屈肌群（胫骨前肌等）强烈收缩以应对身体下落，背屈肌群
　　　离心收缩以跖屈运动停止，吸收冲击。

*在本书中，外翻（旋
前）表示脚掌外侧在
额状面上做上升运动，
内翻（旋后）表示脚
掌内侧在额状面上做
上升运动。

182

- 承重反应期（2%~10%步行周期，图10.13②）

运动：踝关节跖屈（至跖屈5度）→踝关节背屈（至中立位），距下关节旋后。

功能：利用足跟轴前进，吸收冲击，矫正踝关节轴前进方向。

踝关节背屈肌群利用足跟轴前进和冲击吸收，而距下关节的旋后起到吸收冲击和矫正踝关节轴前进方向的作用。

- 站立中期（10%~30%步行周期，图10.13③）

运动：踝关节背屈，距下关节旋后。

功能：利用踝关节轴前进。

小腿利用踝关节轴前倾。踝关节从中立位开始一直保持背屈，但是由于以比目鱼肌为主的踝关节跖屈肌群的离心收缩，小腿前倾速度减缓。

- 站立末期（30%~50%步行周期，图10.13④）

运动：脚后跟抬起，踝关节做背屈运动（至背屈10度）。

功能：利用前掌轴前进，固定跗横关节。

踝关节跖屈肌群（比目鱼肌、腓肠肌）的强烈收缩使小腿前倾停止的同时，使踝关节背屈至10度。足底腱膜由于跖骨伸展而紧张，使足底筋膜的绞盘机制（windlass mechanism）起作用，可固定跗横关节。

- 摆动前期（50%~60%步行周期，图10.13⑤）

运动：踝关节急速跖屈（至跖屈15度）。

功能：利用脚趾轴前进。

通过跟腱的反弹，踝关节从背屈10度急速跖屈至跖屈15度，此时胫骨向前压，膝关节屈曲至40度，髋关节屈曲至中立位。摆动前期末期胫骨前肌和趾伸肌收缩，使跖屈停止，为进入摆动期做准备。

图10.13 站立期踝关节的运动

①着地初期　②承重反应期　③站立中期　④站立末期　⑤摆动前期

地面反作用力线

（转自文献[2]，第35~37页，图2~图6）

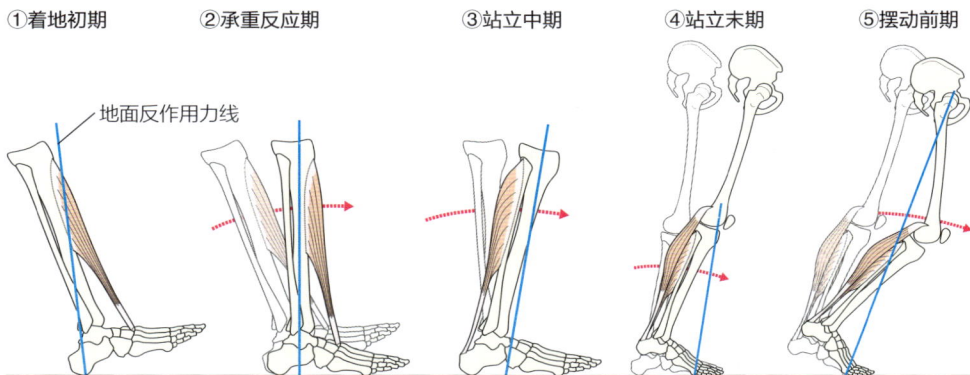

●摆动期踝关节的运动和功能

● 摆动初期（60%~73%步行周期，图10.14①）

运动：踝关节做背屈运动（至大致处于中立位）。

功能：为了下肢前进，获得脚部间隙（脚趾间隙）。

　　踝关节从跖屈15度背屈至大致处于中立位，伸展脚趾。此时，胫骨前肌、踇长伸肌、趾长伸肌收缩。

● 摆动中期（73%~87%步行周期，图10.14②）

运动：踝关节背屈（至背屈2度）。

功能：获得脚部间隙。

　　踝关节从大致处于中立位背屈至背屈2度，伸展脚趾。此时，胫骨前肌、踇长伸肌、趾长伸肌收缩。

● 摆动末期（87%~100%步行周期，图10.14③）

运动：踝关节略微跖屈（至中立位或跖屈2度）。

功能：为着地初期做准备。

　　踝关节略微跖屈至中立位或跖屈2度。此时，胫骨前肌、踇长伸肌、趾长伸肌收缩加强，为进入着地初期做准备。

图10.14 摆动期踝关节的运动

①摆动初期　　　　　　　　②摆动中期　　　　　　　　③摆动末期

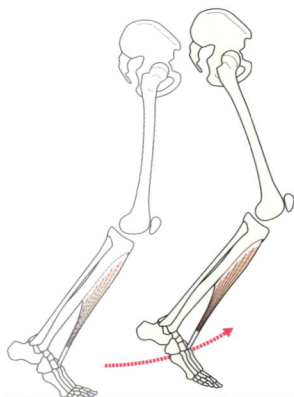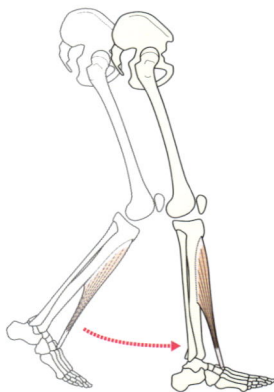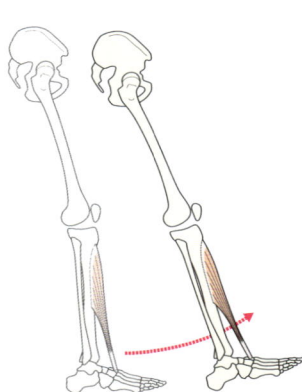

（摘引自文献[2]，第37~38页，图7~图9，部分改动）

■膝关节的运动和功能（图10.15）

在步行周期中，膝关节从着地初期开始做屈曲运动→伸展运动→屈曲运动→伸展运动。其特点是在着地初期屈曲5度，站立中期的最大屈曲幅度为20度，站立末期的最小屈曲幅度为5度，摆动初期的最大屈曲幅度为60度，摆动末期的最小屈曲幅度为0度。

图10.15 步行周期中膝关节在矢状面上的运动（a）、膝关节伸展肌群和屈曲肌群的肌肉活动（b）

a 膝关节在矢状面上的运动
下图所示为自由步行时膝关节的运动

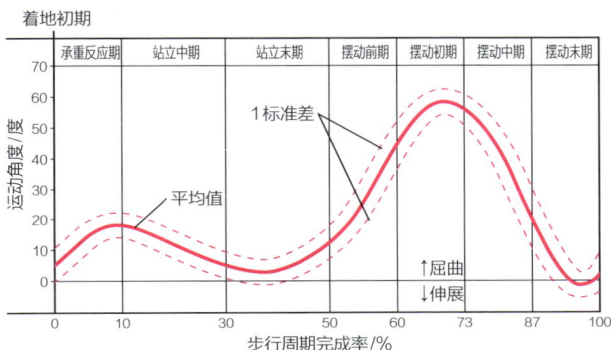

b 膝关节伸展肌群和屈曲肌群的肌肉活动
下图所示为肌肉活动的平均值。■表示大多数的肌肉活动模式，■表示频率较低的肌肉活动模式。
n为标本数量。n有两个数值时，左边的数值表示■的标本数量，右边的数值表示■的标本数量

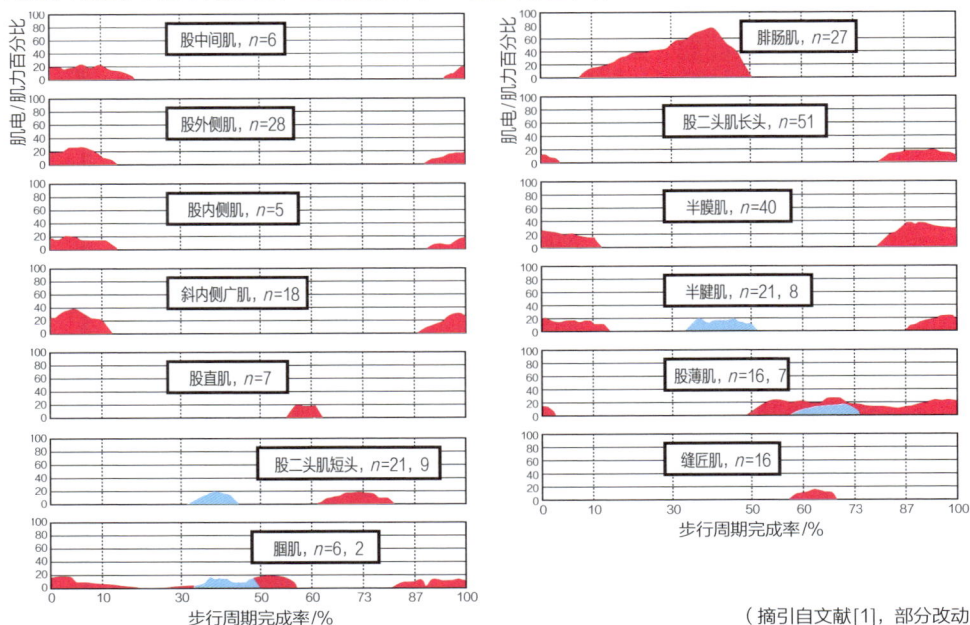

（摘引自文献[1]，部分改动）

●站立期膝关节的运动和功能

● 着地初期（0~2%步行周期，图10.16①）

运动：膝关节轻度屈曲（至屈曲5度）。

功能：稳定支撑体重，吸收冲击。

膝关节从屈曲5度的位置继续屈曲。此时，由于股中间肌、股外侧肌、股内侧肌以及腘绳肌同时收缩且髂胫束紧张，膝关节得以稳定。

● 承重反应期（2%~10%步行周期，图10.16②）

运动：膝关节屈曲（至屈曲20度）。

功能：稳定支撑体重，吸收冲击。

地面反作用力作用线穿过膝关节后方，膝关节屈曲至20度。此时，股中间肌、股外侧肌、股内侧肌离心收缩，使膝关节停止屈曲，吸收冲击。同时，腘绳肌收缩，保持前后的稳定性；髂胫束的紧张使膝关节侧面得以稳定。

● 站立中期（10%~30%步行周期，图10.16③）

运动：膝关节伸展。

功能：稳定支撑体重。

膝关节从屈曲20度的位置继续伸展，因为地面反作用力作用线穿过膝关节轴的附近，所以肌肉收缩程度微小。同时，髂胫束紧张，膝关节侧面得以稳定。

● 站立末期（30%~50%步行周期，图10.16④）

运动：膝关节做伸展运动（至屈曲5度）→屈曲运动（至屈曲10度）。

功能：稳定支撑体重。

脚后跟抬起，通过前掌轴使小腿前倾。膝关节伸展至屈曲5度后，急速屈曲。

● 摆动前期（50%~60%步行周期，图10.16⑤）

运动：膝关节急速屈曲（从屈曲10度至屈曲40度）。

功能：准备进入摆动期。

通过脚趾轴使小腿前进，跟腱反弹，引起膝关节急速屈曲，为进入摆动期做准备。此时，膝关节屈曲依赖于股薄肌和腘肌的作用；防止膝关节过度屈曲依赖于股直肌的作用。

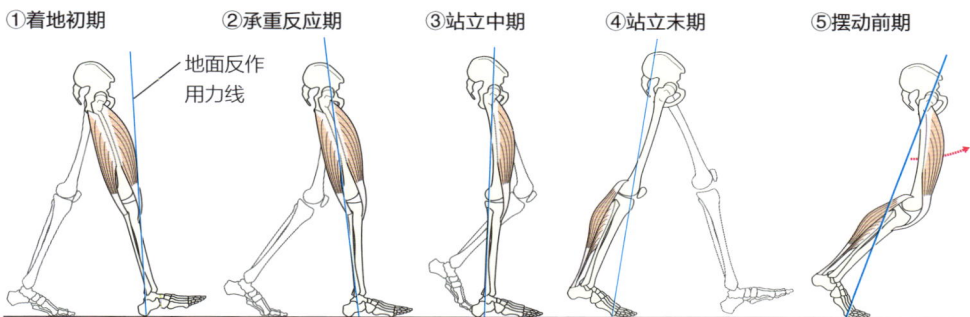

图10.16 站立期膝关节的运动

①着地初期　　②承重反应期　　③站立中期　　④站立末期　　⑤摆动前期

地面反作用力线

（摘引自文献[2]，第40~42页，图11~图15，部分改动）

● **摆动期膝关节的运动和功能**

● 摆动初期（60%~73%步行周期，**图10.17①**）

运动：膝关节做屈曲运动（至屈曲60度）→伸展运动。

功能：脚部间隙。

　　在踝关节背屈和脚趾伸展的基础上，膝关节从40度屈曲至屈曲60度后进行伸展运动。此时，膝关节屈曲依赖于股二头肌短头、股薄肌、缝匠肌的作用。

● 摆动中期（73%~87%步行周期，**图10.17②**）

运动：膝关节急速伸展。

功能：使下肢前进。

　　膝关节始终保持伸展。为了准备停止下肢摆动，股二头肌长头、半膜肌开始活动。

● 摆动末期（87%~100%步行周期，**图10.17③**）

运动：膝关节做伸展运动（至伸展0度）→屈曲运动（至屈曲5度）。

功能：使下肢前进，为着地初期做准备。

　　膝关节从伸展运动转为屈曲运动。停止下肢的摆动需要依赖于股二头肌长头、半膜肌、半腱肌的作用；为进入着地初期做的准备依赖于股中间肌、股外侧肌、股内侧肌的作用。

第10章　对步行的研究

187

图 **10.17** 摆动期膝关节的运动

①摆动初期　　　　　　　　　②摆动中期　　　　　　　　　③摆动末期

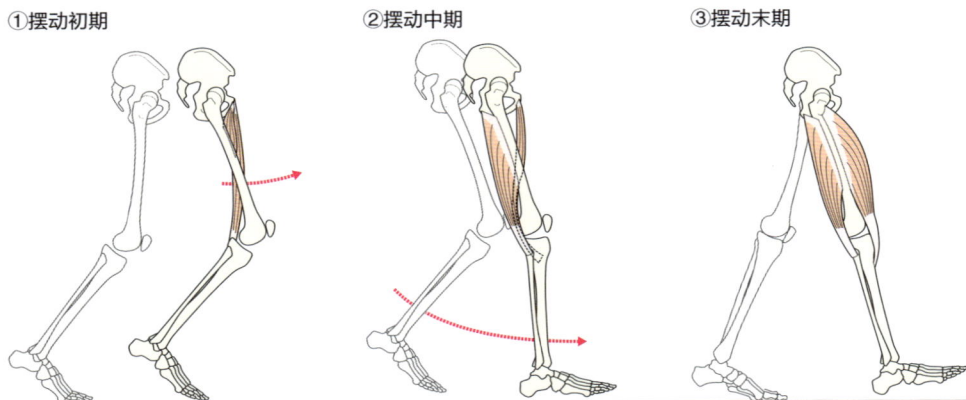

（摘引自文献[2]，第42~43页，图16~图18，部分改动）

■髋关节的运动和功能（图10.18）

在步行周期中，髋关节从着地初期、承重反应期开始做伸展运动→屈曲运动→伸展运动。其特点是在着地初期、承重反应期的最大屈曲幅度为30度，站立末期、摆动前期的最大伸展幅度为10度，摆动中期的最大屈曲幅度为35度。

●站立期髋关节的运动和功能

● 着地初期（0~2%步行周期，图10.19①）

运动：髋关节屈曲30度。

功能：保持躯干稳定。

髋关节保持屈曲30度，地面反作用力作用线穿过髋关节轴的前方，髋关节伸展肌群强烈作用，使髋关节前后稳定。此时，主要是臀大肌下部纤维、大收肌、半膜肌、半腱肌、股二头肌活动。

● 承重反应期（2%~10%步行周期，图10.19②）

运动：保持髋关节屈曲30度→伸展运动（至屈曲25度）。

功能：保持躯干稳定。

保持髋关节屈曲30度后，髋关节开始做伸展运动。此时，主要是髋关节伸肌的臀大肌下部纤维、大收肌、半膜肌、半腱肌、股二头肌长头活动。

另外，因为骨盆水平移动，所以站立期髋关节内收10度。此时，髋关节外展肌群中的臀中肌、臀大肌上部纤维、阔筋膜张肌收缩（图10.20）。

图10.18 步行周期中髋关节在矢状面上的运动（a）、髋关节周围肌群的肌肉活动（b）

a 髋关节在矢状面上的运动

下图所示为自由步行时髋关节的运动

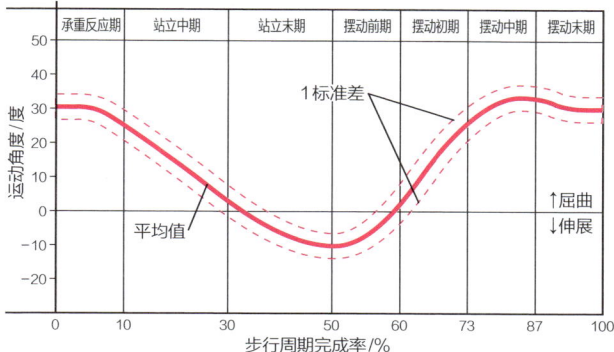

b 髋关节伸展肌群和屈曲肌群的肌肉活动

下图所示为肌肉活动的平均值。███表示大多数的肌肉活动模式，███表示频率较低的肌肉活动模式。

n 为标本数量。n 有两个数值时，左边的数值表示███的标本数量，右边的数值表示███的标本数量

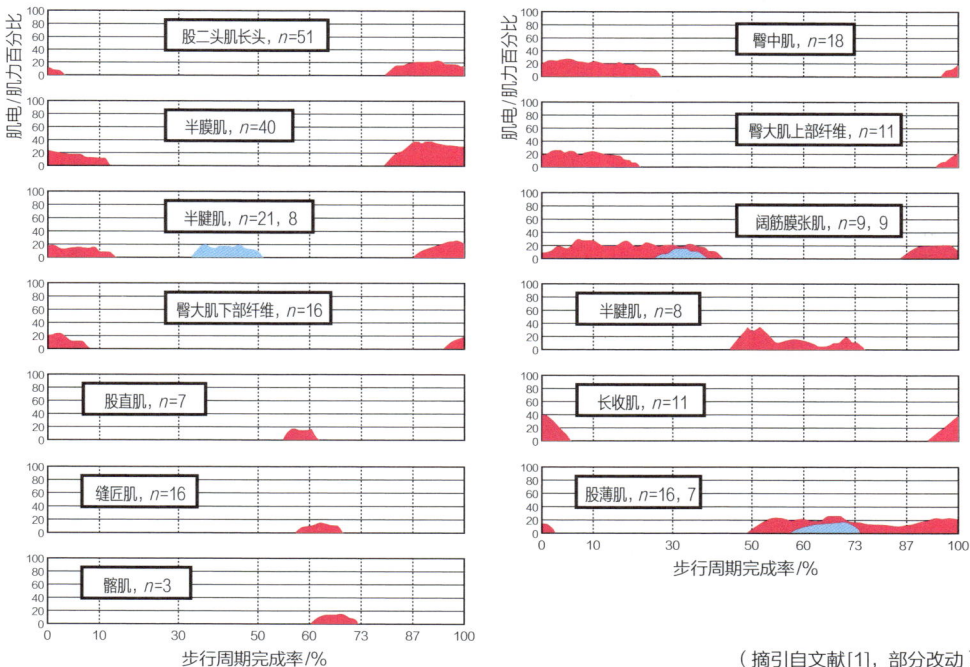

（摘引自文献[1]，部分改动）

- 站立中期（10%~30%步行周期，图10.19③）

运动：髋关节伸展（至屈曲5度）。

功能：使躯干前进。

　　髋关节始终保持伸展。此时，股中间肌、股外侧肌、股内侧肌、内侧腘绳肌相互作用。另外，臀中肌、臀大肌上部纤维、阔筋膜张肌共同作用使身体在额状面上保持稳定。

- 站立末期（30%~50%步行周期，图10.19④）

运动：髋关节伸展（至伸展10度）。

功能：使躯干前进，步长（步幅）增加。

　　髋关节处于被动的"视觉上的过度伸展"，长收肌和阔筋膜张肌使髋关节停止过度伸展。同时，阔筋膜张肌产生作用以使身体在额状面上保持稳定。

- 摆动前期（50%~60%步行周期，图10.19⑤）

运动：髋关节屈曲（至伸展0度）。

功能：使下肢摆动。

　　髋关节从最大伸展位置（伸展10度）屈曲至伸展0度。此时，跟腱反弹，股薄肌、长收肌活动。股直肌在防止膝关节过度屈曲的同时，使髋关节屈曲。缝匠肌使髋关节屈曲、外展、外旋且使膝关节屈曲。

图10.19 站立期髋关节的运动

①着地初期　　　　②承重反应期　　　③站立中期　　　④站立末期　　　⑤摆动前期

地面反作用力作用线

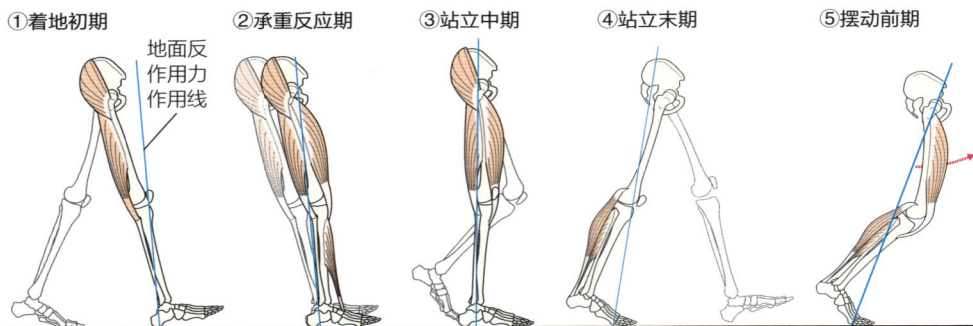

（摘引自文献[2]，第50~51页，图2~图4、图6、图7，部分改动）

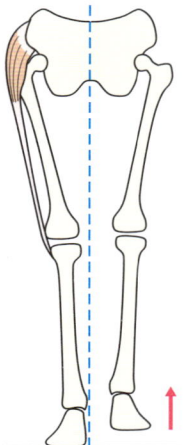

图10.20 站立中期额状面上髋关节
　　　　的运动

在站立中期，为使摆动侧骨盆的下降程
度最小，需要站立侧髋关节外展肌群起
作用

（摘引自文献[2]，第51页，图5，部分改动）

● **摆动期髋关节的运动和功能**

● 摆动初期（60%~73%步行周期，图10.21①）

运动：髋关节屈曲（至屈曲25度）。

功能：使下肢摆动。

　　髋关节从伸展0度屈曲至屈曲25度。下肢摆动主要是被动发生，但
在髋关节的屈曲运动中髂肌、股薄肌、缝匠肌会进行活动。股直肌在防止
膝关节过度屈曲的同时，会使髋关节屈曲。

● 摆动中期（73%~87%步行周期，图10.21②）

运动：髋关节屈曲（至屈曲35度）。

功能：使下肢摆动。

　　髋关节从屈曲25度屈曲至屈曲35度。此时，髋关节的屈曲运动不需
要肌肉活动。

● 摆动末期（87%~100%步行周期，图10.21③）

运动：髋关节伸展（至屈曲30度）。

功能：为进入稳定的着地初期做准备。

　　髋关节从屈曲35度伸展至屈曲30度。此时，臀大肌、大收肌、臀中肌
为进入稳定的着地初期做准备。股二头肌、半膜肌、半腱肌会停止下肢的
摆动。

图 10.21 摆动期髋关节的运动

① 摆动初期　② 摆动中期　③ 摆动末期

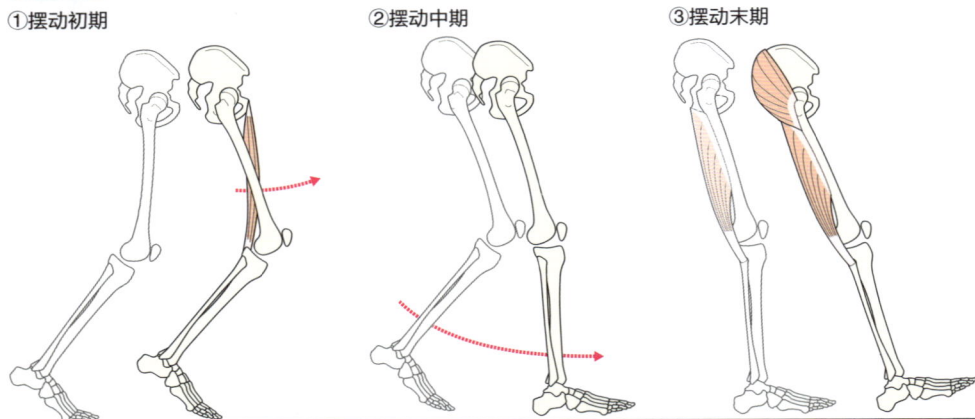

（摘引自文献[2]，第52页，图8～图10，部分改动）

正常步行时骨盆的运动

关于额状面的骨盆运动，在前侧下肢处于承重反应期时，摆动侧骨盆下降4度（侧向倾斜）（图10.22）。此时，为了使骨盆下降的程度最小，需要站立侧髋关节的外展肌群活动。

另外，关于水平面上的骨盆运动，在站立末期时摆动腿侧的骨盆向后旋转5度，随着摆动侧下肢前进，从摆动末期到着地初期，摆动腿侧的骨盆向前旋转5度。骨盆旋转可以增加步长（步幅）且抑制身体重心上下、左右移动（图10.23）。

图10.22 正常步行时骨盆侧倾

在承重反应期，摆动侧骨盆下降4度。箭头表示骨盆倾斜（下降）

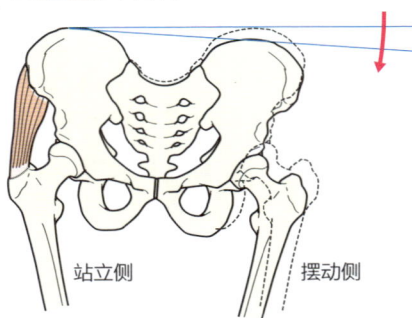

站立侧　　　摆动侧

（摘引自文献[2]，第53页，图11）

图10.23 正常步行时骨盆旋转

在站立中期，摆动腿侧的骨盆向后旋转5度，从摆动末期到着地初期，摆动腿侧的骨盆向前旋转5度。箭头表示骨盆向前旋转

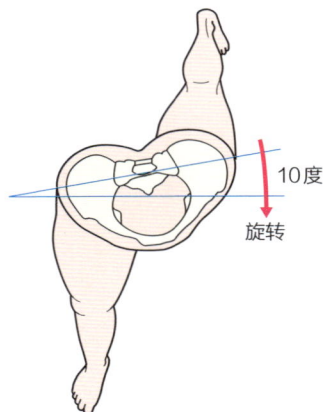

10度

旋转

（摘引自文献[2]，第53页，图12，部分改动）

正常步行时上肢的运动

正常步行时，上肢的摆动方向与下肢的摆动方向相反（图10.24）。肩关节在同侧脚进入着地初期时最大限度伸展，在对侧脚进入着地初期时最大限度屈曲。如图10.25所示，在同一个步行周期内，肘关节伸展和屈曲的角度变化与肩关节运动的角度变化基本相同。

图10.24 正常步行时上肢的运动

正常步行时，上肢在同侧脚进入着地初期时最大限度伸展，在对侧脚进入着地初期（同侧站立末期）时最大限度屈曲

a 右侧着地初期　　　　　　　　b 左侧着地初期

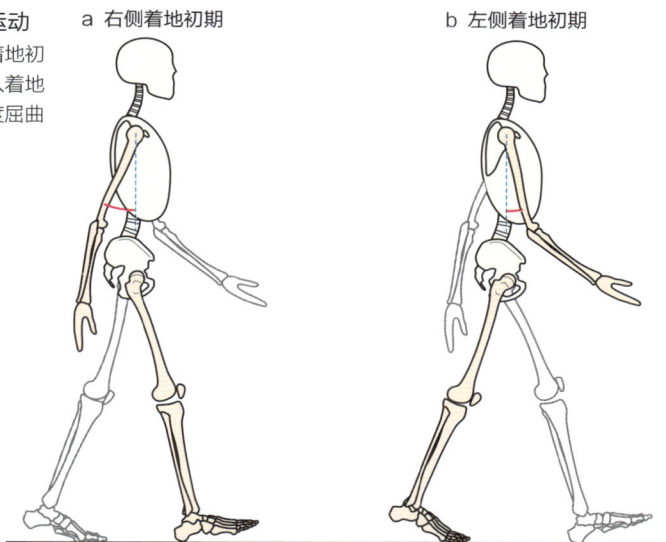

（摘引自文献[2]，第54页，图13，部分改动）

图10.25 步行周期中肩关节和肘关节的角度变化

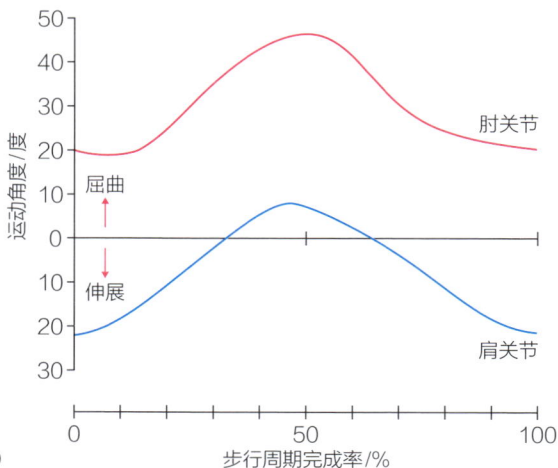

（摘引自文献[2]，部分改动）

正常步行时的地面反作用力（图 10.26）

正常步行的地面反作用力可以分为垂直分力、侧向分力（左右方向分力）、前后分力（前后方向分力）。

垂直分力的曲线是由两个波峰及其中间的波谷构成的双峰曲线。着地初期后，脚后跟马上着地；紧接着，迎来从承重反应期到站立中期的第 1 个顶峰；接下来，站立中期时出现比体重略小的值，在站立末期迎来第 2 个顶峰。

侧向分力是从着地初期到承重反应期的向外的组合力，然后基本变为向内的组合力。

前后分力是到站立中期为止的向后的组合力，在站立末期之后变为向前的组合力。

图10.26 正常步行时的地面反作用力

a: 垂直分力，向上为正
b: 侧向分力，向内为正
c: 前后分力，向后为正

（摘引自文献[1]，部分改动）

注：1 磅力 ≈ 4.448 牛

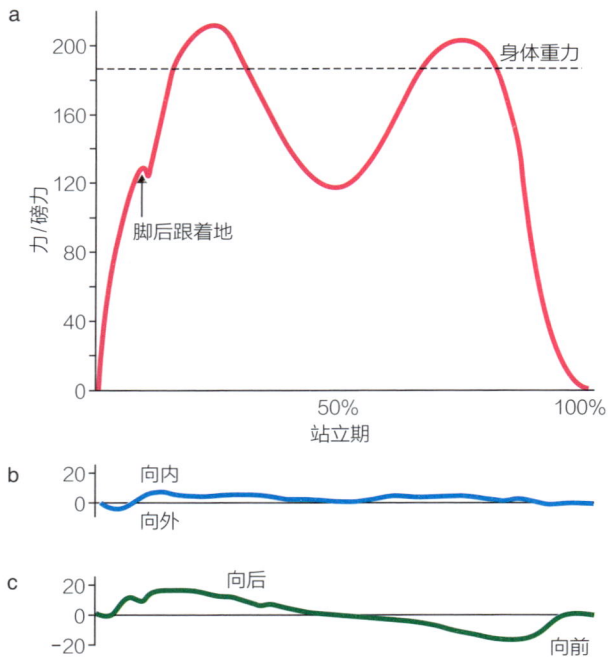

194

正常步行时距下关节的内翻（旋后）、外翻（旋前）

在额状面上，距下关节在着地初期内翻，在承重反应期外翻，在站立末期的前半段外翻，从站立末期后半段开始变为内翻（图10.27）。

图 **10.27** 正常步行时距下关节的内翻（旋后）、外翻（旋前）

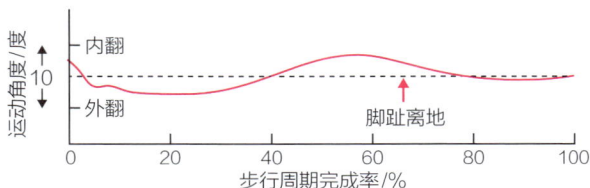

（摘引自文献[2]，第77页，图10，部分改动）

步行相关缩略语

缩略语	全拼	中文
IC	initial contact	着地初期
LR	loading response	承重反应期
MSt	mid stance	站立中期
TSt	terminal stance	站立末期
PSw	pre-swing	摆动前期
ISw	initial swing	摆动初期
MSw	mid swing	摆动中期
TSw	terminal swing	摆动末期
TO	toe off	脚趾离地
COG	center of gravity	身体重心
COM	center of mass	身体质心
COP	center of pressure	压力中心

【文献】

[1] Perry J ほか 著，武田 功 ほか 監訳：ペリー歩行分析 原著第2版，医歯薬出版，2012.

[2] 武田 功 監：臨床歩行分析ワークブック，メジカルビュー一社，2013.

[3] 中村隆一 ほか：基礎運動学 第6版 補訂，医歯薬出版，2012.

[4] 伊東 元，高橋正明 編：標準理学療法学・作業療法学 専門基礎分野 運動学，医学書院，2012.

[5] Sekiya N, Nagasaki H: Reproducibility of the walking patterns of normal young adults: testretest reliability of the walk ratio (step-length/step-rate). Gait & Posture 7，225–227，1998.

[6] Wright DG, et al.: Action of the subtalar and ankle-joint complex during the stance phase of walking. J Bone Joint Surg Am 46，361–382，1964.

第10章 对步行的研究

步行的引导

弓冈光德，铃东伸洋

从肩胛带引导步行

这里以右脚迈出第一步为例进行讲解。患者站立，治疗师站在其身后，双手搭在患者的两侧肩胛骨上。治疗师使患者的两侧肩胛骨后倾、骨盆后倾，站立末期时屈曲患者摆动侧下肢的膝关节，引导其进入摆动前期。治疗师将患者的躯干从肩胛骨前移，使患者支撑侧的下肢处于站立中期。治疗师引导患者摆动侧的下肢从摆动初期进入摆动中期（**图**10.28①~③）。

然后，治疗师让患者摆动侧下肢的脚后跟在躯干前方着地，引导其进入承重反应期。在患者支撑侧的下肢进入站立中期时，使患者的两侧肩胛骨后倾、骨盆后倾，引导后侧下肢从站立末期进入摆动前期。接下来，治疗师让患者摆动侧下肢的后脚跟在躯干前方着地，引导其进入承重反应期（**图**10.28④~⑥）。

图10.28 从肩胛带引导步行
① 双手搭在患者的肩胛骨上
② 将患者的两侧肩胛骨后倾，站立末期时屈曲患者摆动侧下肢的膝关节，引导其进入摆动前期
③ 将患者的躯干从肩胛骨前移，使患者支撑侧的下肢处于站立中期，引导患者摆动侧的下肢从摆动初期进入摆动中期
④ 让患者摆动侧下肢的脚后跟在躯干前方着地，引导其进入承重反应期
⑤ 患者支撑侧的下肢进入站立中期，将患者的两侧肩胛骨后倾，引导患者的后侧下肢从站立末期进入摆动前期
⑥ 让患者摆动侧下肢的后脚跟在躯干前方着地，引导其进入承重反应期

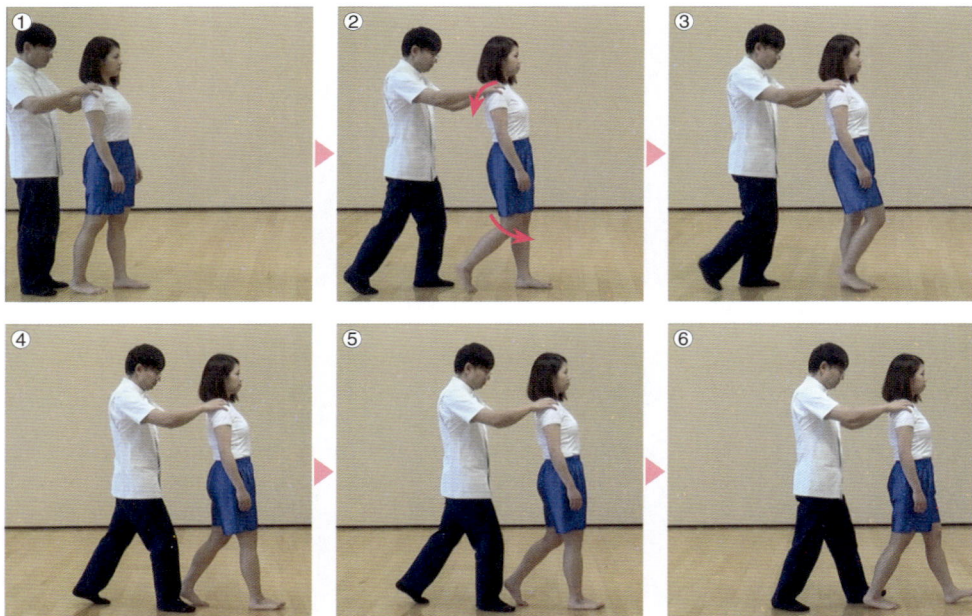

从上肢引导步行

■ 从单侧上肢引导向前步行

　　这里以从右侧上肢引导为例进行讲解。患者站立，治疗师站在其右侧，用右手抓着患者的右手掌，用左手下握患者的右侧上臂。

　　治疗师通过操作患者的上臂将其躯干前移，引导患者的右侧下肢进入站立末期。通过操作患者的右侧上肢将其右侧肩胛骨后倾，治疗师使患者的右侧膝关节屈曲，引导其进入摆动前期。治疗师再次将患者的躯干前移，引导患者的右侧下肢进入摆动中期。同样，治疗师引导患者用右侧脚后跟着地，进而使患者用脚掌着地（图10.29①～⑥）。

　　接下来，患者的右侧下肢进入站立中期，治疗师引导患者的左侧下肢摆动。治疗师引导患者的右侧下肢从站立中期进入站立末期、左侧下肢进入摆动中期。通过操作患者的右侧上肢将其躯干前移，治疗师使患者的左侧下肢从脚后跟着地变为脚掌着地（图10.29⑦～⑩）。

图10.29 从单侧上肢引导向前步行
① 握着患者的右侧上肢
② 将患者的躯干前移，引导其右侧下肢进入站立末期
③ 操作患者的右侧上肢将其右侧肩胛骨后倾，使患者的右侧膝关节屈曲，引导其进入摆动前期
④ 将患者的身体前移，引导其右侧下肢进入摆动中期
⑤ 引导患者用右侧脚后跟着地
⑥ 使患者用右侧脚掌着地
⑦ 患者的右侧下肢进入站立中期，引导患者的左侧下肢摆动
⑧ 引导患者的右侧下肢从站立中期进入站立末期、左侧下肢进入摆动中期
⑨ 引导患者用左侧脚后跟着地
⑩ 使患者用左侧脚掌着地

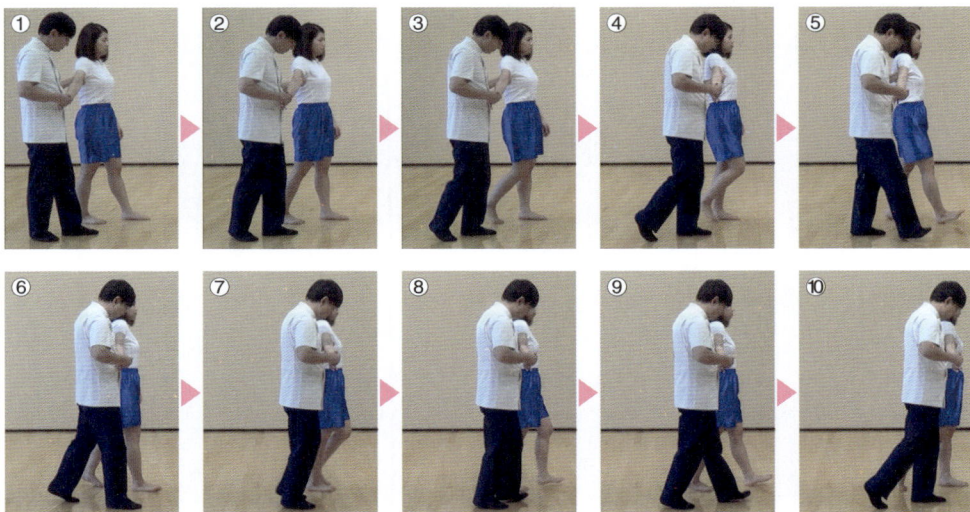

197

■从上肢引导侧向跨步

患者站立，治疗师站在患者右侧，用右手抓着患者的手掌，用左手下握患者的上臂。

治疗师将患者的右侧肩关节外展，将患者的右侧肩胛骨向上旋转，舒展其右侧躯干的侧面，将其身体的重量转移到右侧下肢。然后，治疗师将患者的右侧肩关节内收以使其右侧肩胛骨向下旋转，缩短患者的右侧躯干侧面，向侧面下抑其右侧骨盆。治疗师内收患者的右侧肩关节和右侧髋关节，使右侧下肢越过左侧下肢前方，在侧面做跨步运动（图10.30①～③）。

接下来，治疗师将患者的右侧肩关节外展以使其右侧肩胛骨向上旋转。治疗师再使患者的右侧躯干侧面舒展，将其右侧骨盆向侧面抬起，使患者的右侧下肢向右侧髋关节外展方向做侧向跨步。治疗师外展患者的右侧肩关节，患者的右侧下肢着地后承重（图10.30④～⑤）。

图10.30 从上肢引导侧向跨步

①将患者的右侧肩关节外展，将其右侧肩胛骨向上旋转，舒展患者的右侧躯干的侧面，将其身体的重量转移到右下肢
②将患者的右侧肩关节内收以使其右侧肩胛骨向下旋转，缩短患者的右侧躯干侧面，向侧面下抑其右侧骨盆
③内收患者的右侧肩关节，使其右侧下肢向髋关节内收方向做侧向跨步
④接下来，将患者的右侧肩关节外展以使其右侧肩胛骨向上旋转。将患者的右侧躯干侧面舒展并向侧面上抬其右侧骨盆，使患者的右侧下肢向右侧髋关节外展方向做侧向跨步
⑤将患者的右侧肩关节外展，患者的右侧下肢着地后承重

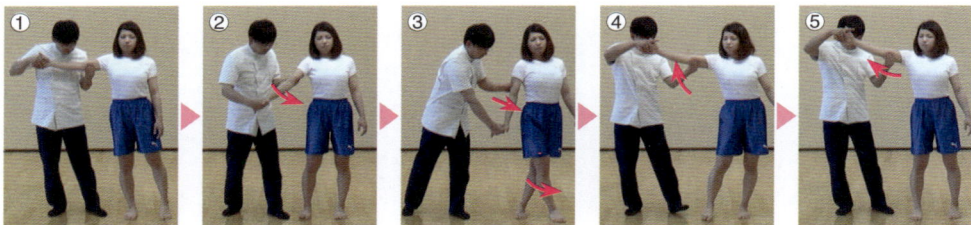

从下部躯干引导患者向前步行

这里以从患者的右侧引导为例进行讲解。患者的右侧下肢向后做跨步运动，治疗师站在其右边，将右手放在患者的腹部侧面，左手放在其腰背部，从前后扶着患者的下部躯干。

首先，治疗师将患者的躯干向左前方移动，引导患者用左下肢承重。由此，患者的右侧下肢进入站立末期。治疗师在让患者用左侧下肢承重的同时将骨盆后倾，使患者的右侧膝关节以右脚MP为支点屈曲（摆动前期）。治疗师将患者的下部躯干前移，引导其右侧下肢进入摆动中期。然后，治疗师将患者的下部躯干向右前方移动，引导患者从右侧脚后跟着地向脚掌

着地过渡（图10.31①~⑤）。

　　同样，治疗师将患者的下部躯干向右前方移动，使其左侧下肢进入站立末期。治疗师将患者的身体重量转移到右侧下肢并使其骨盆后倾，则可以引导患者的左侧膝关节屈曲并使患者的左侧下肢进入摆动前期。治疗师将患者的下部躯干前移，使其左侧下肢会入摆动中期。然后，治疗师将患者的下部躯干向左前方移动，让患者用左侧脚后跟着地。治疗师将患者的身体重量向左侧下肢转移，使脚掌着地，引导患者的左侧下肢进入承重反应期、站立中期（图10.31⑥~⑩）。

图10.31 从下部躯干引导向前步行
①患者的右侧下肢向后跨步，治疗师从前后扶着患者的下部躯干
②将患者的躯干向左前方移动，引导患者用左下肢承重，使其右侧下肢进入站立末期
③在患者的左侧下肢承重的同时将其骨盆后倾，使患者的右侧膝关节以右脚MP为支点屈曲（摆动前期）
④将患者的下部躯干前移，引导其右侧下肢进入摆动中期
⑤将患者的下部躯干向右前方移动，引导患者从右侧脚后跟着地向脚掌着地过渡
⑥将患者的下部躯干向右前方移动，使其左侧下肢进入站立末期
⑦将患者的身体重量转移到右侧下肢并使其骨盆后倾，则可以引导患者的左侧膝关节屈曲并使患者的左侧下肢进入摆动前期
⑧将患者的下部躯干前移，则其左侧下肢会进入摆动中期
⑨将患者的下部躯干向左前方移动，使其左侧脚后跟着地
⑩将患者的身体重量向左侧下肢转移，使脚掌着地，引导患者的左侧下肢进入承重反应期、站立中期

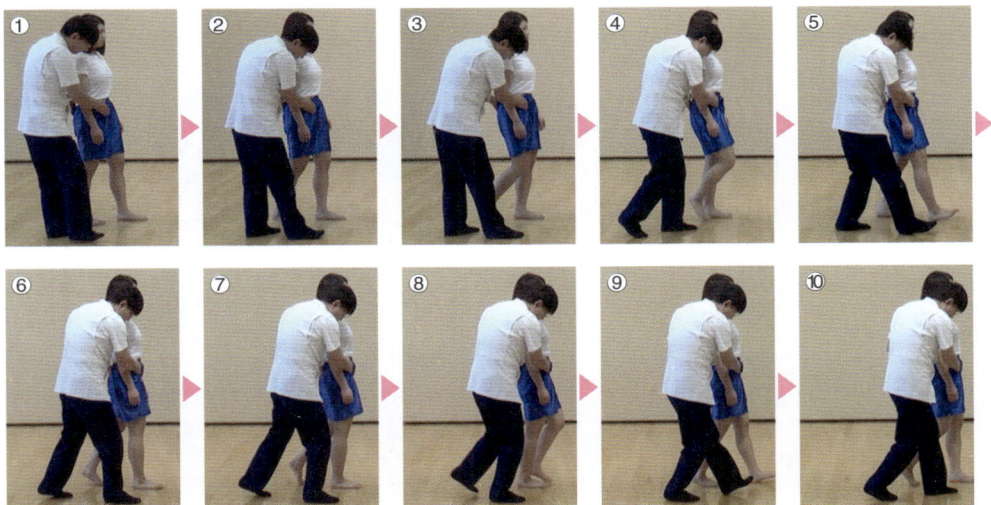

从骨盆引导向前跨步

　　患者站立，治疗师站在其身后，扶着患者的两侧骨盆。治疗师将患者的骨盆左移，让患者用左下肢承重。此时将患者的骨盆后倾，可使其右侧膝关节屈曲（摆动前期）；将患者的骨盆前移，可使其右侧下肢进

入摆动中期。接下来，将患者的骨盆向右前方移动，引导患者从右侧脚后跟着地过渡到脚掌着地（图10.32）。

图10.32 从骨盆引导向前做跨步运动

①扶着患者的两侧骨盆
②将患者的骨盆左移，让患者用左下肢承重，此时将其骨盆后倾，可使其右侧膝关节屈曲
③将患者的骨盆前移，使其右侧下肢进入摆动中期
④将患者的骨盆向右前方移动，引导患者从右侧脚后跟着地过渡到脚掌着地

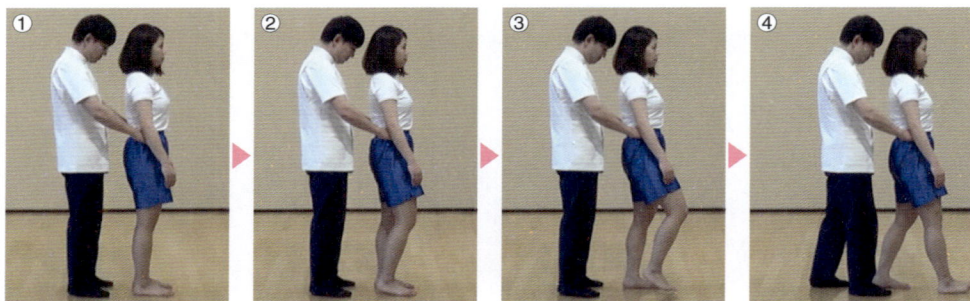

从下部躯干和大腿引导向前或向后跨步

从下部躯干和大腿引导向前跨步

在患者向前跨步，髋关节、膝关节屈曲而脚尖与地面无间隔的情况下，患者的躯干会向支撑侧侧屈，这是下肢跨步的代偿性动作（图10.33①）。下面以患者的右侧下肢向前跨步为例进行讲解。

患者的右侧下肢向后跨步，治疗师站在其身后，用左侧上臂扶着患者的躯干背面的左下侧，将左手放在患者的腹部。治疗师用右手扶着患者的右侧大腿，拇指紧贴其腘绳肌，其他4指勾握其股四头肌（图10.33②）。

首先，治疗师用左侧上肢支撑以使患者的躯干不向左侧屈，与此同时放在患者腹部的左手从下往上移动从而活动患者的腹肌，使其骨盆后倾。另外，治疗师在用右手下抑患者大腿的同时应在其大腿后侧下移拇指，其他4指则在患者的大腿前侧向上移，以促进患者的右侧膝关节以右脚MP为支点屈曲（进入摆动前期，图10.33③）。治疗师在向上微移右手的同时在患者的大腿后侧向上移动拇指，在患者的大腿前侧向下移动中间3指，以引导患者的髋关节和膝关节屈曲（进入摆动中期，图10.33④）。治疗师在用自己的左侧上肢将患者的躯干前移的同时用右手将其大腿向前下方移动，以引导患者用脚后跟着地（图10.33⑤）。

图10.33 从下部躯干和大腿引导向前跨步

①患者的躯干向支撑侧侧屈，这是跨步的代偿性动作

②扶着患者的左侧下部躯干和右侧大腿

③用左侧上肢支撑患者的躯干，活动患者的腹肌以使其骨盆后倾；用右手下抑患者的大腿的同时在其大腿后侧向下移动拇指，在患者的大腿前侧向上移动其他4指，促进患者的膝关节屈曲

④向上微移右手的同时在患者的大腿后侧向上移动拇指，在其大腿前侧向下移动中间3指，引导患者的髋关节和膝关节屈曲

⑤用左侧上肢将患者的躯干前移的同时用右手将患者的大腿向前下方移动，以引导患者用脚后跟着地

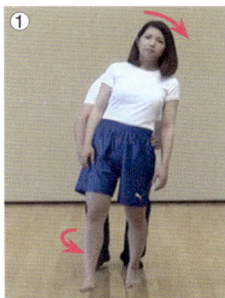

a 正视图

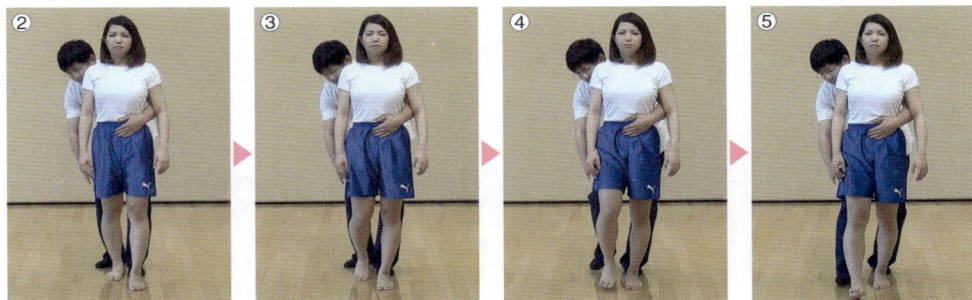

b 侧视图

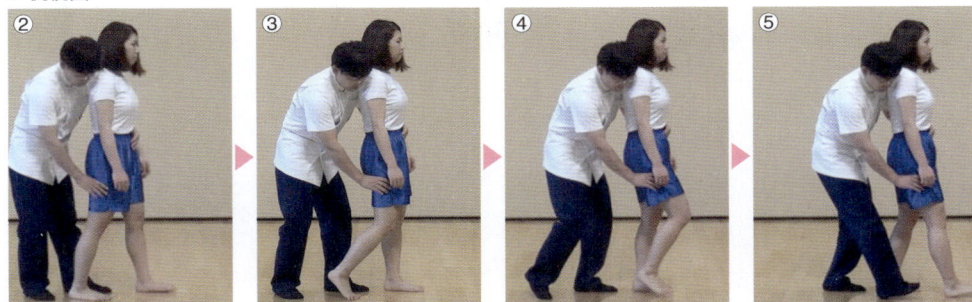

■从下部躯干和大腿引导向后跨步

治疗师使患者在保持膝关节伸展的同时前倾躯干，并以下肢向后做跨步运动（图10.34①），这里将讲解引导患者向后跨步的方法。

首先，治疗师使患者将一侧下肢向前迈出，做出跨步运动的姿势（这里为右侧下肢）。治疗师站在患者身后，将左侧上肢放在患者的躯干左侧，将左手放在患者的下腹部，以防止患者向后跨步时躯干前倾；将右手放在患者的右侧大腿后面（图10.34②）。治疗师用左侧上肢和放在患者的下腹部的手将患者的躯干向后移动，用放在患者的右侧大腿后面的手防止患者的髋关节伸展，同时将其腘绳肌向上移动，引导患者屈曲右侧膝关节（图10.34③）。治疗师将患者的躯干向后移动，与此同时减轻右手向上移动患者的腘绳肌的力道，使其右侧脚趾着地（图10.34④）。治疗师将患者的躯干向后移动，使患者的右侧脚掌着地，让其右侧下肢稳定承重（图10.34⑤）。

图10.34 从下部躯干和大腿引导向后跨步
①使患者保持膝关节伸展的同时前倾躯干，并以下肢向后做跨步运动
②将左侧上肢放在患者的躯干左侧，将左手放在患者的下腹部，将右手放在患者的右侧大腿后面
③将患者的躯干向后移动，用放在患者的右侧大腿后面的手防止其髋关节伸展，同时将患者的腘绳肌向上移动，引导患者屈曲右侧膝关节
④将患者的躯干向后移动，与此同时减轻右手向上移动患者的腘绳肌的力道，让其右侧脚趾着地
⑤将患者的躯干向后移动，使患者的右侧脚掌着地，让其右侧下肢稳定承重

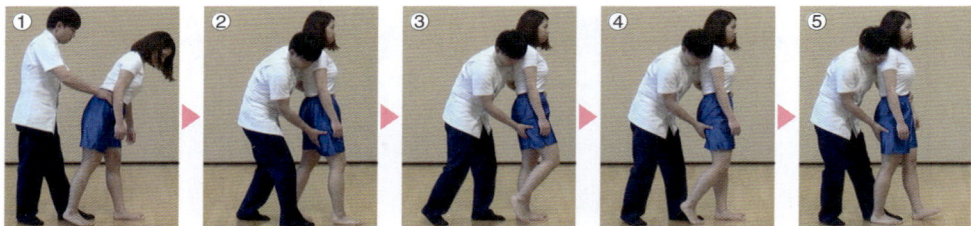

从大腿引导向前或向后跨步

■从大腿引导向前跨步

使患者的右侧下肢向后跨步，治疗师站在患者的右后方并前屈躯干扶着患者的右侧大腿内外侧，将拇指放在患者的大腿后面，其他4指勾握其大腿前面（图10.35①）。

治疗师向上移动放在患者的大腿后面的拇指，向下移动放在患者的大腿前面的4指，使患者的大腿前倾、躯干前移，让患者将脚后跟抬起，引导患者的右侧下肢进入站立末期（图10.35②）。接下来，治疗师的拇指向下移动，其余4指向上移动，使患者的腘绳肌向心收缩，放松、舒展患者的股四头肌，使其右侧膝关节以右脚MP为支点屈曲（图10.35③）。

治疗师在将患者的大腿向前上方移动以使其髋关节屈曲的同时，将放在患者的大腿后面的拇指向上移动，以使其腘绳肌向心收缩，将放在患者的大腿前面的其余4指向下移动，以放松患者的股四头肌远端，使其摆动侧的膝关节进一步屈曲。也就是说，站立期（闭链运动）时膝关节屈曲的操作与摆动期（开链运动）时膝关节屈曲的操作相反（图10.35④）。

接着，治疗师引导患者进入摆动中期。治疗师在将患者的右侧大腿前移的同时，拇指向下移动以放松患者的腘绳肌远端，其他4指向上移动以活动患者的股四头肌，使其膝关节伸展（图10.35⑤）。患者的膝关节停止屈曲后，小腿会因惯性而摆动，膝关节就会伸展。此时治疗师应用与图10.35⑤相同的操作引导患者伸展膝关节（图10.35⑥）。

图10.35 从大腿引导向前跨步

①扶着患者的右侧大腿的内外侧，将拇指放在患者的右侧大腿后面，其他4指勾握患者的大腿前面
②放在患者的大腿后面的拇指向上移动，放在患者的大腿前面的其余4指向下移动，将患者的大腿前倾、躯干前移，将患者的脚后跟抬起，引导患者的右侧下肢进入站立末期
③拇指向下移动，其余4指向上移动，使患者的腘绳肌向心收缩，放松、舒展患者的股四头肌，使其右侧膝关节以右脚MP为支点屈曲
④将患者的大腿向前上方移动以使髋关节屈曲的同时，向上移动拇指以活动患者的腘绳肌，向下移动其余4指以舒展患者的股四头肌，使其摆动侧的膝关节屈曲（摆动初期）
⑤在摆动中期，将患者的右侧大腿前移的同时，向下移动拇指以放松患者的腘绳肌远端，向上移动其他4指以活动患者的股四头肌，使其膝关节伸展
⑥患者的膝关节停止屈曲后，小腿会因惯性而摆动，膝关节就会伸展，此时用与⑤相同的操作引导患者伸展膝关节

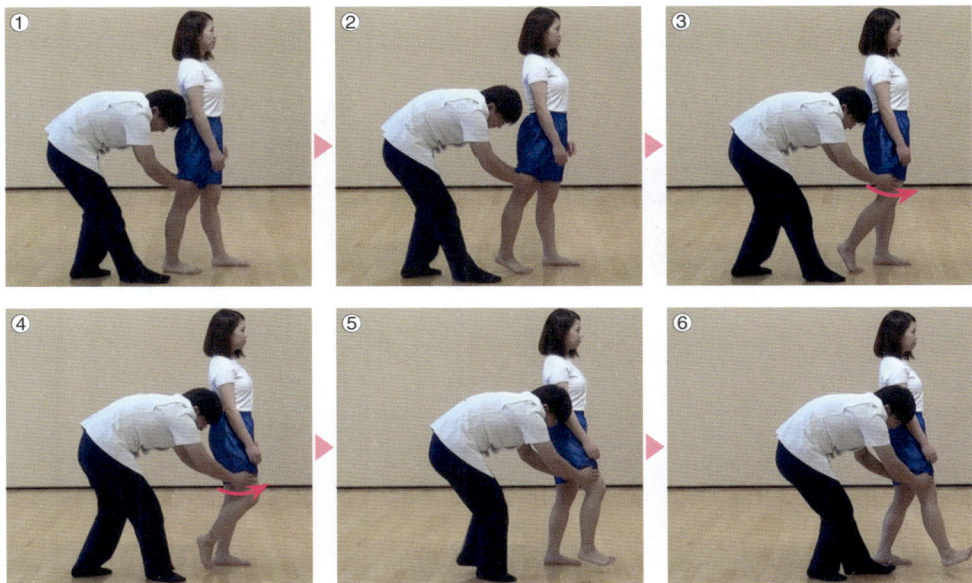

■从大腿引导向后跨步

患者的右侧下肢向前伸出做跨步运动。治疗师扶着患者的右侧大腿的内外侧，站在患者右后方，前屈躯干，将拇指放在患者的右侧大腿后面，其他4指勾握患者的大腿前面。

首先，治疗师向下移动放在患者的大腿后面的拇指，向上移动放在患者的大腿前面的其余4指，使患者的右侧大腿后倾、躯干向后移动，引导患者用左侧下肢承重，减轻右侧下肢的负荷（图10.36①）。然后，治疗师将患者的右侧下肢向后跨步，但此时患者的髋关节伸展略微受阻，所以其下肢会因惯性而后移。治疗师向上移动拇指以活动患者的腘绳肌，向下移动其余4指以放松患者的股四头肌远端，使患者的右侧膝关节屈曲（图10.36②）。接下来，治疗师进行相反的操作，在将患者的右侧大腿向后下方移动的同时向下移动拇指，以放松患者的腘绳肌远端，向上移动其余4指以活动患者的股四头肌，使其膝关节伸展并用脚趾着地（图10.36③）。治疗师引导患者进一步伸展右侧膝关节，用右侧脚掌着地（图10.36④）。

图10.36 从大腿引导向后跨步
①使患者的右侧大腿后倾、躯干向后移动，引导患者用左侧下肢承重，减轻右侧下肢的负荷
②使患者的右侧下肢向后跨步，但此时患者的髋关节伸展略微受阻，所以其下肢会因惯性而后移；向上移动拇指以活动患者的腘绳肌，向下移动其余4指以放松患者的股四头肌远端，使其膝关节屈曲
③进行与②相反的操作，在使患者的右侧大腿向后下方移动的同时让患者的脚趾着地
④引导患者进一步伸展右侧膝关节，用右侧脚掌着地

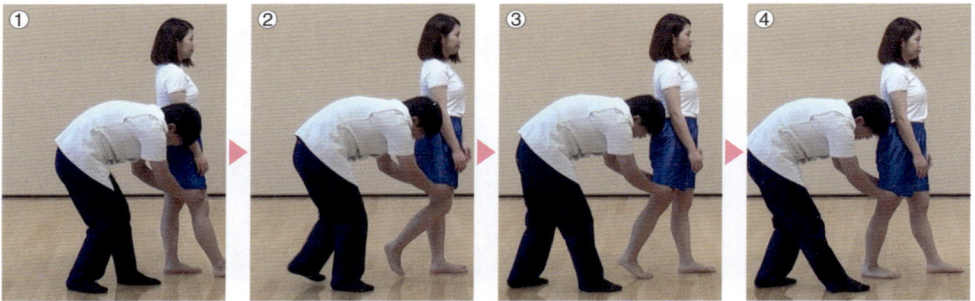

从小腿引导向前步行

　　患者的右侧下肢向后跨步，治疗师站在患者的右后方，用左手扶着患者的小腿后面，用右手扶着患者的膝关节前面接近小腿的地方。

　　治疗师用左手将患者的小腿三头肌向上移动，用右手保持患者的膝关节的伸展状态，促使其脚后跟以右脚MP为支点向上抬起（站立末期）。此时，治疗师应保持患者的踝关节处于背屈和跖屈的中立位（图10.37①），然后跖屈患者的踝关节，引导其屈曲膝关节（摆动前期）（图10.37②）。治疗师用放在患者的小腿后面的左手引导患者的右侧下肢进入摆动中期。此时，治疗师用右手将患者的小腿前侧向上移动，刺激患者的胫骨前肌和趾伸肌，促进其踝关节背屈（图10.37③）。治疗师用右手保持患者的踝关节的背屈状态，用左手引导患者的右脚向前下方移动，使脚后跟着地（图10.37④）。

图10.37 从小腿引导向前步行

①用放在患者的小腿后面的左手将患者的小腿三头肌向上移动，用放在患者的膝关节前侧的右手保持膝关节的伸展状态，促使其脚后跟以右脚MP为支点向上抬起（站立末期）；此时，保持患者的踝关节处于背屈和跖屈的中立位

②跖屈患者的踝关节，引导患者屈曲膝关节（摆动前期）

③用放在患者的小腿后面的左手，引导其下肢进入摆动中期；此时，用右手将患者的小腿前侧向上移动，刺激患者的胫骨前肌和趾伸肌，促进其踝关节背屈

④用右手保持患者的踝关节的背屈状态，用左手引导患者的脚向前下方移动，使脚后跟着地

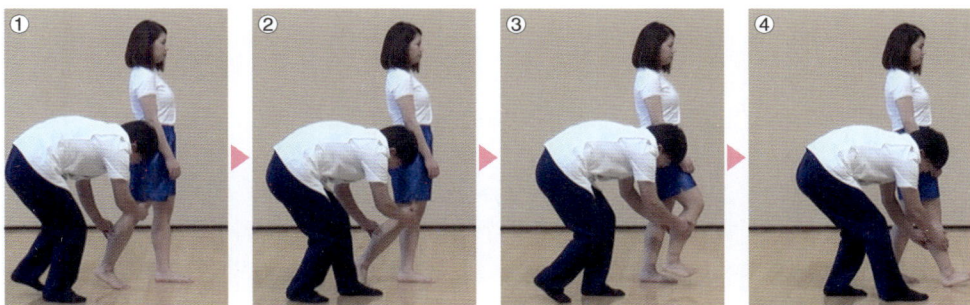

主编及编者简介

主　编

武田功
2001年　川崎医疗福祉大学大学院医疗福祉学博士
2011年　宝冢医疗大学校长

编　者

弓冈光德
1977年　九州工业大学工学院工业专业毕业
1980年　九州康复训练大学毕业
2005年　吉备国际大学大学院社会福祉博士
2006年　姬路独协大学医疗保健学院理疗专业教授
2011年　宝冢医疗大学保健医学院理疗专业教授
2014年　宝冢医疗大学副校长

广濑浩昭
1991年　京都大学医疗技术短期大学学院理疗专业毕业
2006年　神户大学大学院保健学博士
2008年　京都工艺纤维大学综合工序研究中心特聘副教授（兼任）
2011年　宝冢医疗大学保健医疗学院理疗专业副教授